"河北省优秀教学团队——贸易经济教学团队"研究成果

21·世·纪·经·济·学·系·列·教·材

价格学原理

李建平　安乔治　主　编
刘华光　忻　红　副主编

中国人民大学出版社
·北京·

总 序

改革开放以来，经济社会的发展对中国经济学教育、教学产生了重要的影响，提出了新的要求。为了使经济学教育、教学根植于我国改革开放和现代化建设的肥沃土壤，服务于时代和实践的需求，中国人民大学出版社从本世纪初就开始组织国内知名经济学者编写适应新时期经济学教学的“21世纪经济学系列教材”。

十多年来，21世纪经济学系列教材已经逐步推出了许多适合中国特点的经济学教科书，影响了一批又一批的青年学子。这其中，我国经济学界杰出教育家、西方经济学学科主要奠基人之一高鸿业先生主编的《西方经济学》，已成为我国高校经济学专业的权威性教材，读者早已超过千万！中国马克思主义政治经济学的奠基人宋涛先生的《政治经济学》，对马克思主义政治经济学在中国的传播、普及和发展发挥了重要作用。该系列已经出版的其他教材，如孙久文教授的《区域经济学》、彭刚教授的《发展经济学》、王则柯教授的《博弈论教程》、黄卫平教授的《国际经济学》等等，都产生了广泛的影响，为中国的经济学教育作出了贡献。

近几年来，中国的经济学教育、教学面临新的形势，取得了长足的进步：一是我国经济学界教育思想、教育观念已经发生了重大转变，更加重视素质教育；二是教学内容有了重大改革，在学科专业调整建设、课程体系、教学内容改革方面取得了进展；三是教育、教学方法有了重大进步，更加重视理论联系实际，实验、实践、案例教学逐步加强，现代化教学手段被广泛应用。

有鉴于此，为了应对新的形势与变化，中国人民大学出版社在认真调查研究高等学校经济学专业本科培养方案和课程教学大纲的基础上，组织专家学者，经过反复研究论证、合理定位、精心写作、吐故纳新，进一步整合优化了“21世纪经济学系列教材”。这套教材将涵盖经济学专业所有的基础课、主干课、核心课，使学生通过《政治经济学》、《微观经济学》、《宏观经济学》等基础理论教材的学习，掌握经济学的基础理论，培养厚实的经济学理论功底；通过《产业经济学》、《区域经济学》、《国际经济学》等应用类主干课程教材的学习，掌握现实经济部门的运行和发展；通过《经济学说史》、《经济思想史》、《世界经济史》等经济史学类教材的学习，理解经济学的发展和演变规律；通过《计量经济学》、《统计学》等经济学方法类教材的学习，掌握经济学的思考方法和具体的研究方法；通过《博弈论》、《行为经济学》等专业教材的学习，了解经济学理论的前沿进展；通过《西方经济学典型题题解》、《政治经济学学习与教学手册》等基础课程的配套教辅书，牢固掌握所学经济学理论。

这套教材的编写特色主要体现在以下几个方面：

第一，作者阵容强大，教学经验丰富。作者大都是来自中国人民大学、北京大学、清华大学、南开大学、复旦大学、浙江大学、武汉大学等国内重点大学的学科带头人，有很高的科研水平和丰富的教学经验。

第二，在教材编写和内容安排上，强调基础知识、基本理论、基本技能。同时充分吸收国内外优秀教材的优点，定位明确，体系科学，概念准确，深入浅出。

第三，融合本学科现有的研究成果，反映本学科研究的最新进展，反映中国改革开放和现代化建设实践中的新成果，反映当今世界发生的深刻变革对经济学理论和实践产生的影响。

第四，教材重视加入现实经济生活中的案例、新闻素材等内容，使教材的可读性更强，更能够与当前中国经济现实结合起来，使学生能够学以致用。

中国人民大学出版社希望通过这套教材的出版，与广大教师、学生一起研究和探讨，进一步提高中国经济学教材的编写水平，提高经济学教学质量，为经济学的发展，为培养具有创新能力与实践能力、具有国际视野又了解中国国情的高层次经济学人才作出新的贡献。

序

《中共中央关于全面深化改革若干重大问题的决定》指出："市场决定资源配置是市场经济的一般规律，健全社会主义市场经济体制必须遵循这条规律"。在市场经济中，价格是市场机制的核心，在市场配置资源中发挥着重要作用。改革开放30多年来，随着我国社会主义市场经济体制的确立和不断发展，市场价格已成为我国经济生活中最普遍的经济现象，成为社会主义市场经济中最重要、最敏感、最灵活的经济杠杆。

价格是与商品经济密切关联的经济范畴，价格理论是在商品经济的实践活动中形成的，并伴随着商品经济的逐步发展而不断发展与完善。价格理论是从理论上阐述价格形成、价格运行、价格作用以及如何运用和管理价格的一门学科。同时价格理论的形成和发展又与社会政治经济制度密切相关，因此，有西方价格理论和社会主义市场经济条件下的价格理论之分。西方价格理论以均衡价格作为认识价格现象的理论基础和分析方法，社会主义市场经济条件下的价格理论则以马克思主义的劳动价值理论、价格理论和方法论作为认识价格现象的理论基础和分析方法，因而在价格形成基础的认识上两者是对立的，所以，两者之间必然存在着区别。但是在发展市场经济的实践中，两者所面临的价格问题有许多共同之处，从学术研究的角度看两者是可以相互借鉴的。西方价格理论伴随着资本主义市场经济的长期发展构建了较为完善的理论体系，社会主义市场经济条件下的价格理论作为一个独立的学科在我国形成的时间还较短，改革开放以来，随着我国经济体制市场化改革的深入，社会主义市场经济的不断发展，经济理论界对社会主义市场经济条件下的价格理论和现实价格问题展开了广泛的讨论和研究，与此同时研究价格理论的著作或教材，如价格学原理、部门价格学、企业定价学等不断涌现，从而推动了我国价格理论的形成和发展。但是由于社会主义市场经济体制还处在不断发展和完善之中，对社会主义市场经济中各种价格问题的理论认识也在不断地深入，因此，我国价格理论还是一门处于不断发展中的新兴学科，需要不断地完善。

由李建平教授等主编的这部《价格学原理》教材，对建立适合社会主义市场经济要求的价格理论的内容体系进行了有益尝试，为高等财经院校学生和广大读者认识社会主义市场经济条件下的价格理论、把握价格形成和运行规律，分析经济问题提供一本通俗易懂的教科书。该教材有以下主要特点：

第一，根据社会主义市场经济的内在要求，把商品价格、服务价格以及生产要素价格作为研究对象，在研究内容上吸收了社会主义市场经济实践中价格理论研究的有益的成果，从价格的本质、职能与作用，价格的形成和运动理论、价格构成理论、价格体系理论、价格总水平调控理论、政府价格管理理论与企业内部价格管理理论等方面系统地阐述了社会主义市场经济条件下价格运行的基本原理，与以往教材相比内容体系有所创新。

第二，以马克思主义劳动价值论及其价格理论为基础，同时吸收了西方价格理论中的合理成分和方法。前者认为价格以价值为基础，并以供求变化为转移，围绕价值上下波动；后者则认为市场价格由市场供求共同决定，两者既有区别，又有共同点。该教材力求探索两者的结合，既强调价值是价格形成和运动的基础，同时又肯定市场供求在市场价格形成和运动中的决定性作用，从不同的角度和层面，去认识社会主义市场经济条件下的价格问题。这种做法更有利于把握市场价格的形成和运动规律，是值得提倡的，对于我国价格理论研究和教材建设也是有益的。

第三，正确处理了市场价格形成和运动中市场决定价格与政府调控、管理价格的关系。该教材以完善社会主义市场经济条件下主要由市场决定价格的机制为目标和出发点，同时从价格发挥积极作用的条件、价格“失灵”以及政府调控管理价格必要性、价格总水平调控手段与运用、政府价格管制的范围以及原则程序方法等方面，就如何正确处理好发挥市场决定价格的作用和政府调控、管理价格的关系进行阐述，做出了明确的回答。

总之，这本教材较为系统地阐述了社会主义市场经济条件下市场价格形成、运动以及价格管理的相关理论，虽然在某些方面还存在不足，但是从整体看，内容充实、基本概念和范畴以及内容阐述清楚、结构合理，既是对已有研究成果的概括，又包含了作者对价格问题的认识。我认为价格理论不仅是高等财经院校学生，也是经济管理干部必须掌握的专业知识，所以，我愿意将这本教材推荐给高等财经院校学生和经济管理干部学习使用。

纪良纲

前 言

任何理论都是对某一历史阶段经济现实情况的抽象和总结，并指导当时、当地的具体实践。这一点，从经济学理论的发展历程就可以得到验证。经济学从古典经济学到新古典经济学，再到新古典综合以及以后的各种经济学流派，无一不遵循了这一基本规律。价格学作为经济学的一门学科，也会随着基本市场经济制度的变化和发展而变化。我们编写这本教材，其目的就是反映社会主义市场经济的内在要求，并在一定的前瞻性基础上，经过抽象和归纳，得出价格这一经济工具和手段在新的历史条件下运动的规律性，为经济建设和实践服务。

在我国，价格理论还是一门新兴学科。在改革开放以前，我国实行的是计划经济，其从本质上否定商品经济，否定商品生产、交换和价值规律的作用，虽然存在价格形式即计划价格，但是这种价格只是实现计划经济的一种核算工具，并非真正意义上的价格，并不具有调节社会经济活动的职能，而且那个时期特别是在“文化大革命”的十年动乱期间，理论研究受到了种种“束缚”，因此这一时期的价格理论研究很少，价格理论作为独立的学科还没有建立起来。从 20 世纪 70 年代末我国改革开放以来，伴随着经济理论研究方面的思想解放和经济体制市场化改革的深入，特别是社会主义市场经济体制的确立，市场经济的不断发展，价格领域的学术研究十分活跃，价格问题研究领域不断扩展和研究程度不断深入，价格研究成果丰硕；同时为适应于培养经济管理人才的要求，价格理论进入了高等院校经济管理专业的教学计划之中，有不少高等院校还设立了价格学专业，价格学教材也是不断涌现，不仅有反映价格一般原理的价格学教材，还有以某一研究对象为内容的具体价格学分支，如部门价格学、企业定价等。价格理论研究的不断深入和价格学教材的建设，不仅有力地推动了社会主义市场经济体制下价格学科的形成和发展，而且丰富了高等院校人才培养的知识结构，培养了大批经济管理人才，对推动我国价格改革的市场化进程、不断完善社会主义市场经济体制起到了积极作用。

本书在全面、准确地理解和坚持马克思主义劳动价值理论的基础上，坚持发展的观点和吸收的观点，力图反映目前价格理论研究的最新成果和价格管理的有益做法。按照社会主义市场经济条件下，市场价格在资源配置中起决定性作用的要求，从有利于企业自主定价、政府宏观调控与价格管理的角度出发，按照价格一般概念、价格形成与运动的一般原理、政府宏观调控与价格管理原理、企业内部价格管理原理的逻辑，一共安排了九章，具体内容是：

第一章是价格的本质、职能与作用。主要阐述价格的本质与特点、价格职能以及价格的作用等内容。第二章是价格的形成和运动（上）。主要阐述价格形成主体和形成方式、价格形成基础、市场供求与价格形成和运动的关系。第三章是价格的形成和运动（下）。主要阐述货币、竞争等因素对价格形成和运动的影响，阐述经济杠杆与价格的关系以及价格机制问题。第四章是价格构成与理论价格。主要阐述价格构成与价值构成的关系、价格构成的基本要素、各要素的内涵及其在价格构成中的地位以及理论价格的计算方法等内容。第五章是市场价格体系。主要阐述市场价格体系的形成、价格体系内部联系与合理化、商品比价和差价体系等内容。第六章是价格总水平及调控。主要阐述价格总水平含义、价格总水平变动的影响因素以及变动规律、通货膨胀和通货紧缩成因与治理、价格总水平的调控目标和方法。第七章是价格预警与监测。主要阐述价格预警的基本框架、价格指数与价格预警的关系、价格预警的基本方法、价格预警系统警兆指标的选择与分类、价格预警系统的警界分析等内容。第八章是政府价格管理。主要阐述政府价格管理的必要性和任务，我国价格管理体制以及原则、形式和手段，价格监督检查和政府管制定价。第九章是企业定价与管理。主要阐述企业的定价程序、定价目标、定价策略、定价方法以及企业内部价格制度。

本书第一章由李建平编写，第二章由李建平、刘华光编写，第三章由李建平、安乔治编写，第四章由唐洁编写，第五章由李建平、安乔治编写，第六章由忻红编写，第七章由刘华光编写，第八章由安乔治编写，第九章由忻红编写。最后本书由李建平总纂定稿。

本书在编写过程中，参考了国内外公开出版的大量著作和文献，并且大部分著作和文献在书后作了说明，在此编者对所有著作和文献的作者表示感谢！当然本书文责自负。感谢张洁、姚叶、王娇等为本教材编写所做的资料搜集、校对等工作。感谢中国人民大学出版社为本教材出版所做的工作。由于我们的能力和水平有限，本教材中肯定存在不足和需要进一步改进之处，希望广大同仁和读者多提宝贵意见，以便本书得到进一步完善。

编者谨识

目　录

第一章 价格的本质、职能和作用

学习目的与要求

价格学是研究价格形成和运动规律的一门学问，要全面系统地掌握价格形成和运动的规律性，需要首先把握价格的概念等基本知识。本章主要介绍价格的本质与特点、价格职能以及价格的作用等内容。通过本章的教学和学习，要求学生把握价格的起源、价格的本质与特点、价格的职能与作用等问题，以便为进一步学习价格理论奠定基础。

第一节 价格的本质和特点

一、价格的含义

"价格"这个概念对现代社会的每个人来说并不陌生，它是人们天天要与之打交道的一种经济现象。从现象看价格是人们购买商品或劳务时支付的一定货币额，或者说价格就是指一件商品值多少钱，但要确切地表述价格含义却不是一件容易的事情。

马克思的政治经济学认为，价格是用来表示商品价值的，它总是与商品联系在一起。因此，研究价格还要从研究商品开始。商品是用于交换的人类劳动产品，商品具有二重性，即商品的使用价值和价值。商品是使用价值和价值的统一体。商品的使用价值是商品价值的物质承担者，商品的价值是商品交换价值或价格的基础。

商品具有的使用价值，即物品的效用，它能用来满足人们的某种需要，如粮食可以充饥、衣服可以御寒、彩电可用来观看节目等等。使用价值的差别可以使具有不同使用价值的商品进行交换，从而产生了交换价值。所谓交换价值，马克思说："首先表现为一种使用价值同另一种使用价值相交换的量的关系或比例。"① 如，一把锄头换 20 斤粮食，说明

① 马克思：《资本论》，2 版，第一卷，49 页，北京，人民出版社，2004。

一把锄头的交换价值等于20斤粮食。

那么为什么锄头和粮食这两种不同的使用价值可以按1∶20的比例来交换呢？因为在不同的使用价值后面存在着一种共同的东西，可以使它们相互比较，这就是如果把不同商品的具体使用价值和物质形态抛开，剩下的就是人类无差别的劳动，这种无差别的人类劳动使具有不同使用价值的商品有了一个统一衡量的标准，不同的商品可以根据各自包含的劳动量多少按一定比例进行交换。这种凝结在商品中的无差别的人类劳动就是商品的价值，正是这种价值制约着交换比例的大小，可见交换价值不过是价值的表现形式。

随着商品交换的不断发展，当货币出现以后，各种商品都和一种特殊商品——货币进行交换，商品的交换价值通过货币的一定数量表现出来，这个数量指数就是价格。所以，价格是商品交换价值的货币表现，又由于价值是交换价值的基础，价格也是价值的货币表现。

马克思指出："价格毕竟是和商品的使用价值相区别的商品的价值（市场价格也是这样，它和价值的区别，不是质的区别，而只是量的区别，只与价值量有关）。和价值有质的区别的价格，是荒谬的矛盾"①，等等。马克思有关价格的论述揭示了价格的本质，价格与价值、货币之间的关系，为理解价格现象提供了科学的理论依据。

首先，从马克思对价格的论述中，可以得到以下几点认识：

第一，价值是商品价格表现的内容和实体，价格是表现形式。从价格的起源可以看出，价格是商品交换价值的表现形式，决定商品交换价值大小的则是凝结在商品中的一定数量的人类抽象劳动即价值量的多少。因此，商品价值是价格形成的内在和基础的因素。

第二，自货币产生以后，所有商品都要与货币进行交换，价值就通过一定数量的货币表现出来，价格就是一定数量的货币，因而价格只是商品价值和货币交换的一种比例。价格与商品价值成正方向变动，与货币价值成反方向变动，在市场上商品价格取决于商品价值和货币价值的对比关系。

第三，商品的价值不能直接表现自身，只能通过价格形式间接地表现出来，表现的过程中受到供求等因素影响，产生价格与价值量之间的偏离，但是在供求平衡的条件下，表现为价格与价值的一致性。或者说从长期趋势看，价格偏离价值会相互抵消，平均计算的价格与价值相等。从社会商品总量看，总价值与总价格相等。因此说价格与价值没有质的区别只有量的区别，价格偏离价值并围绕价值运动，不是对价值的否定，恰恰是价值作用的表现形式。

其次，进一步分析会发现，马克思之所以强调价格是价值的货币表现形式，价格的形成基础是价值，其理论依据是马克思的劳动价值论，其目的是为了揭示价格背后所隐藏的资本主义生产关系及其本质，而并不是要为价格下一个定义。因此，马克思有关价格的论述应是理解价格定义的理论基础，而把马克思有关价格论述的某些提法直接作为价格的定义还值得进一步研究。

长期以来，人们往往把"价格是价值的货币表现"视为价格的定义。这一表述为认识价格的本质和准确界定价格的含义指出了方向，提供了理论依据，但把它作为价格的定义，还不能说明价格本身的含义。

---

① 马克思：《资本论》，2版，第三卷，397页，北京，人民出版社，2004。

第一，价值与价格有统一性，价值是价格的形成基础，但两者又不能混同。价值产生于生产领域，实现在流通领域，价格的形成和运动不仅受到价值的影响，还会受到货币、供求等其他因素的影响，两者处于不同的领域，处在不同层次上，价格形成的层次要高于价值，制约价格变动的因素要比制约价值的因素复杂得多，价格比价值更为活跃，而且价格背离价值是现实经济中的普遍现象，其一致性只是一种偶然现象。因此价格不能等同于价值。把价格定义为价值的货币表现，只是强调了价格和价值之间的联系性和统一性，并没有准确地概括出价格形成和运动的特殊性，也就难以说明价格的特殊含义和本质。

第二，价格是用一定货币数量来表现一定的交换价值量，价格在实际经济生活中就是购买单位商品所支付的一定数量的货币，可见，价格是一个明确的数量概念。把价格定义为价值的货币表现，很显然这一表述并没有表明价格的数量概念，对价格含义的表述也是不全面的。

第三，在商品经济中没有价值而具有使用价值的东西，可以作为商品进入市场交换，从而具有了价格，马克思认为这种价格是虚幻的。既然没有价值的东西可以具有价格，说明价格并没有反映价值，那么把价格定义为价值的货币表现，就难以说明为什么那些没有价值的东西存在价格。

正是因为上述原因，有必要在全面理解马克思有关价格论述的基础上，对价格的含义作进一步的提炼和概括。

首先，价格表现价值是一个间接的、曲折的过程，并不是直接表现价值。由于价值产生于生产领域，实现于流通领域，价值要转化为价格，首先要使商品从生产领域进入流通领域，价值转化为交换价值；然后交换价值再由货币表现出来才能转化为价格，价格是用一定货币量表现的交换价值。可见，价格只是间接地、曲折地表现价值。

其次，虽然价值是价格形成的基础，但并不是决定价格的唯一要素。决定商品交换价值的大小或价格的高低，不仅受价值的制约，还受到货币价值、供求关系等因素的制约，而且后两个因素在现实中对价格的影响更明显更直接。所谓价值决定价格，其实是指交换价值决定价格，因而价格的特殊本质不是由价值决定的。价格的数量界限是由价值、币值、供求三者共同作用决定的，只要三者的变化不能相互抵消，就会使价格发生变化。马克思指出："价格和价值量之间的量的不一致的可能性，或者价格偏离价值量的可能性，已经包含在价格形式本身中。"① 由此可见，价值和价格在现实经济生活中处于不同的层次上，应该加以区别对待。

总之，通过上述分析，对价格的定义可以表述为：价格是直接表现单位商品交换价值的一定的货币量。这里的商品既包括用于交换的劳动产品，也包括没有价值但有使用价值并具有了交换价值的商品。这一定义既表明了价格与价值的联系和区别，又使价格的定义更加清楚、明确和客观，有利于解释我国市场经济中在价格领域出现的新情况和新问题，有利于推动社会主义市场经济下价格理论的研究。

二、价格的起源

价格是与商品经济相联系的范畴，它是在商品经济漫长的发展过程中，当货币出现以

① 马克思：《资本论》，2版，第一卷，123页，北京，人民出版社，2004。

后才产生的，这个过程大致经历了四个阶段：

（一）简单价值形式

在原始社会末期，生产力有了一定的发展，生产的物品有时有剩余，于是就拿来和别的部落进行交换，但这种交换只有当有了剩余物品时才能进行，因而，这种交换带有偶然性质。当时既没有市场，也没有货币，交换是以物物交换的形式进行的，一种商品的价值直接以另一种商品的使用价值来表现，这种价值的表现形式叫做简单的、偶然的价值形式。其形式如图1—1。

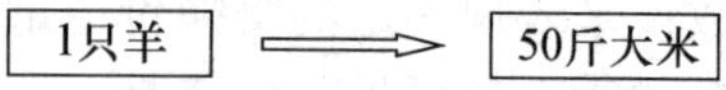

图1—1　简单的价值形式

在图1—1所示的等式中，羊处在相对价值形式上，它通过和大米的交换，把自己的价值在大米的使用价值上表现出来了。而大米则成了表现羊的价值的材料，充当等价物，处于等价形式上。这种价值形式虽然简单，但却包含了价值形式最本质的内容。

（二）扩大的价值形式

随着生产力的发展，人类社会经历了第一次社会大分工，即农业与畜牧业的分工，这时部落与部落之间开始进行不同的物品的生产，而且剩余物品也日益增多。随着原始公社的瓦解，私有制度的逐步确立，交换不仅在部落之间进行，而且深入到了部落成员之间。这时交换次数不断增加，交换的范围不断扩大，一种商品不仅仅用来换一种东西，而且也用来换其他东西，这样充当等价物的不再是一种商品，而是一系列商品，这种价值形式称为扩大的价值形式。其形式如图1—2。

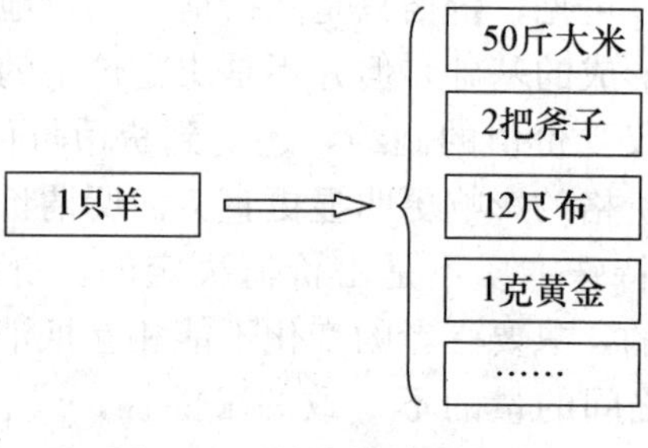

图1—2　扩大的价值形式

从图1—2中可以看到，羊的价值可以同时表现在一系列商品上，显示了羊的价值的客观性。但是在这种价值形式中还没有反映出一种公认的等价物，因而在实际交换活动中，往往由于交换双方需求物品的差异性，给交换带来困难，如有羊的人要换大米，但有大米的人想换斧子，有斧子的人需要的又是布，因而，一次交换往往要经过迂回曲折的过程才能实现，这种矛盾随着商品经济的发展而日益加剧，价值形式需要进一步向前发展。

（三）一般等价形式

随着交换次数的日益频繁发生，在长期交换实践中逐步形成了某些为人们都能接受和公认的商品，并把它当作一般等价物。人们在交换商品时，只要先把自己的商品换成这种商品，然后再用这种商品去交换自己所需要的东西，交换就能顺利进行，这时扩大的价值形式就过渡到了一般价值形式。其形式如图1—3。

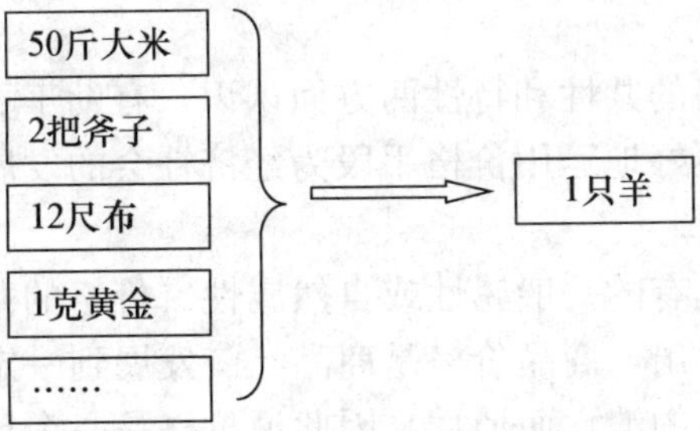

图 1—3　一般的价值形式

一般价值形式的出现克服了扩大价值形式的缺点，推动了商品经济的发展。这种充当一般等价物的商品，开始在不同地区、不同时间是不同的，在历史上，牲畜、谷物、贝壳、铜等都曾充当过一般等价物，最后才逐步演变到金银身上。

（四）货币价值形式

随着社会生产第二次大分工的出现，手工业从农业中分离出来，一种专门为交换而生产的商品生产出现了，交换的范围和规模更加扩大了，充当一般等价物的商品经过长期的选择集中到了黄金（或白银）身上。之所以选择黄金作为充当货币的材料，是因为它具有体积小、价值高、易分割、耐贮藏等特点。当黄金固定地成为一般等价物时，就出现了货币。这时，一般价值形态就过渡到了货币形态，其形式如图 1—4。

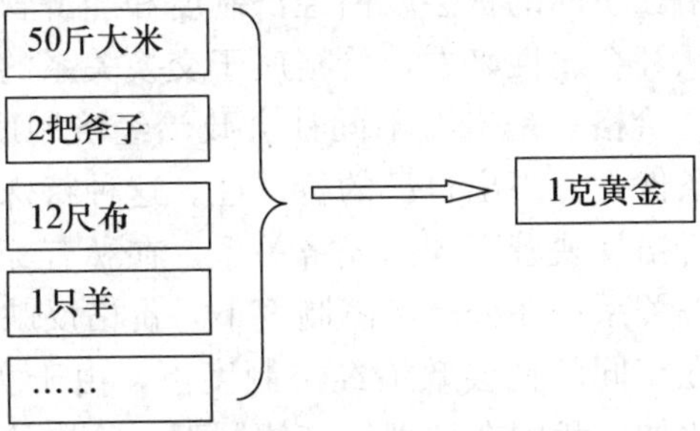

图 1—4　货币价值形式

当商品的价值用货币来表现时就称为价格。可见，价格是商品经济长期发展的产物。

在商品经济的进一步发展过程中，流通中所需要的货币越来越多，携带大量金属货币进行交易仍然很不方便，同时也没有那么多的黄金可以充当流通手段，于是纸币就产生了。纸币是由国家政权机关强制发行的一种货币符号，代表相应的金属货币量。因此，商品与纸币交换同样也表现为价格形态。

通过价格产生的过程可以看出，虽然价格是价值的货币表现，但实际上价格是交换价值的货币表现。因为只有在简单偶然的产品交换时期，由于用于交换的产品较少，因而两种产品一对一的交换比例直接由生产它们的劳动时间即价值来决定。随着商品交换范围的不断扩大，价值形式不断发展，这时商品交换不再是一对一的交换，商品价值的实现越来越受到供求关系和等价物的价值制约，商品的价值已经不能直接表现出来，必须通过反映一定量的使用价值的交换价值表现出来。当商品经济进一步发展，货币出现后，所说的货币表现价值实际上是货币直接表现的交换价值，价格则是用一定货币量表现的交换价值。

三、价格的本质

价格的本质可以从价格的共性和特性两方面认识，有助于更加深入地把握价格的含义和价格的运动规律，以便更好地运用价格手段为经济社会的发展服务。

（一）价格的共性

价格的共性是价格所具有的一般属性或自然属性。价格的共性表现在：第一，从价格产生的历史演变过程可以看出，商品价格是商品经济发展到一定阶段的产物，它随着货币产生而产生，必将随着货币的消亡而消亡，因此说价格是一个历史范畴。第二，价格是用一定货币量表现的交换价值。在现实经济生活中，价格由价值、货币、供求等多种因素共同决定，但从长期趋势看，价格围绕价值波动并趋向价值。价值是价格的基础。第三，任何商品不能自己进入市场，而是由其所有者将其带入市场进行交换，价格是商品交换关系的反映，是交换双方经济利益关系的体现，价格反映着商品交换关系。上述方面体现着价格的一般属性。这种属性随着商品经济发展到现代市场经济并没有改变，而且不论在何种社会政治经济制度下，只要还存在商品、货币和交换，价格就会存在并发生作用。它既不是社会经济制度的产物，更不是阶级对立的产物，而是与商品经济相联系的一般经济范畴。认识到这一点，有利于我们在社会主义市场经济体制中，更加自觉地尊重价格规律，充分发挥价格的作用。

（二）价格的特性

价格的特性就是指价格在不同的社会政治经济制度和经济管理体制下所反映的特殊关系以及具有的不同特点。从社会属性来看，价格属于交换关系的范畴，而交换关系又是生产关系的重要方面，因而，价格总是带有不同社会政治经济制度及经济管理体制的烙印，使价格在不同的社会经济条件下显现出自己的特殊性。这种特殊性表现在两个方面：一是在不同的所有制条件下，价格反映着不同的经济关系。在私有经济制度条件下，价格反映的是不同私有者之间的经济关系；在公有经济制度下，价格反映的是全民、集体和其劳动者之间的经济关系。二是在相同的社会政治经济制度下，由于实行不同的经济管理体制，价格的形成机制也不同。比如，我国在计划经济体制下，价格的形成和运动由国家计划直接调节，价格是计划的附属物，价格反映的是经济计划的要求；而随着我国经济体制改革的不断深化，社会主义市场经济体制的建立，价格的形成和运动是在国家宏观调控下由市场来调节，价格发挥着配置社会资源的基础性作用，反映着市场经济运行中的内在要求。

综上所述，在实际工作中既要认识到价格共性，又要认识到价格特性，才能正确地解决好价格问题。

四、市场经济中价格形成和运动的特点

价格的共性决定了价格是在市场中形成和运动的，在价格形成和运动的过程中，价格在价值、货币、供求关系及其他因素的作用下总是围绕价值上下波动，价格在波动中形成，又在波动中发展变化，这正是价格形成和运动最基本的特点。

在当代市场经济中，价格形成和运动的特点取决于当代市场经济的特征。现代市场经济已不是完全自由的市场经济，它既要求市场关系普遍化，企业行为自主化，同时也要求国家通过经济的、法律的和必要的行政手段干预经济活动，以纠正市场经济的不足和弊端。这些特征决定了现代市场经济中价格形成和运动具有以下三个方面的特点：

（一）价格形成具有市场形成价格和政府制定价格相结合的特点

市场经济以市场机制为核心，而市场机制的作用要通过价格表现出来。要使价格反映市场机制的要求，就要使价格在市场中形成和运动。市场是价格形成和运动的场所，离开了市场，价格就失去了生存的环境，其职能就无法正常发挥。当然，依靠市场形成价格也存在着盲目性和自发性，而不利于经济发展。为此，实行市场经济的国家，都对市场价格实行宏观调控，并对少数关系国计民生的重要商品价格实行政府定价，以符合市场经济发展的总体要求。因此，在市场经济中形成了在国家宏观调控下主要由市场决定价格的机制，即绝大多数商品由市场形成价格，少数商品实行政府定价的价格形成机制。

（二）价格决策具有分散性和集中性相结合的特点

在市场经济中，市场经济的内在要求使广大的分散的企业、消费者成为市场主体，拥有相对独立的经营自主权，从而成为价格决策的主体。有多少市场主体也就有多少价格决策主体，价格决策也就具有了分散性，它有利于各利益主体根据市场变化及时调整价格，以适应市场要求；同时，也可能造成各利益主体为追求眼前利益而破坏正常的价格秩序，产生消极作用。所以，从宏观经济利益出发，为了维护正常的价格秩序，规范价格行为，价格方针、政策及法规都由国家来进行决策，同时对关系国计民生的少数商品价格实行政府集中定价。

（三）价格运动具有波动性和相对稳定性相结合的特点

市场的不稳定性决定了价格在现实经济中的波动性。正常的波动是价格运动的自我表现，也是价格发挥作用的前提。同样，价格相对稳定也是价格运动的一种表现形式，价格的运动正是在价格波动、相对稳定的不断交替中实现的。价格长期地固定不变，不利于经济社会的发展；同样，剧烈的价格波动也不利于经济社会的发展。实践证明，保持价格的相对稳定是经济良性发展的重要前提，它已成为世界各国调控市场价格的目标。

第二节　价格的职能

价格的职能是指价格内在所具备的功能。它是由价格本质决定的，是在形成价格时就已内含的，因而，价格的职能是客观的，它不随人们意志而改变，也不随价格所处的社会制度和条件而变化。全面认识价格职能及其相互关系，有助于对价格本质进行理解，有利于正确认识价格的作用。

对价格职能的认识，理论界有不同看法，有一功能派、二功能派、三功能派和多功能派；有的认为价格各功能之间都是平等的、独立的；有的则认为各功能有主次或不同层次之分。一般认为价格表现商品价值的职能是最基本的职能。在此基础上又派生出若干职能，这些派生职能也很重要，都具有相对独立性。

一、表现商品价值的职能

价格表现商品价值的职能简称表价职能。价格的表价职能是指价格可以用来表现商品价值的一种功能，也就是指用一定量的货币来表现商品价值量时的一种度量标记。价格的这一职能以货币作为商品交换中的一般等价物为前提。在金属货币流通的条件下，用金属重量来表示价格，如几两、几钱、几磅等；在纸币流通条件下，则用纸币符号来表示价格，如几元、几角、几分等。表价职能的基本要求是使价格尽量正确地反映商品内在的价值量，因而，它也是价格最基本的一种职能。

需要注意的是要把价格的表价职能和货币的价值尺度职能加以区别。表面看来价格是用来表现价值的，而货币也是用来度量价值的，两者之间似乎没有多大差别。但是，只要仔细研究就可以发现，前者是表现价值的一种标记；后者则是被用来表现价值的材料或者工具。价值、货币、价格之间的关系就像布、尺子、尺寸三者的关系，布是被表现的对象，尺子是度量的工具，量出的长度用尺寸来表示。同样，价值是被表现的对象，货币是尺度，价格才是表现出来的数量。因而，必须注意价格职能和货币职能的差别。

虽然表价职能要求价格正确反映商品的价值，但在现实生活中却又难以准确反映。这是因为价格的确定，不仅仅决定于商品的价值，而且还要受到货币价值、供求关系等多种因素的影响，使价格有时高于价值，有时低于价值。就每一个时点来讲，价格很可能是偏离价值的，但如果从一个长时期来看，高于价值的部分和低于价值的部分就会抵消，其平均数会大致等于价值。因此说，从一个长时期、平均趋势看，价格还是能正确地表现价值。

二、调节经济的职能

价格调节经济的职能，是指价格对各种经济活动，包括社会再生产各个环节的活动实现调节的一种功能。借助这种调节功能可以启动或抑制经济发展的某个方面。因而，通常把这种功能称为经济杠杆。在各种经济杠杆中，价格是最灵敏、最有效的杠杆之一。价格的这种职能也是建立在表价职能基础上的，并通过价格与价值的一致与偏离来实现的。

价格调节功能的发挥是在与供求规律的相互作用中表现出来的。当某种商品供不应求时，价格就会上升，这样一方面吸引了更多的生产要素投入，使产量增加；另一方面又限制了消费需求，于是慢慢就发展为供过于求；这时生产者不得不降价求售，部分生产者因亏损而退出生产，使产品供给减少，同时消费者又因价格降低而增加需求，于是新的一轮的供不应求又重新开始。在现实的市场经济中，价格通过自身的涨落来调节生产和消费，使之不断符合社会需要；同时随着生产和消费规模的扩张和收缩，流通规模、速度也相应变化，而在价格的涨落中，交换双方的经济利益不断被重新分配，所以价格同时也调节着流通和分配。

在市场经济条件中，价格的调节职能可以是自觉地，也可以是自发的。对少数自然垄断、信息不对称以及弱质行业生产经营的商品和服务价格，市场调节会产生价格失灵，政府自觉地按照价值规律要求，制定出合理价格，合理配置资源，以指导生产和消费。对大多数商品和服务来说则是在宏观调控条件下，通过价格的自发涨落来调节生产和消费，这样做更具有效率，当然，也必须防止价格在自发调节经济中的盲目作用。因此，加强宏观调控是规范价格调节职能的前提。

三、传递经济信息的职能

价格传递经济信息的职能，是指价格作为一种信息载体能反映、传送经济信息的一种功能。价格的这种功能是建立在价格的表价职能基础上的，是通过价格与价值的一致或背离，以及背离的方式和程度来起作用的。

价格所传导的经济信息是多方面的，但归纳起来可以分为宏观经济信息和微观经济信息两个层次。从宏观经济信息来看，价格首先反映社会商品总供给和总需求平衡的状态和程度，这里指的价格不是指某种商品的价格，而是指一定时期内价格的总水平。价格总水平稳定说明社会总供给与总需求大体平衡，经济发展稳定。价格总水平上升，则说明总需求大于总供给，价格升幅越大预示着总供求矛盾越大；如果价格水平下降，则是相反的情况。通过对社会总供给和总需求矛盾状况的分析可以进一步反映出影响总供给和总需求的诸方面因素。如财政收支、银行信贷、进出口贸易、货币发行、基本建设、消费基金等方面是否存在问题，进而还可分析产业结构、流通体制、管理体制等方面更深层次的问题。通过对价格总水平的监测与分析使国家能及时掌握整个社会经济动态，及时采取各种对策，保证经济的顺利发展，因此说价格是国民经济的晴雨表。

传导微观经济信息主要是指单个商品的价格。在现代市场经济条件中，除少数重要商品和劳务价格由国家管制定价外，大多数商品和劳务价格由市场调节。在这种体制下企业生产什么、生产多少是根据市场需求来决定，而这种需求信息则主要通过价格来反映和传导。因而，在市场经济条件下，价格信息是市场主体从事经济活动的指示灯，其重要程度是不言而喻的。当然，单个价格所传递的不仅是供求信息，也反映着商品的成本、盈利状况以及消费者偏好等情况。

四、经济核算的职能

价格的核算职能，是指价格是被用来计量社会经济活动效果的一种工具。价格的核算职能也是建立在表价职能基础上的，为了使核算结果尽可能反映商品实际包含的劳动量，要求价格能尽量准确地反映价值。

商品和服务的生产包罗万象、千差万别，生产中所使用的生产要素更是各不相同，使用实物指标无法进行直接计算和比较。在目前无法直接使用价值量指标来进行核算的情况下，价格就成了进行计量、核算、比较经济活动效益的最好工具。同时，在商品经济中，每个企业和个人生产的产品还只是一种个别劳动，若要这种个别劳动成为社会劳动，还需要通过市场交换才得以实现。只有通过市场交换才能完成个别劳动向社会劳动的转化。因而，用价格作为核算工具，不仅便于计算，而且是价值实现的客观要求。所有企业只有通过核算，才能比较投入和产出，从而起到加强管理，提高效益的作用。不仅是企业，而且整个社会经济活动也只有通过加强核算和控制才能实现良好的社会经济效益。

有的学者还认为价格还具有分配或再分配等职能，但深入分析发现它已经包含在调节职能之中了，因而看起来观点不同，实质上只是划分角度和划分粗细的差别。

五、价格各个职能之间的相互关系

前面提出和分析了价格具有的四个职能，这四个职能之间的关系既相互统一、相互联系，同时又相对独立、相互制约。具体表现在：

（一）价格的各项职能相互统一

四个职能统一在同一商品的同一价格上，也就是说只要存在一个价格，就同时具备了上述各项职能。尽管由于具体价格所处位置不同，各种职能表现的程度有差别，但不会出现这种价格只有这一职能，那种价格只有那一职能的情况，四个职能的联系与统一形成了现实中的商品价格。

（二）价格的各项职能地位不相同

表价职能是最基本的职能，其他调节、信息、核算等职能都是建立在表价职能基础上的。或者说表价职能是基本职能，而其他职能则是派生职能。当然，在几个派生职能中也不是等同的，其中调节职能是主要职能。

（三）价格的派生职能相对独立

各派生职能虽然都是建立在表价职能基础上的，其重要程度也不同，但它们各自的功能不能相互替代，调节职能、信息职能、核算职能各有自己的作用，相对独立，同时存在并发挥作用。

（四）价格的各职能之间相互制约

在某种条件下这个职能和那个职能之间是对立的，从而起到相互制约作用。比如，调节职能有时需要价格大幅度背离价值，这和表价职能、信息职能是矛盾的，这就制约着价格不能长期大幅度背离价值。

第三节 价格的作用

价格的作用是指价格在实现自身职能时对经济活动产生的效果。简单说，价格的作用是价格职能的外在表现，而价格职能则是价格的内在功能。因而，价格的职能与作用，两者既有区别又有联系，它们之间是本质与现象，内容与形式的关系。价格的职能是内在的、固有的，一般不受外界经济条件的影响，而价格的作用则是价格职能在一定经济条件下的表现，客观条件不同，价格的作用也不尽相同。

一、价格作用的二重性

在现实经济生活中，一方面合理的价格发挥着促进生产、满足消费、合理配置资源、推动国民经济均衡发展的积极作用；另一方面垄断价格、价格欺诈以及价格的暴涨暴跌等不合理价格现象又会对生产、消费以及国民经济的运行产生不利影响。因此说在市场经济中，价格的作用具有二重性，既具有积极作用又具有消极作用。

在市场经济中，对于大多数商品来说，其价格是在市场供求关系和竞争的作用下形成的，这种价格形成机制的积极作用表现在：第一，在分散决策、自由定价的基础上，通过市场供求关系和竞争的作用，形成合理的商品价格及价格体系，为发挥市场机制的积极作用提供了前提；第二，使整个社会建立了一种价格自动调节机制，通过合理的价格体系和价格波动，实现社会资源在不同社会部门之间的合理流动，实现资源的有效配置，促进企业依据市场价格信号及时调整自己的生产和经营，适应市场需求变化，使社会的供求矛盾得到解决；第三，通过合理和公平的价格竞争，刺激企业不断更新技术装备，改善经营管理，提高产品质量和经济效益，从而推动社会发展和进步。

但是也必须清醒地认识到，在价格完全由市场调节的情况下也会出现价格扭曲现象，从而导致价格产生消极作用，主要表现在：第一，在经济活动存在外部性条件下，单纯依靠市场定价，不能真实地反映外部成本和外部收益，还会造成环境污染、生态破坏、资源浪费等资源配置失灵问题。第二，在垄断市场条件下，利用垄断地位制定的垄断市场价格，以及信息不对称条件下，产生的逆向选择和败德行为，导致价格扭曲，价格难以发挥正常作用。第三，商品价格波动具有自发性和盲目性等缺陷。商品生产经营者和消费者同时追求眼前的利益会导致商品价格的暴涨暴跌，导致价格信号失真，造成供求关系的剧烈波动，干扰微观经济的正常运行；通货膨胀和通货紧缩现象的出现，破坏宏观经济的平稳运行；价格的剧烈波动形成生产经营者的不公平竞争，将产生收入悬殊，甚至两极分化的现象。第四，生产经营者受自身利益的驱动，易产生不正当价格行为。如，相互串通，操纵市场价格；排挤竞争对手或独占市场，以低于成本的价格倾销；散布、捏造涨价信息，哄抬价格；利用虚假价格手段，欺骗交易对象进行交易以及价格歧视、变相提价或降价等等，破坏正常的市场秩序，危害正常的生产经营，损害消费者利益。第五，对社会需要的公共产品来说，由于其在消费上具有的非竞争性和非排他性，利用市场机制无法提供该产品，价格机制在此存在失灵问题。正是因为价格存在着消极作用和失灵现象，因此，降低或消除价格的消极作用或失灵现象成为实行市场经济国家政府的重要职责。

随着我国社会主义市场经济体制的建立和不断完善，与之相适应，价格机制由计划价格机制转换为在宏观调控下主要由市场形成价格的机制，这个机制给经济社会发展带来了活力，促进了经济社会快速发展，但同时导致价格盲目发生作用的弊病，这也已被改革开放以来出现的通货膨胀，农产品的“卖难”与“买难”不断交替出现，近几年出现的绿豆、大蒜等农产品价格的暴涨暴跌以及不正当价格行为等大量的事实所证明。因此，进一步完善价格机制，探索一套有效的调控办法，仍是完善社会主义市场经济的重要内容。

由上可见，全面认识价格的作用，有助于掌握价格的规律性，发挥价格的积极作用，避免其消极作用。

二、发挥价格积极作用的条件

价格能发挥什么样的作用与客观环境和条件有密切的关系。要使价格发挥积极作用，还必须具备一些必要条件，这些条件主要是：

（一）市场主体的独立性和行为理性规范

所谓市场主体的独立性是指进入市场的各市场主体不论是生产经营者还是消费者，必须是能够进行自主决策、自负盈亏的经济实体。市场主体的独立性以产权明晰为前提，产权关系界定清楚明确，市场主体成为追求经济利益的主体，在法律法规以及市场规则的范围内自主决策，运用其所掌握的资源独立开展生产经营以及消费活动，获取收益承担风险，并根据市场价格的变化进行自我调节，这样价格的作用才能充分发挥出来；相反，产权关系不明确，市场主体经营活动中出现的盈亏没有明确的承担者，也就丧失了市场主体的独立性，这样价格的作用再大也对它不起作用。

所谓市场主体行为理性规范是指市场主体在追求经济利益最大化目标的过程中，独立做出的一系列符合市场行为规范的选择，它是在市场信息充分、真实，市场主体知识完备、能够正确运用相关信息，并进行成本收益分析基础上做出的选择。例如，在企业的经营活动中，理性规范的价格决策应是在综合考虑企业自身利益、市场法律法规、道德规范以及消费者需求状况基础上做出的，体现公平等价、依法制定、诚实守信的原则。因此，市场主体行为的理性与规范以及市场信息充分是维护良好市场秩序的基础，也是发挥价格积极作用的前提。

（二）完善的市场体系和健全的市场规则

所谓完善的市场体系，是指整个社会市场体系基本形成，即不仅有商品服务市场，还有要素市场；不仅有现货市场，还有期货市场，各种市场相互联系、相互制约构成有机统一的市场，而且与国际市场有序衔接。价格在上述市场中形成，市场供求和价格能够灵活地反映对方并通过各市场的联系形成价格体系并发挥作用。如果市场体系不完善，商品服务市场发达而要素市场不健全，价格的变化不能引起生产要素的相应流动和配置，价格的作用就会被扭曲而不能充分发挥其对经济活动的调节。

市场规则是规范市场主体交易行为及其相互关系的基本准则，健全的市场规则是市场正常运行的保证，同样也是保证价格发挥积极作用的前提。健全的市场具有市场交易主体、交易客体、交易载体、交易方式、交易行为等规则，这些规则都会对价格的合理形成和运行产生直接或间接影响。比如，公平充分的竞争环境，保证着公平合理价格的形成，不平等的竞争条件会产生不公平的价格，这种价格就难以发挥正确的调节、导向作用，因而消除市场垄断、禁止强买强卖、价格欺诈等有害公平竞争的行为，是市场交易行为规则的重要内容，这样才能保证市场交易在自愿、平等、互惠的基础上进行，才能实现公平竞争。

（三）有效的宏观调控方式和手段

建立有效的价格调控体系，发挥价格的积极作用，促进经济社会稳定发展是政府的重要职能之一。第一，选择合理的调控方式。价格调控方式可分为直接调控方式、间接调控方式以及两者兼顾的混合调控方式。在市场经济体制下，价格主要依靠市场形成，同时为了避免价格的消极作用需要政府对价格进行必要的直接干预，因此，需要建立以间接调控为主、直接调控为辅两者相结合的调控方式。第二，健全的宏观调控手段。不仅要有完善的法律手段、经济手段，还要有完善的行政手段以及监督检查手段等。这些手段有各自作用机理，对价格的影响路径不同，运用法律手段规范市场主体价格行为，运用经济手段调节市场供求关系，运用监督检查手段查处不规范价格行为，为合理价格的形成和运行创造良好的市场环境；运用行政手段对某些价格调节作用发挥不充分的商品实行政府管制定价，保证其价格形成的合理性，对特殊情况下的价格异常波动进行约束和监管，限制价格的消极作用的扩散，维护价格水平的相对稳定。它们都是政府调控价格的重要手段。第三，宏观调控的规范化。政府作为价格调控的主体，其调控行为包括调控职责、领域、方式、手段、目标、程序等。所有调控行为都应有相应的法律法规予以明确规定，用以约束政府相关行政部门对价格的干预行为，以防止不正当干预。

三、价格在市场经济中的作用

在市场经济中，价格的作用发生在经济活动的各个方面，凡是存在价格的领域就会有价格作用的发生。价格的基础作用是合理有效地配置资源，并通过对国民经济的调节作用反映出来。

价格的基础作用是合理配置资源。在任何社会经济发展的过程中都会面临着如何生产才能满足社会需求的基本问题。资源即人们可以支配利用的人力、物力、财力、土地等经济资源，是商品生产的基础，而社会对商品的需求是多样的、不断增长的。在经济资源稀缺的条件下，投入到某种产品生产中的资源增加，就意味着生产其他产品投入的该资源的减少，那么就面临着一个问题即如何将有限的资源配置到众多的产业部门以及产品和服务的生产上，而且配置得最为有效、效益最佳且能够满足社会的需求。因此，人们需要选择资源配置的最佳方式。实践证明，由市场为主进行资源配置是迄今为止最有效的方式。而在现代市场经济中，市场合理配置资源的作用，是通过价格作用的发挥来实现的。市场上各种商品、服务以及生产要素通过市场形成合理的价格，一方面能够及时准确地反映市场供求、竞争状况和资源的稀缺程度，另一方面价格的变化又会为生产者是否增减商品供给量和消费者是否增减消费量提供决策信息，从而引导生产和消费，进而引起资源在各产业部门之间的流动。资源的流动过程是市场供求与价格相互作用的结果。市场供求与价格间的彼此作用，使价格趋向价值，供求趋向平衡，资源得到合理配置。

价格合理配置资源的作用通过价格对国民经济的调节作用反映出来，可以从社会再生产的四个环节入手来说明这个问题。

（一）价格对生产的调节

对生产来说，价格发挥着指挥者的作用。因为生产什么、如何生产、生产多少都根据价格来确定。其指挥者作用主要表现在以下方面：

1. 调节产业结构和生产比例。社会上存在着许许多多的产业部门，各部门之间，客观上要求有一定的比例关系，这种比例关系由社会需要来决定。在市场经济条件下，合理的产业结构的形成，一方面需要国家的统筹规划和合理的产业政策加以引导，另一方面价格也发挥着重要的作用。合理的价格会使人、财、物等生产要素按照社会需要流动，这在实行市场调节的商品上是十分明显的。较高的价格会吸引大量的生产要素流入，从而使产量增加，需求得到满足，较低的价格则会起相反的作用。即使对国家管理价格的产品，合理的价格也会保证计划顺利地实现。所以，价格是使产业结构和生产比例合理化的重要杠杆。

2. 有利于提高产品质量。商品的价值是由生产这些商品时所花费的社会必要劳动时间决定的，一般精料细作的商品质量好。对于政府定价的商品和服务来说，价格主管部门通过实行优质优价的政策，可以使优质商品卖到好价钱，使生产优质商品的企业得到较大的盈利；对粗制滥造的商品则规定惩罚性价格，让这些企业无利可得。而对众多由市场形成价格的商品和服务，在竞争中更会自发地贯彻优质优价原则，优质产品受人欢迎、销路广、利润多，从而激励企业不断更新设备，改进工艺，严格操作，争创优质品牌，推动整个社会产品质量的不断提高。

3. 促进企业不断改进经营管理，提高经济利益。在市场经济条件下，市场价格是由代表社会必要劳动时间的部门平均成本来决定的，在价格面前人人平等。个别成本低于社会成本的企业可以获得利润和超额利润；高于平均成本的企业则只能保本甚至亏损。因而，反映商品价值的价格不断起着鞭策企业改进经营管理，努力降低成本的作用。

4. 促进生产的合理布局。在同一市场、同一价格原则指导下，企业的建设必然会在设置地点、规模大小、技术档次等方面按技术经济条件选择最佳方案。这些企业会因接近原料地或销售地而节约运力，或因技术规模与资源匹配恰当，而获得良好的经济效益，从而使生产能力形成合理布局，起到优化社会产业结构，充分利用资源的作用。

（二）价格对商品流通的调节

对流通来说，价格发挥着调节者的作用，因为价格的高低会影响流通的规模和速度，以及流通企业的经济效益。所谓流通规模，是指一定时期实现的商品销售量；流通速度是指商品周转的快慢程度。其调节者的作用主要体现在以下方面：

一般情况下，合理稳定的价格有助于实现商品流通，使流通保持适当的规模和速度。价格的波动会引起流通规模和速度的变化。如果是单个商品价格变动，则这种商品的流通量和速度会与价格成反方向变化。如价格上升，则购买减少，销售呆滞；价格下降则情况正好相反。如果是价格总水平的变化，情况要复杂些。一般来说，物价总水平的升降对流通的规模和速度所产生的影响应和单个商品价格的变化一样，但这是以居民购买力不变为前提的，而在现实生活中却往往是购买力膨胀和物价总水平上涨结伴而生，居民收入减少和价格水平下降相继而到。在这种情况下，前者是价格越涨人们越抢购，人们越抢购价格越涨，商品流通不仅规模大，而且速度快。后者情况却正相反，价格虽然降了，但人们反而不着急买了，造成市场疲软，生产呆滞，这必然影响人们收入增加，反过来又进一步影响价格和市场，这时商品流通规模缩小，市场疲软，速度减慢。当然这种现象也是不会长久的。但不管情况如何复杂，价格是影响流通规模和速度的关键因素却是无疑的。

与此相关的，当由于商品价格变化引起流通规模增大，速度加快时，流通企业的周转量大，周转速度快，经济效益就好；相反，流通规模缩小，速度减慢时，流通企业的效益就会下降。

（三）价格对分配的调节

对分配来说，价格发挥着支配者的作用，因为价格也是收入分配的手段。其支配者的作用主要体现在以下方面：

国民收入由社会各部门创造出来以后，首先由国家通过税收、利润、工资等杠杆在国家、企业、工人、农民之间进行初次分配，然后又通过各种预算渠道进行再分配。在国民收入的分配和再分配过程中价格都参与了这些分配过程。价格参与国民收入的分配和再分配，主要是通过价格与价值的一致或不一致，以及价格的变动来实现的。

在国民收入初次分配中价格水平的高低会影响国民收入可分配的总数，以及国家、企业和个人之间的分配比例，在商品交换过程中价格的变动则会使各方已获得的国民收入发生再分配，使一方的利益转入另一方。如，在工农、城乡之间，如果农产品价格低于价值出售，而工业品价格高于价值出售，就会使农业创造的部分国民收入通过隐蔽的方式转移到工业部门，形成不合理的分配关系；对于不同地区来说，在某些情况下，由于能源和原材料价格偏低，而制成品价格偏高，这就会使生产前者为主的地区所创造的部分国民收入通过不合理价格转移到主要使用或消费能源、原材料的地区，这种情况也会发生在相互关联的产业部门之间。类似这样的再分配还会发生在生产经营者和消费者之间、国家与国家之间等等。

价格的这种调节分配的作用与财政等经济杠杆相比具有一定的隐蔽性，在一定程度上比较容易实行。因而，必要时国家可以借助于价格杠杆调整各方的收入分配，但正因为价格所调节的收入是以某一方的损失为前提的，所以必须审慎行事。

（四）价格对消费的调节

对消费来说，价格发挥着指导者的作用，因为价格的高低变化引导着消费者的需求变动。其指导者的作用主要体现在以下方面：

价格对消费的调节主要体现在对消费总量和消费层次结构的调节上。前者主要通过价格总水平的变动来实现，后者则通过具体商品价格的变动来实现。

在现实经济活动中，生产和消费的平衡通过社会商品可供量和有实际购买能力的消费需求的平衡来实现。在消费者收入一定的情况下，已经形成的购买力实际能买到多少实物，由价格总水平决定。如果商品总量供不应求，许多商品纷纷涨价，引起价格总水平上涨，则消费者实际购买到的消费品就会减少，从而导致消费水平降低；如果总量供过于求，则情形正好相反。当然现实生活中的情况要复杂得多。

某一种商品或一部分商品价格变化会引起消费者对这些商品需求的变化，从而调节了消费结构。一般情况下，当某种商品价格下降时，可以刺激对该种商品的需求，相应减少对其他商品的购买和消费；当某种商品价格上涨时，会限制对该商品的消费，并使消费转向其他商品，从而使消费结构发生变化。

主要术语

价格　价格的职能　价格的作用

思考问题

1. 如何认识价格的含义、本质？
2. 现代市场经济中价格的形成和运动有哪些特点？
3. 价格有哪些职能？它们之间的关系如何？
4. 如何理解价格的作用？如何发挥价格的积极作用？

第二章 价格的形成和运动（上）

学习目的与要求

价格形成和运动有自身的规律。本章从价格形成主体和形成方式、价格形成的基础、市场供求与价格的关系三个方面来讨论影响价格形成和运动的因素。通过本章的教学和学习，要求学生把握价格形成基础、市场供求、价格形成主体和形成方式与价格形成和运动的关系。

第一节　价格形成主体与形成方式

价格形成必然涉及由谁来定价，或者说定价主体是谁和价格按什么方式形成的问题，这是价格形成和运动理论中需要解决的问题。

一、经济体制与价格形成主体和形成方式

如何处理经济决策的集权和分权的关系、市场调节与计划调节的关系是区分市场经济体制和计划经济体制的重要标志。计划经济体制是我国改革开放以前以及苏联和东欧国家都实行过的一种经济决策高度集中统一的经济管理体制。在这种体制下，社会资源的配置、产品的生产、流通以及分配权力都集中于国家，并通过计划的形式来完成，而不是通过市场的调节来实现；产品生产经营者是国家的附属品，没有产品的所有权和经营上的自主权，也就不存在价格的自主定价权，产品的价格都由政府直接确定，价格是实现计划的工具，而不是调节生产、流通、消费的市场信号，只有完成计划交售任务后极为少量的剩余农产品的价格才能由生产者定价出售。因此，与计划经济体制相适应，就社会整个产品的定价权结构来说，几乎所有产品的定价权都集中在政府手中，政府是价格形成主体，价格由计划调节形成，生产经营者不是价格形成主体，只有在政府的严格控制下极少数产品

才能进入市场，生产经营者才能成为价格形成主体，且在价格形成主体结构中处于从属地位。

在市场经济体制下，市场成为调节社会经济活动、配置社会资源的基础手段。商品生产经营者成为独立决策的市场主体，并拥有商品的自主定价权，成为价格形成主体，价格由市场调节形成；同时，对于垄断性强、资源约束性强以及关系国计民生的重要的少数商品实行政府定价。因此，与市场经济体制相适应，就社会整个商品的定价权结构来说，绝大多数商品的定价权掌握在参与市场活动的生产经营者手中，生产经营者作为价格形成主体，并在价格形成主体结构中处于主体地位。另外，政府在价格形成主体结构中是必要的补充，用于弥补价格在资源配置过程中的缺陷。

二、价格形成主体对价格的影响

（一）市场主体与价格形成主体

在市场经济条件下，凡是进入市场交易的活动都是市场活动，参加市场活动的当事人就是市场主体，市场主体是市场经济运行的基础。商品交易活动是商品供给者和商品需求者之间的交易活动，也就是市场主体之间的交易活动，商品价格则是在市场主体之间的讨价还价过程中形成或决定的。市场主体拥有的这种定价权利，是市场经济赋予买者或卖者的基本权利，也是市场机制发挥作用的条件。

可见，市场主体即是价格形成的主体。但是在市场经济运行中，任何市场交易活动都不是毫无约束的，在一定程度上受到政府的宏观调控的影响。因此，市场主体由市场活动的直接参与者和调控者构成，即由市场活动的直接参与主体和市场活动的调控主体构成。相应地，价格形成主体也包括两部分：一是价格形成的直接主体；二是价格形成的间接主体或调控主体。

（二）价格形成的直接主体对价格的影响

价格形成的直接主体是指直接参与市场活动的商品供给者（卖方）和商品需求者（买方），具体包括居民、企业、中介机构、事业单位、政府等，其中企业和居民是市场经济中最有活力的市场主体和价格形成直接主体。价格形成直接主体作为市场活动的当事人，在同一市场的交易中，必定划分为商品供应者（卖方）一方和商品需求者（买方）一方，但在不同的市场交易中，同一价格形成直接主体，可以实现角色的相互转换，即在商品供应者（卖方）和商品需求者（买方）之间转换。价格形成直接主体对价格形成的影响表现在以下方面：

1. 在较为充分竞争的市场环境下，作为卖方的市场主体和作为买方的市场主体共同决定市场成交价格。在市场交易中，卖方和买方都想从自身的利益出发获得对自己有利的市场成交价格，但是任何商品交易的市场成交价格都不是由买方或卖方单独一方来决定的，而是通过双方的反复协商、竞争、博弈，当利益达到均衡时由双方共同决定的。在商品供求关系平衡的态势下，买卖双方势均力敌，在竞争机制约束下双方都能够实现共同协商、议定成交价格的权利。在商品供不应求的态势下，在买卖双方竞争的过程中，买方中有人会出比以前更高的价格购买商品，买方内部的竞争提高了价格，而卖方则会团结起来提高出售价格，从而使市场成交价格提高。这时卖方在价格谈判中处于优势，卖方对市场成交价格确定的影响力较大，买方处于劣势，对市场成交价格确定的影响力较小。在商品供过于求的态势下，情况则正好相反。供求不平衡情况下买方和卖方在商品价格决定中所处的优势和劣势地位，会随着商品供求关系的不断变化发生交替转换。因此说，不论商品供求是哪种情况，不论价格形成直接主体作为买者还是作为卖者，在价格决定面前都处于平等的地位。不承认买者或卖者是价格形成的直接主体，就等于否认买方或卖方对商品价格的决定权，在这种情况下，商品的交易关系是一种不平等或不等价的交换关系，显然这是违背市场法则的，不利于保护买方和卖方的利益。

2. 在非完全市场竞争特别是完全垄断和寡头垄断情况下，价格形成的直接主体对市场成交价格形成的实际控制权存在不平等问题。具体来说，一方面，在完全垄断、寡头垄断的卖方市场中，卖方凭借垄断地位或价格联盟，占有定价权的绝对优势，实际操控着买卖双方的市场成交价格，买方虽然也参与价格形成，但处于被动和次要地位。另一方面，在完全垄断、寡头垄断的买方市场中，情况则正好相反。在完全垄断和寡头垄断情况下出现的买方或卖方的定价权缺失问题，造成了不公平或不等价交换关系，违背了公平竞争的市场规则，破坏了市场机制。因此，打破垄断、促进竞争，使买方和卖方获得平等的价格权利是政府和价格形成直接主体共同努力的目标。

（三）价格形成的间接主体对价格的影响

政府为实现组织和管理经济的职能，也会进入市场，参与市场活动。因此，政府既是价格形成的直接主体，又是价格形成的间接主体或调控主体。政府对价格形成的影响可以概括为以下方面：

1. 当政府以商品的消费者或商品的供给者的身份直接进行市场活动时，则成为市场主体和价格形成的直接主体，与其他价格形成直接主体一样，享有共同参与、协商议定市场成交价格的权利。

2. 当政府既不以商品供给者身份，又不以购买者身份，而是以市场活动调控者身份出现时，则成为市场价格形成的间接主体或调控主体。价格形成的间接主体对价格形成的影响通过以下途径来实现：第一，通过制定市场交易的法律法规，规范价格形成直接主体的价格行为和间接主体干预价格的行为。第二，通过经济手段调节供给和需求，促进市场的供求平衡，维护价格水平的基本稳定。第三，在市场经济中，由于自然垄断、外部性、信息不对称等问题的存在，对于这些商品实行政府管制定价成为解决“市场失灵”的重要手段。在这种情况下，政府既不是商品的供给者，也不是购买者，而是价格的制定者；价格的形成过程是政府与商品供应者、购买者反复协商的过程，但是价格一旦确定，在执行周期内商品的供给者和购买者都必须执行，没有自行变更的权利。第四，在特殊情况下对市场价格实行临时性行政性干预措施。

可见，政府兼有价格形成调控主体和直接主体的双重身份。

三、价格形成方式对价格的影响

价格形成方式是指商品价格是由市场形成，还是由政府管制形成，或者由市场和政府管制共同作用形成。在市场经济条件下，商品价格在国家调控下以市场为主形成，但是不同的商品价格的形成方式不同。

（一）市场形成价格

市场形成价格是指在市场交易中直接由买卖双方协商议定的商品价格。市场形成价格是市场经济体制下价格形成的主要方式，也是社会主义市场经济体制下价格形成的主要方式。其表现形式一般是自由价格或市场价格，在我国的价格法律法规文献中称为市场调节价。

（二）政府管制形成价格

政府管制形成价格是指政府为实现一定的目标，按照相应的原则和程序，直接确定某些商品的价格水平。虽然商品的生产经营者和消费者也参与价格形成的过程，但是价格一旦确定，买卖双方就没有协商变动的权利。可见，政府管制形成的价格实际上就是政府制定价格，在我国的价格法律文献中称为政府定价。

（三）政府管制和市场调节共同形成价格

政府管制和市场调节共同形成价格即政府规定某些商品的基准价和浮动范围，而具体的价格水平在规定的浮动范围内由买卖双方根据市场供求状况确定。这种价格形成方式体现了政府管制和市场调节的要求，在我国的价格法律文献中称为政府指导价。此外，在某些特殊情况下，政府对一些商品规定的最高限价、最低限价以及控制差价率、利润率等，也是政府指导价的形式。

在上述三种价格形式中，市场调节价占主导地位，政府定价和政府指导价是必要的补充。在市场经济条件下，政府定价和政府指导价仍有其存在的必要性并在经济生活中发挥着重要的作用，但与计划经济体制下的政府定价有着明显的区别：第一，在计划经济体制下，政府定价几乎包括了全部产品。在市场经济下，虽然世界各国政府干预价格的表现方式有所不同，但部分商品和服务的价格仍实行政府管制，其范围主要限于具有资源稀缺性、自然垄断性、公用和公益性等关系国计民生重要的极少数商品和服务，除此之外的商品和服务价格均采取市场价格形式。比如，1992 年日本的消费开支中，政府价格管制部分占 16%；1994 年德国政府价格管制的商品和劳务销售额，占全部销售额的 5%左右；20 世纪 70 年代，美国经济活动中政府价格管制的部分不超过 10%，80 年代后降为 5%左右。① 我国随着社会主义市场经济的不断发展，政府定价和政府指导价的商品和服务不断减少，目前国家发展改革委和国务院有关部门定价的商品和服务项目仅有粮棉等中央储备物资、重要药品、电力、交通运输、邮电资费等 13 种，市场调节价的比重不断扩大。2007 年在商品零售环节已达到 95.6%，在农产品收购环节已达到 97.1%，在生产资料出厂环节已达到 92.4%。可见，目前我国商品价格的市场化程度已经相当高。详见表 2—1。第二，在计划经济体制下，政府定价主要是为计划服务，价格既不反映价值，也不反映市场供求，价格一旦确定则固定不变，强调价格的计划性和稳定性。在市场经济体制下，实行政府定价和政府指导价的主要目的是为了解决市场价格调节的“失灵”问题，通过制定科学合理的价格，维护生产经营者和消费者的利益，实现资源的有效配置。同时，政府定价和政府指导价的形成，以商品价值为依据，反映市场供求状况的变化以及国民经济发展的要求和社会承受能力。因此，政府定价、政府指导价的基准价和浮动幅度不是固定不变的，是可调整的。而且对关系国计民生重大的商品和服务价格的形成，实行听证会制度，听取生产经营者和消费者的意见和建议。这些都是市场经济体制下政府定价和政府指导价与计划经济体制下政府定价的重要区别。

---

① 马凯：《新时期价格的若干问题》，367 页，北京，中国物价出版社，1996。

表 2—1　　1978—2007 年三种价格形式比重变化情况（%）

项目	1978 年	1995 年	2007 年
商品零售环节			
政府定价比例	97.0	8.8	2.6
政府调节价比例	0.0	2.4	1.8
市场调节价比例	3.0	88.8	95.6
农产品收购环节			
政府定价比例	92.2	17.0	1.1
政府调节价比例	2.2	4.4	1.8
市场调节价比例	5.6	78.6	97.1
生产资料出厂环节			
政府定价比例	100.0	15.6	5.4
政府调节价比例	0.0	6.5	2.2
市场调节价比例	0.0	77.9	92.4

资料来源：《国家发展改革委关于 2007 年度三种价格形式比重测算情况通报》，发改价格［2009］109 号。中国价格协会通讯，2009 年第 3 期。

第二节　价格形成的基础

价格形成是指商品在生产和流通过程中的价格确定。价格形成的基础是指价格形成和运动的轴心或重心，或者说是价格运动的长期趋势。在现实的市场中，虽然价格受到各种因素的影响不断波动，就像生活中放风筝一样，风筝在空中上下左右运动，但放风筝的引线始终控制着风筝的运动轨迹，那么是否存在某种力量支配着价格的运动呢？要把握价格形成和运动的规律，必须要弄清楚这个问题。

一、价格形成基础的不同观点

在关于价格形成和运动的基础问题上历来存在着不同的观点。在商品经济发展初期，人们就发现价格虽然波动不定，但总是围绕着一个轴心上下波动，时而离开这个轴心，时而又回到这个轴心。为了揭开这个价格波动之迷，从古希腊的荷马、亚里士多德到英国古典经济学派的代表人物，围绕这个问题进行过长期艰苦的探索，取得了大量研究成果，为解开这个谜奠定了重要的理论基础。古典经济家配第把自然价格（价值）看作是该商品换来的金属货币包含的劳动量，马克思由此认为配第“看出了价值的本质”①；斯密把商品的价值看作是生产商品耗费的劳动量；李嘉图坚持和发展了斯密关于价值是生产商品耗费的劳动量的原理。古典经济学家在不同程度上看出价值的本质，把商品的价值归结于劳动

① 马克思：《资本论》，2 版，第一卷，65 页，北京，人民出版社，2004。

量，马克思充分肯定了他们的历史贡献。然而他们并未真正看清劳动如何形成价值，什么样的劳动才形成价值，常常混淆商品生产与产品生产的关系，以及价值和交换价值的关系，不能解释生产价格的本质，从而不能最终说明价格波动的轴心。这是由他们所处的时代和自身的阶级地位所决定的。

到了19世纪中叶，马克思运用唯物辩证法在前人的研究基础上，从商品二重性入手，揭示了劳动二重性，指出了具体劳动创造使用价值，抽象劳动创造价值。区分了劳动和劳动力的概念，揭示了劳动力这种特殊商品在使用过程中会创造出超过自身价值的剩余价值，从而创造了崭新的劳动价值学说。他还科学地回答了生产价格是价值的转化形态，从而对价格波动的轴心做了完备的、透彻的说明。从此，价值或其转化形态是价格形成和运动的基础就成了一种最有说服力的科学学说，指导着后人去认识和解决价格方面存在的理论问题和实践问题。

在价值决定和价格决定问题上始终存在着马克思主义和非马克思主义观点的对立。这种对立大体表现在两个既相关联又是不同层次的问题上：一是价值决定问题；二是价格决定问题。马克思主义的观点非常明确，价值由物化在商品中的社会必要劳动时间决定，由生产过程中活劳动创造的新价值加原有物化劳动转移到新产品中的价值构成。价格以价值为基础形成。劳动工具和劳动对象是实现商品生产的必要条件，它们被消耗掉的价值可以转移，但不创造新价值。马克思的劳动价值学说进一步揭示了剩余价值的生产是资本家剥削工人的源泉，从而得出资本主义必然灭亡的结论。

早在马克思时代，法国经济学家萨伊就提出了劳动力、资本或土地协同创造价值的观点。他认为：商品的价值是劳动资本和自然力共同协作的结果①。然后，他把资本的三种分配形式的价值来源归之于“三种生产要素”，即工资来源于劳动，利息来源于资本，地租来源于土地。这样他就抹杀了资本对工人的剥削。马克思把这套理论称之为“三位一体”公式，并进行了分析批判。在19世纪70年代杰文斯、瓦尔拉斯和奥地利学派为代表的边际效用学派，认为商品的使用价值大小取决于对人的“效用”，即商品的经济价值取决于对最后被利用的那一部分的物品的主观评价。显然，这种撇开价值决定实体，只讲效用决定价格的观点难以揭示价值决定的本质，带有很大的主观评价成分。

19世纪末，英国经济学家马歇尔在综合了供求论和边际效用论、生产费用论的基础上提出了“均衡价格论”。马歇尔虽然也用了价值这个概念，但实际上他对价值的分析，是对价格的分析，他通过流通领域中供给和需求的关系来说明价值的形成，把价值看成是由供给和需求或买卖双方所达到的均衡来决定的价格。均衡价格描述了市场供求变动对价格影响的一些规律，并用需求曲线、供给曲线及其两者相交变动的图象来直观地反映价格决定的规律。从此之后，西方价格理论完全脱离了价值理论，用价格论代替了价值论，而价格则是供求共同作用的结果。可见，西方价格理论是建立在否定价值存在基础上的价格理论。

在价值决定与价格决定问题上观点的对立，一个多世纪以来从未中断过，成为一个有争议的世界性问题。新中国成立后的几十年中，我国学术界的主导观点是劳动价值论，在

① 萨伊：《政治经济学概论》，75～76页，北京，商务印书馆，1982。

政策上提倡以价值决定为基础的等价交换，供求决定论没有形成公开的学术派别。改革开放以来，随着我国社会主义市场经济制度的确立和不断完善，市场价格机制成为配置资源的基础性手段，以及实践中对资金、设备、土地等生产要素的重视，近年来有一部分学者对劳动价值论提出了异议。他们认为劳动价值论不能解释除劳动力以外其他生产要素在社会财富创造中的作用，主张资本、资源也参与价值创造。如有的提出，传统的劳动价值一元论已不能解释现实生活中的价值决定，需要在原劳动价值一元论基础上扩大劳动的外延，加入资本、土地等非劳动生产要素，以及技术变动下的利益关系，以便对价值决定做出合乎现实的说明。有的提出，为了反映现代经济生活的全貌，需要补充和发展马克思的劳动价值论，确立社会劳动创造价值的观点。从微观看是企业的活劳动和物化劳动共同创造价值，从宏观看即是社会活劳动创造价值。也有人引用大量事例来说明现实生活中是供求决定价格，甚至有人公开提出现在不要再提价值规律了，只提供求规律就可以了。以上种种观点，有的声明是在承认马克思劳动价值论基础上提出的，是对马克思劳动价值论的发展，有的则声明不赞同马克思的劳动价值论，必须加以改造。不同的学术观点可以争论，真理越辩越明，作者认为马克思的劳动价值论的确需要随着经济社会的发展不断完善，但其基本原理仍是正确的、科学的，必须坚持。

二、价格形成基础的内涵

价格形成的基础是指价格形成和运动的轴心或重心。商品价格在市场交换中形成，交换是不同使用价值的交换，价格体现为不同使用价值之间交换的量的比例。可见，商品的使用价值是价格形成的物质基础。但是不同使用价值之所以能进行比较，是因为它们都存在一个共同可比较的东西——商品价值，并通过一定的货币量表现出来。货币之所以能表现价值，因为它具有使用价值，而且也具有价值。可见，商品价格的内在形成基础是商品价值。商品作为使用价值和价值的统一体，使用价值是价值的物质承担者，没有使用价值的商品，不能被社会承认，必然没有价值，也不能进行交换，也就没有价格，但是不能反过来说，没有价值的东西必然没有使用价值，就不能用来交换，从而没有价格。现实中没有价值但有使用价值的东西，可以进行交换并具有价格。因此，现实市场经济中同样要重视使用价值对价格形成的影响。

价值作为价格形成的基础，与价格的关系表现在以下几个方面：

（一）价值规定了价格形成的质和量的基础

价格形成的质的基础是价值实体，即凝结在商品中的人类一般劳动。凝结了人类一般劳动的物品，经过交换，才具有价值的外在表现形式价格。

价格形成的量的基础是价值量，也就是说价格的高低要以商品价值为标准，以商品价值量的大小为依据，商品价格随着价值量变化而变化。价值量由生产商品的社会必要劳动时间决定。社会必要劳动时间包括单位商品社会必要劳动时间和部门商品社会必要劳动时间。一方面，单位商品社会必要劳动时间的大小与劳动生产率有密切的关系，社会劳动生产率提高，单位商品社会必要劳动时间减低，单位商品价值量下降，反之则相反；另一方面，在单位商品社会必要劳动时间和社会对某种商品的需求量一定的条件下，在社会总劳动时间中分配给某商品生产部门的劳动时间，即部门商品社会必要劳动时间调节该部门的商品价值量，即当投入该部门的劳动时间超过或少于部门商品社会必要劳动时间，社会只承认部门商品社会必要劳动时间，这时单位商品价值量会相应减少或增加。

（二）价值构成要素规定了价格构成的基本要素

商品价值的经济内容包括生产商品消耗的生产资料价值（C）、劳动力价值（V）和劳动者创造的剩余价值（M），决定了商品价格构成的基本要素，即生产成本和利润。因此，探讨价格形成问题，也要注意价格中的生产成本和利润如何正确地反映商品价值的 C+V 和 M。

商品价格中的生产成本是一个客观的量，不论在什么社会制度下，只要做到如实反映 C+V 的支出就可以了。但反映 M 的利润水平和分配原则却是随着生产力发展水平和社会经济关系的变化而变化的，从而使价值形态或价格形成基础发生变化。因此，价格形成基础的转换关键在于利润分配原则的变化。

在一定的社会生产力水平下，全社会创造的利润水平是一个客观量，它是全社会经济活动的成果。但是社会利润如何在各商品上进行合理分配，在不同的社会经济条件下分配的原则不同。在简单商品生产时期是按照等量劳动获得等量报酬的原则进行分配，价格的基础是原始价值。到了资本主义社会，原则变为等量资本获得等量利润，价格形成基础转换为生产价格。生产价格的产生并不否定价值是价格形成和运动的一般基础。

（三）价值或价值的转化形态是价格形成和运动的重心

由于受到币值、市场供求等多种因素的影响，商品价格的运动，表现为三种形式即价格高于价值、价格低于价值、价格等于价值。在市场上这三种形式不断交替出现，形成了以价值为重心，围绕价值上下波动的价格运动规律。而且价格的形成基础，在商品经济发展的不同历史阶段，也会发生变化，价格运动所围绕的重心也随之发生变化。

三、价格形成基础的历史演变

价格以价值为基础是一个总概念。在商品经济发展的不同历史阶段，由于商品价值借以实现的经济条件不同，因而，价格形成和运动的基础是不同的。

（一）物物交换时期交换比例形成的基础是个别劳动时间

在原始社会的末期，在不同部落之间发生产品交换是一种个别的偶然的交换，是物物交换阶段。由于交换是偶然发生的，没有稳定的市场，也没有货币参加，更没有价格这个概念，交换是以双方各自花费在生产该种商品上的劳动时间为基础进行的。所以这一阶段商品交换比例的确定是由物化在商品中的个别劳动时间决定的。

（二）简单商品生产时期价格的形成基础是平均价值

在简单商品生产时期，市场已经形成，货币介入了交换，商品交换已不再是一种偶然现象，在同一市场有众多的生产者，又有众多的消费者在同时进行交易，于是竞争就在卖方和买方之间，以及卖方内部开展起来；同时，由于处在简单商品生产时期，交换的范围相对狭窄，商品交易双方便于了解，能够使商品生产量和需求量大致平衡。竞争的结果，使生产同种商品的不同生产者的个别劳动时间转化为社会平均劳动时间，才能被社会承认，交易也按照这一标准决定的价格来支付。这时第一种含义的社会必要劳动时间的概念就产生了，也称为单位商品社会必要劳动时间，即“社会必要劳动时间是在现有的社会正常的生产条件下，在社会平均的劳动熟练程度和劳动强度下制造某种使用价值所需要的劳动时间。”[①] 这种社会必要劳动时间决定的价值称为平均价值，因此，这一时期市场价格的形成基础是平均价值。

（三）资本主义初期价格的形成基础是市场价值

在资本主义社会初期，社会分工、商品生产与交换有了进一步发展。一方面，不同的商品生产者组成了各个专业化生产部门，不同部门之间由于封建割据和行会的存在，资本还不能在不同部门之间自由流动。因此，部门之间的竞争还未充分展开，但是同一部门内部的竞争已经展开。另一方面，在这一时期，商品已不再是某一生产者的劳动产品，而是作为一个部门的总产品出现在市场上面对社会需求。同时，此时的市场供求关系已不像简单商品生产时期那样处于平衡状态，由于交换范围、商品种类的不断扩大，无论作为部门内的每一个生产者，还是该部门的全体生产者，都无法清楚地知道市场需求的商品种类和数量，市场供求经常处于不平衡状态。这时一个部门的商品生产量是否符合社会需要量，或者进一步说一个部门生产的商品量所投入的劳动时间是否符合社会需求，成为价值决定和价值实现的突出问题。部门内部的竞争的结果，“不仅在每个商品上只使用必要的劳动时间，而且在社会总劳动时间中，也只把必要的比例量使用在不同类的商品上”。[②] 由此产生了第二种含义的社会必要劳动时间，又称为部门商品社会必要劳动时间，是指在社会总劳动时间中，根据社会对某种商品的需求比例分配给生产该商品部门的劳动时间。“社会劳动时间可分别用在各个特殊生产领域的份额的这个数量界限，不过是价值规律本身进一步展开的表现，虽然必要劳动时间在这里包含着另一种意义。为了满足社会需要，只有如许多的劳动时间才是必要的。在这里界限是由于使用价值才产生的。社会在既定生产条件下，只能把它的总劳动时间中如许多的劳动时间用在这样一种产品上。”[③] 不论某一部门生产商品投入的劳动时间多少，市场只承认该部门的社会必要劳动时间，以及由此决定的某类商品价值总量。可见，在资本主义初期，部门商品社会必要劳动时间对于商品价值的形成具有决定性作用。马克思把通过部门内部竞争，并由部门商品社会必要劳动时间决定的商品价值称为“市场价值”，并成为这一时期价格形成的基础。

（四）资本主义发展到更高阶段的价格形成基础是生产价格

随着资本主义向更高级的阶段发展，一方面，机器的普遍使用促进了生产力的极大提高，资本主义进入了社会化大生产时期，同时，资本冲破了封建残余的束缚，具备了自由流动的社会条件。另一方面，这一时期商品不再单纯地作为商品来进行交换，而是当作资本的产品来进行交换，资本的权利是不论资本投向哪个生产部门，也不论投入资本的数量大小都要求等量资本获取等量利润。又由于如果商品按照价值出售，资本有机构成不同的部门有不同利润率，部门之间展开竞争，竞争的过程是资本不断从利润率低的部门转入利润率高的部门。资本的不断转出和转入的结果，使各部门的利润率趋于平均化，于是价值转化为生产价格，并成为市场价格摆动的中心。马克思指出：“竞争首先在一个部门内实现的，是使商品的不同的个别价值形成一个相同的市场价值和市场价格。但只有不同部门

① 马克思：《资本论》，2版，第一卷，52页，北京，人民出版社，2004。

② 马克思：《资本论》，2版，第三卷，716页，北京，人民出版社，2004。

③ 马克思：《资本论》，2版，第三卷，717页，北京，人民出版社，2004。

的资本的竞争，才能形成那种使不同部门之间的利润率平均化的生产价格。这后一过程同前一过程相比，要求资本主义生产方式有更高的发展。”① 因此，资本主义发展到更高级阶段的价格形成基础是生产价格。

资本主义从自由竞争发展到垄断资本主义后，少数垄断资本家凭借雄厚的资本实力，垄断了市场，规定了垄断价格，它谋求的不是平均利润，而是垄断利润。但垄断不可能消灭竞争，垄断价格只是生产价格在特殊状态下的表现，是牺牲中小资本家和广大人民利益为前提的，在激烈的竞争中垄断会不断被打破，并回归到生产价格。因而垄断价格不是一个独立的价格形成发展阶段。

（五）社会主义市场经济条件下价格形成的基础

新中国成立以来，在一个较长的时期内，由于在理论上对商品生产、价值规律存在严重偏见，把生产价格看成是资本主义特有的东西，在实际工作中实行严格的计划价格。产品价格的制定服从计划，价格既不反映价值，又不反映供求，这种指导思想和实际做法极大地妨碍了社会主义商品经济的发展。

党的十一届三中全会以后，理论上进行了拨乱反正，使人们的思想得到了解放，同时经济上实行改革开放，推动了商品经济的发展，在此背景下理论界开始探索我国价格形成基础的问题。有人提出价格应以价值为基础形成，即按工资利润率定价；有人提出价格应以生产成本为基础形成，即按成本利润率定价；有人提出价格应以生产价格为基础形成，即按资金利润率定价；还有人针对单一利润率定价的弊病，主张按一定比率的工资和资金所确定的复合利润率定价的观点等等。

随着我国社会主义市场经济体制的确立和不断发展，国家宏观调控下主要由市场形成价格的机制得以确认。当商品价格在市场竞争中形成时，市场价格的形成基础应是生产价格，理由是：

第一，生产价格是与社会化大生产发展相联系的产物。生产社会化的高度发展要求有一种与之相适应的，有利于技术设备更新的定价制度，生产价格能满足这种需求。社会主义市场经济也是建立在社会化大生产基础上的，因此，价格的形成基础也应该是生产价格。

第二，社会主义市场经济条件下也同样存在利润率平均化的趋势。首先，在社会主义市场经济制度中，企业已经成为独立的经济实体，利润成为企业追求的目标，需要根据市场的需求、利润的高低，选择利润高的部门进行投资，从而形成资本在不同部门之间的转移。其次，在社会化大生产过程中，现代科学技术的广泛使用，促进了社会生产力的发展，但不同部门的资本有机构成必定还会存在差别，部门之间的利润率也会存在差别。最后，在社会主义市场经济的不断发展和完善的过程中，影响资本和劳动自由流动的障碍不断被打破，自由流动的社会环境已经形成。因此通过竞争和生产要素的流动，使利润平均化成为必然趋势。

当然，还必须认识到，我国市场经济的发展水平与发达市场经济国家相比，在企业独立化程度、开展竞争的条件、市场体系完善程度、价格形成机制等方面还存在一定差距，真正实现以生产价格为基础形成价格还需要一个过程，但这个发展趋势是明确的。

---

① 马克思：《资本论》，2版，第三卷，201页，北京，人民出版社，2004。

四、价格形成的特殊性

前面阐述了价格形成方面的一般性问题。事实上，由于不同商品具有不同的特性，因而在价格的形成方面也并不相同。

（一）农产品价格形成的特殊性

农产品生产和工业品生产不同，农产品生产以土地为基本生产要素，并受自然因素影响较大，而且土地所有权和使用权的分离，导致农产品价格的形成基础不是生产价格，而是价值。

马克思认为，由于土地的有限性和经营垄断，决定了必然有一部分人经营优等土地，一部分人经营中等土地，一部分人经营劣等土地。土地的肥沃程度不同，形成的劳动生产率不同，单位农产品的个别劳动耗费也不同。如果农产品按部门平均的生产价格出售，经营劣等土地的资本家就得不到平均利润，劣等土地就会被放弃经营，由于劣等地的退出，使农产品的供应量减少而不能满足社会需求，造成价格上涨，直至上涨到劣等土地被使用，并能获取平均利润为止，价格才稳定下来。可见，农产品部门平均的生产价格由劣等土地的个别生产价格决定，农产品价格的形成基础是劣等土地所消耗的劳动时间。正因为如此，经营优等或中等土地的经营者的个别生产价格低于部门平均的生产价格，而按照部门平均的生产价格出售，经常获得一部分超额利润，这部分超额利润被土地所有者占有形成级差地租。

同时，由于土地所有权的垄断，使经营土地的资本家无论经营好地、坏地，都必须向土地所有者提供一个地租即绝对地租，否则土地所有者就不会把土地租给经营者使用。因此，农产品价格在市场上必须上涨到除了生产价格之外，还能支付一个余额即地租。马克思指出："农产品价格，在达到它们的价值以前，可以持续上涨，直到一定点为止。还可以得出结论说，农产品的价值超过它们的生产价格而形成的余额，所以能成为它们的一般市场价格的决定因素，只是因为有土地所有权的垄断。最后，可以得出结论说，在这种情况下，产品价格上涨不是地租的原因，相反地地租倒是产品价格上涨的原因。"① 绝对地租是农产品价值超过生产价格的余额，它是农业剩余价值的一部分，其来源是农业资本有机构成低于工业，等量资本在农业中创造的剩余价值要比工业多，由于土地所有权障碍，使资本在从其他部门向农业部门转移时受到限制，这样农产品价值超过生产价格的余额就不再参加一般利润率的形成，所以农产品价格按照其价值出售，从而形成农产品价格与生产价格之间的差额——绝对地租。可见，农产品价格的形成基础是价值，并且农产品价格根据市场的变化围绕价值波动。同样，上述分析也适用于矿产品价格。

（二）劳动力价格形成的特殊性

劳动力价格是劳动者付出劳动后应当获取的劳动报酬，通常它以货币工资的形式表现，包括计时工资、计件工资、年薪制工资等形式。劳动力是指人的劳动能力，它包括人的体力和脑力两部分。在任何社会中，劳动力均是进行生产活动最基本的、最活跃的要素，创造社会财富缺它不可。

劳动力与其他商品一样，具有使用价值和价值。在生产过程中劳动力和生产资料相结合，可以生产出具有使用价值的商品，并使预付的价值增值，这是劳动力的独特使用价值

---

① 马克思：《资本论》，2 版，第三卷，863 页，北京，人民出版社，2004。

所在。同样，劳动力价值与其他商品一样，也由社会必要劳动时间凝结而成，由于劳动力依附于人的身体而存在，而人的身体靠生活资料来维持。所以，劳动力的生产与再生产所需的社会必要劳动时间，自然就由维持和再生产劳动力的生活资料所需要的劳动时间决定。具体说来，劳动力的价值由三部分构成：（1）维持劳动力本人正常生存和劳动能力所需的生活资料的价值；（2）保证劳动力延续所需要的赡养劳动者子女的生活资料的价值；（3）提高劳动力所有者素质所需要的各种教育、培养等费用所包含的价值及随着人们生活水平提高而开支的享乐费用。

决定劳动力价值有两个基本因素，首先是生理因素要求，由于劳动力的再生产以维持劳动者本人和家庭生活为基本条件，因此劳动力价值取决于满足其生理需求的那部分生活资料的价值。其次是历史的或社会的因素要求，由于不同国家的历史传统、社会风俗和经济发展水平不同，劳动者所需生活资料的范围、数量与质量有很大差距，而且在同一国家不同的历史发展阶段劳动者对生活资料要求的数量、质量和范围也会不同，因此劳动力价值的形成要体现这一因素。这一点体现了劳动力价值决定与其他商品机制决定的区别。总之，劳动力的价值可以归结为一定量的生活资料价值，随着生活资料价值的变化而变化，用一定量的货币来支付这些生活资料价值，就是劳动力价格。当然除了劳动力价值外，劳动力供求关系和竞争状况、复杂劳动和简单劳动等因素同样影响劳动力价格的变化。

（三）技术和信息产品价格形成的特殊性

技术产品价格是指技术产品进入市场后，技术出让方转让其技术成果，从受让方获取的技术使用费用，包括专利许可证费用、专有技术转让价格等等。

技术产品是科学技术研究活动中有创新内容、具有一定先进水平和使用价值与经济价值的成果。技术产品既包括新发现、新发明、新理论、新工艺、新程序等知识形态产品，也包括新材料、新器件、新设备等实物形态产品，但一般是指科技产品，主要又是指知识形态的产品，主要包括专利权、商标权、版权、专有技术、设计方案、技术情报和软件等等。

技术产品与实物产品相比较，具有以下特点：（1）技术产品作为可转化为物质的知识，是一种无形产品。（2）技术产品往往是一种原创的、不可再生的产品，具有独创性，受到法律保护。（3）技术产品是技术生产者创造性的复杂劳动的成果，具有复杂性；同时也是对前人科学研究成果的综合、继承和发展，具有累积综合性。（4）技术产品一旦发明，可以同时在若干不同场合供不同的对象使用和占有，具有扩散共用性，而且它可以多次反复地使用，只要没有更好的技术产品出现，又具有使用上的延续性和使用时间的限制性。（5）不仅技术产品的研制存在较大的风险性，而且技术产品的使用价值作为生产要素，为购买者能够带来多大的经济效益也具有不确定性。

上述分析可见，技术产品作为一种特殊商品，和其他商品一样具有价值和使用价值。同时，技术产品具有的特点决定了其价格形成的特殊性。

根据马克思政治经济学原理，首先，技术产品价格是其价值的货币表现，科技产品价值是其价格的形成基础。但是，科技产品的价值不是由其社会必要劳动时间决定的，而是由个别劳动时间决定的，因为科技产品的唯一性，不存在普遍的同行竞争，其研究成果的研制开发是由个别劳动者或团队在个别劳动时间内完成的，因此科技产品的个别劳动时间决定其价值。再进一步分析，创造技术产品是一种复杂劳动，同一时间内创造的价值量要比一般劳动创造的价值量大得多，也就决定了技术产品价值中主要是新创造的价值。需要说明的是，由于技术产品研制开发具有风险性，决定技术产品价值的个别劳动时间，不同于决定农产品价值的劣等条件下生产所耗费的个别劳动时间，它除包括制造、开发时所耗损的个别劳动时间外，还包括在研究试验过程中因失败而花费的个别劳动时间等（这一点也不同于物质产品生产中的废品）。技术产品价值的实现，还要受到其使用价值的影响，技术产品的特殊使用价值就在于购买者能够使用技术产品带来超额利润，因此对购买方来说，技术产品使用后能够带来多大的超额利润，将是这种技术产品成交价格的最高极限，此外还要考虑市场对技术产品的需求规模和竞争状况、技术产品的法律保护和寿命情况以及转让次数、方式等情况。

信息产品是指在一定时间内对未加工过的信息资源进行搜集、加工整理，或对已加工的信息资源进行再加工而形成的高智力劳动成果，如经济活动消息、情报、市场行情、数据、知识、经验等都属于信息产品。信息产品价格则是指信息产品在市场交换中，信息受让方获取信息所支付的费用。

信息产品价格形成与技术产品价格形成一样，以其价值为基础。其价值的实现，还要受到其使用价值的影响。因此信息产品价格的形成，不仅要考虑其本身的价值，更要考虑用户使用信息后能否产生一定的预期超额利润。对购买者来说，信息产品购买、使用费用和一定的超额利润的总和，是用户所愿意支付的最高价格。价格的高低通常与受让者使用后所得的经济效益成正比。同时，信息产品使用次数的多少，扩散范围的宽窄都会对成交价格产生影响。

（四）土地价格形成的特殊性

土地价格是指经营者为获取土地所有权或使用权，向土地所有者或转让者支付的一定数量的货币或费用，包括土地所有权价格和土地使用权价格。

土地是人类进行生产和生活的基本要素之一，是大自然提供给人类的物质要素。进入市场交易的土地分为未开发过的土地（也称为土地资源）和经过人类开发过的土地（也称为土地资本）。

马克思主义政治经济学认为，未开发过的土地具有使用价值，但没有价值，因而土地价格并不是其价值的货币表现，而是土地所提供的地租的购买价格，即地租的资本化。在土地所有权垄断的情况下，生产经营者要获得土地的使用权就要支付一定数量的货币即地租，形成土地使用权价格。而土地价格即土地所用权价格是对土地所有权出售的经济补偿，它实际上是把土地看做一笔资本时的预期收入，这就是地租的资本化。也就是说当土地所有者出售土地后，把收入存入银行，每年都能得到和地租一样多的利息的货币额。这个能够带来同地租等量的利息的货币额，就是土地价格。可见，土地价格形成的客观基础是土地所有权垄断以及所用权和使用权的分离，其本质是地租的资本化，与地租成正方向变动，与利息成反方向变动。

土地资本是在土地资源基础上，经过了人类开发，投入了人类劳动而创造的新的使用价值，其价值和价格形成和一般商品一样，由投入土地的资本成本和合理利润构成。因此，完全的土地价格由土地资源价格和土地资本价格构成。在市场经济中，土地价格形成不仅受到上述因素影响，还受到土地供求、国家政策、经济用途、自然地理等多种因素的影响。

在我国，土地归国家和集体所用，土地所有权不得买卖。国家在建设需要时可征用集体所有的土地，征用土地需支付土地补偿费和农业人口安置补助费，即土地征用价格。虽然使用权发生了变化，但这种价格并非真正意义上的土地买卖价格。农民土地经营权流转，实行有偿转让，形成转让价格，由流转双方协商议定。

国有土地的使用权实行有偿转让，在城市一级土地市场上，土地价格表现为土地使用费、土地出让金或出让价格，具体有协议价格、招标价格和拍卖价格，其中拍卖价格属于市场价格，其他两种价格属于非完全竞争价格。在二级土地市场上，土地价格表现为土地转让价格或租金，由交易双方协商确定。

由此可以推论，矿产、生物、环境等自然资源本身没有价值，但具有稀缺性，在社会主义市场经济中也不能无偿使用，其价格的形成要考虑以下因素：(1) 未加入人类劳动的部分，是对其权属关系转移的补偿即租金；(2) 人类开发利用自然资源投入的劳动价值，包括投入的成本和收益；(3) 自然资源开发过程中对生态环境的损害成本和修复费用；(4) 资源的供求状况和经济社会的发展状况。

（五）资金价格形成的特殊性

除黄金以外，纸币自身并不具有价值，资金价格也并不是资金自身价值的货币表现，它是指资本化的货币的使用费，即借贷资金的增值额——利息，包括债券价格、股票价格、票据贴现利率、借贷资金利率等。

马克思主义政治经济学认为，利息的本质是利润，是借贷人支付给贷款人的一部分利润。利息之所以作为利润的一部分从剩余价值中分离出来，是因为社会分工的发展，职能资本家和货币资本家产生分离，货币资本家把货币作为资本商品，将其使用权暂时让渡给职能资本家，职能资本家使用这种资本商品带来了剩余价值或利润，货币资本家又会凭借对货币的所有权，占有部分剩余价值或利润。可见，利息是剩余价值或利润中分割给货币所有者的那部分。

利息一般通过利息率计算，利息率是一定时期内利息金额占本金的百分比，简称为利率。按照时间标准划分，偿还期在一年以内的金融资产的利率为短期利率，一年以上的为长期利率；按照金融资产特性划分，有存贷利率和证券利率；按照金融资产收益性质划分，有名义利率和实际利率；按照利率是否变动划分，有固定利率和浮动利率；按照利率的形成方式划分，有政府管制利率和市场利率；按照不同的放贷和吸收存款标准划分，有一般利率和优惠利率；按照计算利息的不同方法划分，有单利和复利。影响利率形成的主要因素是：(1) 平均利润率水平。它同利息率成正比例变化，并决定了利率的最高上限，但是利率最低也不能等于零，利率水平取决于总利润在借款人和贷款人之间的分配比例。(2) 借贷资金的供求情况。在平均利润率一定的情况下，借贷资金的供求关系决定着利率的高低，这是供求规律作用的体现。(3) 价格变动状况。一定时期、一定市场范围价格总水平上升，利息率就会提高，反之则相反，这是价值规律作用的结果。

汇价是指一国货币用另一国货币表示的价格。由于各国使用的货币不同，所以国家间的货币收支与债权债务的清偿与国内企业间的清偿不同，它需要通过银行把本国的货币换成外币，或把外币换成本国货币，即以国际上通用的支付手段进行结算，这种通用的手段，即外币或者以外币表示的国家间公认的信用工具，称为外汇。所以汇价反映的是两种货币单位之间的兑换比率，也称汇率。汇价或汇率从不同的角度划分为不同种类。从汇率管理的角度划分为固定汇率和浮动汇率；从银行买卖外汇角度划分为买入汇率、卖出汇率和平均汇率；从汇率计算的不同方法角度划分为基本汇率和套算汇率；从外汇买卖交割期限角度划分为即期汇率和远期汇率。

汇率的形成基础是货币本身的价值或它所代表的价值。在金本位制度下，各国货币都规定有一定的含金量，两种货币的汇率基础是金平价，即两种货币所代表的含金量之间的比例。在金本位制度下，汇率也受供求影响，但由于汇率波动到一定幅度时可以用黄金支付，因而，汇率不可能出现大的波动。

在纸币流通下，由于纸币本身没有价值，各国可以通过法令规定纸币代表一定的含金量，在20世纪30年代的资本主义世界经济危机以前就是这种情况。但纸币的含金量只是名义上代表的价值，当纸币实际代表的价值偏离名义含金量到一定程度时，只能宣布其贬值。因而，纸币代表的名义含金量并不能成为汇率形成的基础，其真实基础应是纸币代表的实际含金量或价值量，而纸币代表的实际价值量则是通过货币的购买力即价格水平表现出来，同时也取决于一国的经济实力。

20世纪30年代资本主义世界经济大危机的发生，迫使各国先后取消了金本位制度。从1944年起建立了布雷顿森林货币体系，这个体系规定以美元作为国际储备货币，美元直接与黄金挂钩，每盎司黄金等于35美元，其他国家规定本国的货币含金量，来确定本国货币与美元的汇率，这就是双挂钩制度。这个制度在第二次世界大战后维持了20多年，后来由于美国经济实力不断弱化，国际收支情况不断恶化，无法保证各国所持美元兑换黄金，特别在世界石油危机冲击下，被迫于1973年彻底瓦解。主要西方国家的货币先后与美元脱钩，宣布实行浮动汇率制。从此各国货币间的汇率形成主要受到外汇市场供求关系、各国政治形势变化、国际资本流动以及市场投机等因素的影响。

此外，一种商品由于流通范围的不同，其价格的形成基础与影响因素也不同。一种商品在国内流通，其价格的形成以国内市场价值为基础，价格波动受国内市场供求关系等因素的影响，当其进入国际市场后，则以国际市场价值为基础，价格波动受国际市场供求关系等因素的影响。

五、马克思主义价格理论与西方均衡价格理论的区别与联系

（一）马克思主义价格理论与西方均衡价格理论简要概述

马克思主义价格理论是建立在马克思的劳动价值论基础上的，在此基础上系统科学地论证了价格的起源和本质，价格与商品价值、货币价值的关系，价格与供求、竞争的关系，价格与生产价格的关系等一系列有关价格形成和运动的重大问题，从而形成了科学的价格理论。有关具体的内容将在本教材的有关章节中加以阐述，在此不再重复。

在现代西方经济学中，价格理论是微观经济学的核心，所以一般认为微观经济学就是西方价格理论。其主要包括的内容是：均衡价格理论，即以完全竞争市场条件下的价格与产量决定为对象，阐述了商品供求关系共同决定价格的均衡价格理论；消费者行为理论，即从消费角度阐述了消费需求理论；生产理论即从生产角度阐述了生产供给理论；厂商理论，即从完全竞争、垄断竞争、寡头竞争和完全垄断四种市场结构出发，阐述了价格与产量的决定理论；分配理论，即生产要素价格的决定理论。生产要素不仅包括土地、劳动力、资本，还包括企业家才能，相对应的生产要素价格有地租、工资、利息和利润。上述

相关理论的详细内容，在有关微观经济学中有详细的论述，在此不再赘述。

（二）马克思主义价格理论与西方均衡价格理论的主要区别

1. 如前所述，马克思主义价格理论认为商品价格的形成以价值为基础，并围绕价值上下波动，而商品价值是凝结在商品中的抽象劳动，由社会必要劳动时间决定。同时认为商品的供求关系调节着价格与价值的关系，供求不平衡引起价格与价值的背离，供求平衡时价格与价值统一，从而使市场价格围绕价值波动，但是供求不能决定价值，而是价值和价格决定供求。西方的均衡价格理论认为，商品价值由供求均衡时的均衡价格来衡量，用均衡价格的决定代替价值的决定，从根本上否定了劳动创造价值的观点。因此，均衡价格理论是反马克思主义的。

2. 马克思主义价格理论坚持以历史唯物主义的观点来看待社会经济现象，认为商品价值、价格和货币等经济范畴都是随着一定的历史条件产生和发展的，是一个历史范畴，价格作为价值的货币表现反映着社会关系，进而揭示了资本主义生产关系及其本质。西方均衡价格理论则以“超历史”、“超阶级”的唯心史观来看待社会经济现象，认为价格仅仅是反映物与物的交换关系，或人与物的关系，因而把价格看成是永恒的范畴。

3. 除了上述重要的本质区别外，两者还在许多方面存在着区别，如对商品价格中“商品”的认识、对于“生产成本”的认识等等，需要在学习中加以注意。

（三）马克思主义价格理论与西方均衡价格理论的联系

1. 马克思主义价格理论，在肯定商品价格以价值为基础的同时，也肯定了供求关系对价格乃至价值的影响；西方均衡价格理论认为供给和需求共同决定价格，形成均衡价格。两者从不同角度和不同层面说明了市场供求关系对价格形成和运动的作用。

2. 马克思主义价格理论认为，当资本主义发展到一定程度时，由于不同部门的资本有机构成不同，如果商品按照价值出售就会出现不同的利润率，由此资本就会从利润率低的部门转向利润率高的部门，部门之间反复竞争的结果形成平均利润率，价值转化为生产价格，成为市场价格波动的中心。西方均衡价格理论认为，边际成本等于边际收益是均衡价格形成的基本条件。只有当边际成本等于边际收益时，厂商才能获得平均利润，如果边际成本大于边际收益时，厂商就不能获得平均利润，就会撤出资本而转向利润更高的部门，反复的竞争结果使各部门的边际成本等于边际收益。可见，不论是生产价格还是均衡价格都是竞争过程的结果，从这个角度看，两者有共同之处。

3. 马克思主义价格理论认为，农产品价格不是由中等或平均的生产条件下的劳动时间决定的，而是由劣等生产条件下的劳动时间决定的，这一点与西方经济学使用的边际成本概念有相似之处。

总之，在坚持马克思的劳动价值理论，以马克思主义的价格理论为指导的前提下，在全面把握西方均衡价格理论缺陷的基础上，吸收其中有用的方法和合理的成分，既有利于发展马克思主义价格理论，也有利于丰富社会主义市场经济价格理论。

第三节　市场供求与价格的形成和运动

价格的形成基础是价值，但价格作为交换范畴离不开市场，价值决定是在生产领域，价值实现必须到流通领域，因而价格的形成必然受到供求关系的制约。马克思在讲到价格运动时指出："每一种商品都只能在流通过程中实现它的价值；它是否实现它的价值，在多大程度上实现它的价值，这取决于当时的市场条件。"① 这就表明，虽然决定价格的基础是价值，但直接决定市场价格的却是供求关系。在现实经济生活中供求不仅影响一般商品价格，而且影响着所有商品价格的形成和运动。

一、市场供求对价格形成基础的影响

市场供给是指一定时间内提供或处于市场上的商品量，构成现实的市场供给要同时具备两个条件：一是在一定的价格水平下企业有出售产品的意愿；二是有供应产品的能力。市场需求是指一定时间内有货币支付能力的商品需求量，不是指人们期望的需求量。现实的市场需求同样需要具备两个条件：一是消费者有购买愿望；二是要具有货币支付能力。就市场供求关系来说，两者统一或平衡现象是相对的，两者之间的不平衡是绝对的；从短期看两者之间是不平衡的，但是当两者不一致达到一定程度，则会出现相反的运动，供不应求和供过于求相互抵消，所以从供求运动的长期看两者又是平衡的。

商品的价值由社会必要劳动时间决定，随着社会分工的发展，在生产同种商品的同一部门内部有诸多企业，按其生产条件不同，不仅有平均或中等生产条件企业，还有优等生产条件企业和劣等生产条件企业。那么，该部门商品的价值则是由不同生产条件下所耗费个别劳动时间的加权平均数所确定的社会必要劳动时间来决定。

在供求与价值的关系上，供求关系不能直接决定价值，但是可以通过价格的波动，间接影响商品的价值。以下从三个方面加以说明。

（一）供求平衡条件下商品市场价值决定

当某部门生产的商品量与社会需求量相平衡时，该部门商品的市场价值量决定有三种情况：

1. 当该部门商品主要由中等生产条件下的企业生产出来时，优等和劣等生产条件下的企业生产的商品只是较少部分，并且两者可以拉平，那么，该部门商品的市场价值则由中等生产条件下企业的个别价值来决定。

2. 该部门商品供应量不变，但是当劣等生产条件下的企业生产的商品同中等、优等生产条件下的企业生产的商品相比构成较大数量时，该部门商品的市场价值则由劣等生产条件下企业的个别价值来调节。

3. 该部门商品供应量不变，但是当优等生产条件下的企业生产的商品同中等、劣等生产条件下的企业生产的商品相比构成较大数量时，该部门商品的市场价值则由优等生产条件下企业的个别价值来调节。

可见，部门商品的市场价值是由优、中、劣三种生产条件下企业的个别价值加权平均而来，哪种生产条件下生产的商品占的比重越大，市场价值也就越趋向于由这种商品的个别价值来调节。但是，市场价值在多大程度上由占大部分的商品的个别价值来调节，则要根据供求状况之间的紧张程度而定。

---

① 马克思：《资本论》，2版，第三卷，720页，北京，人民出版社，2004。

（二）供求不平衡条件下商品市场价值的决定

1. 在商品供不应求的情况下，即某部门生产的商品量不能满足社会需求量。由于供不应求，市场价格上升，使得劣等生产条件下企业生产的商品成为社会必需，其价值得到社会承认，并在商品总量中占有的比例扩大，这时商品的市场价值趋向于由劣等生产条件下企业生产商品的个别价值来调节，只有在极大供不应求的情况下，市场价值才会由劣等生产条件下企业生产商品的个别价值来决定。

2. 在商品供过于求的情况下，即某部门生产的商品量超过了社会需求量。由于供过于求，市场价格下降，使得劣等甚至中等生产条件下企业生产的商品价值不能被社会承认，成为滞销商品。而优等生产条件下企业生产的商品畅销，其价值被社会承认，其供应量所占比例相应扩大，这时商品的市场价值趋向于由优等生产条件下企业生产商品的个别价值来调节，只有在极大供过于求的情况下，市场价值才会由优等生产条件下企业生产商品的个别价值来决定。

由此可见，在供求不平衡的情况下，由于市场价格上升或下降，引起社会总劳动时间在各部门的分配发生变化，调节着部门商品生产的扩大或缩小，进而引起劳动时间在不同生产条件下企业之间的重新分配，从而影响着不同生产条件下企业商品生产量比重的变化，引起市场价值趋向于由优等、劣等生产条件下企业的个别价值来调节，这种情况称为价值位移，位移后的市场价值仍是市场价格波动的轴心。

3. 当某一生产部门的生产总量超过或不能满足社会需求时，实际投入该部门的劳动时间就会被调节。假设某部门生产某商品的单位商品社会必要劳动时间为 1 小时，生产量 3 000 个，投入实际劳动量为 3 000 小时，如果社会需求这种商品也是 3 000 个，投入的部门商品社会必要劳动时间也是 3 000 小时，此时实现了市场供求平衡，社会承认的部门商品社会必要劳动时间是 3 000 小时，单位商品包含的劳动时间是 1 小时。

同样在上述假设中，如果社会需求该商品不是 3 000 个，而是 2 000 个，则只需要向该部门投入 2 000 小时的部门商品社会必要劳动时间，此时市场出现了供过于求，已生产出来的 3 000 个商品社会只承认其包含 2 000 小时的社会必要劳动时间，有 1 000 小时的劳动时间则不形成价值，每个商品包含的社会必要劳动时间都低于供求平衡时的社会必要劳动时间。

同理，如果社会需求该商品是 4 000 个，则需投入部门商品社会必要劳动时间 4 000 小时，此时市场出现了供不应求，已生产出来的 3 000 个商品社会承认的部门商品社会必要劳动时间为 4 000 小时，比供求平衡时多了 1 000 小时，每个商品包含社会必要劳动时间高于供求平衡时的社会必要劳动时间。

可见，在供求不平衡的情况下，第二种社会必要劳动时间发生作用，把某部门投入的实际劳动时间调整为社会承认劳动时间即部门商品社会必要劳动时间，从而决定商品价值，并进一步影响商品价格。

二、市场供求对价格的影响

市场供求对价格的影响包括两个层次，一是社会商品总供给与总需求影响的是价格总水平的变化；二是单个商品供求情况的变化，影响的是单个商品的价格的变化。本节侧重研究单个商品的价格变化。

在供求与价格的关系上，首先是价值决定价格，价格决定供求，然后供求又影响价格，价格再影响供求，它们互相影响，互相制约。从短期看，供求决定价格，但从长期看则是价值通过价格起着最终决定供求的作用。

从商品价格变化对供求的影响看，在商品购买力等条件不变的情况下，价格的变化引起需求发生反方向变动，价格下降，需求增加，价格上升，需求减少；在劳动生产率条件不变的情况下，价格的变化会引起供给相同方向的增加或减少。

从商品供求关系对价格的影响看，供求基本平衡，价格相对稳定，价格与价值一致；供过于求会引起价格下降，价格低于价值；供不应求会引起价格上升，价格高于价值。可见，供求关系的变动导致价格围绕价值上下波动，引起价格与价值的一致与偏离，至于偏离的方向和幅度则完全是由供求状况及程度决定的。进一步分析，某个时点上的市场价格都和需求量、供给量有着内在的联系，都是需求价格和供给价格均衡的结果。

（一）需求量和需求价格

需求量是指消费者在某一价格水平下愿意并有支付能力购买的某种商品的数量；需求价格则是一定时期内消费者对一定量商品愿意并能够支付的价格。在其他条件不变的情况下，消费者对某种商品的需求量与该种商品的价格高低成反方向变化，即价格上涨需求减少，价格下跌需求增加。需求价格与需求量之间的关系可见表 2—2。

表 2—2　　需求价格与需求量关系表

价格（人民币）	7	6	5	4	3	2	1
需求量（单位）	0	1	2	3	4	5	6

（二）供给量和供给价格

一定时期内，生产者在某一价格水平下愿意且能够提供的商品数量称为供给量；一定时期内，生产者对一定数量商品愿意出售的价格称为供给价格。同样，如果其他条件不变，生产者对一种商品的供给量与该商品的价格成正方向变化，即价格上升，供给增加，价格下降，供给减少。供给价格和供给量之间的关系可见表 2—3。

表 2—3　　供给价格与供给量关系表

价格（人民币）	7	6	5	4	3	2	1
供给量（单位）	6	5	4	3	2	1	0

（三）供求平衡时的价格

在商品买卖过程中，卖方和买方经过反复较量，讨价还价，会逐步使供给和需求的数量在价格为 4 时达到平衡，这时商品供求的数量叫均衡数量，其价格叫做均衡价格，这种均衡过程可见表 2—4。可见，均衡价格是市场供求和价格相互作用，通过竞争形成的供求一致时的价格，它制约着市场价格的运动。

表 2—4　　供求平衡与均衡价格表

供给量（单位）	6	5	4	3	2	1	0
价格（人民币）	7	6	5	4	3	2	1
需求量（单位）	0	1	2	3	4	5	6

三、需求和供给价格弹性

商品价格变动会引起商品需求量和供给量的变化，但是价格变动会引起供求量和需求量多大程度的变化，则需要通过供给和需求价格弹性来说明。因此，了解供求价格弹性理论有助于深入地把握不同商品价格的运动特点。

（一）需求价格弹性

1. 需求价格弹性的含义与分类。需求价格弹性简称需求弹性，是指商品需求量对价格变动作出反应的程度。通常用需求价格弹性系数表示，即需求量变化百分率与价格变动百分率的比率。公式为：

$$\text{需求弹性系数}(E_d)=\frac{\text{需求量变动百分率}}{\text{价格变动百分率}}$$

由于价格的变动方向与需求量的变动方向相反，得出的需求价格弹性系数为负数，但为了方便使用通常用绝对值表示。

根据需求量对价格变动的反应程度，需求价格弹性有五种情况：

（1）需求富有弹性，$E_d>1$。说明需求变动的百分比大于价格变动的百分比。在实际生活中，奢侈品多属于此类。

（2）需求单一弹性，$E_d=1$。说明需求变动的百分比等于价格变动的百分比。在实际生活中不多见，这是一种较为特殊的情况。

（3）需求缺乏弹性，$E_d<1$。说明需求变动的百分比小于价格变动的百分比。在实际生活中，生活必需品多属于此类。

（4）需求无限弹性，$E_d=\infty$。说明需求的变动对于价格变动的反应非常灵敏，其数值接近无穷大。在实际生活中不多见，这是一种较为特殊的情况。

（5）需求完全无弹性，$E_d=0$。说明无论价格如何变化，需求量不变，需求对价格变动的反应极其迟钝，其数值接近零。

2. 影响需求价格弹性大小的因素。一种商品需求价格弹性系数的大小取决于多种因素，最基本的因素有：

（1）替代品的数量和相似程度。某种商品的替代品的数量越多，相似程度越高，该商品的需求价格弹性就越大，反之则相反。

（2）商品的重要程度和用途的多少。商品的重要程度是指商品对人们生活和生产的重要性。就人们生活而言，生活必需品是每天必须消费的重要商品，需求价格弹性就小；相对来说高档奢侈品的需求价格弹性就大。一种商品的用途越多，其需求价格弹性越大；用途越少，需求价格弹性越小。

（3）时间因素。时间越短，商品的需求价格弹性越小，时间越长弹性越大。因为在较长的时间，消费者就越可能找到替代品，替代品越多，商品的需求价格弹性将会越大。

3. 需求价格反弹性和需求交叉弹性

（1）需求价格反弹性。需求价格弹性说明的是需求量对价格变动的反应程度，如果研究价格对商品需求量变动的反应程度，可以把需求价格弹性系数公式的分子分母倒过来，求出一个新的系数，可称为需求价格反弹性系数，公式为：

$$需求价格反弹性系数=\frac{价格变动百分率}{需求量变动百分率}$$

这个公式对于预测需求量变化给价格可能带来的变化具有现实意义。在某种商品供给不变的条件下，可以用需求量的变动率和需求价格反弹性系数的乘积，求得该商品价格可能达到的变动幅度，即：

$$价格变动百分率=需求价格反弹性系数\times需求量变动百分率$$

当然，在现实生活中需求弹性系数和反弹性系数由于受到多种因素制约，不一定完全是倒数关系，但从大量现象观察看，这种倒数关系的趋势是客观存在的。

（2）需求交叉弹性。需求交叉弹性是指某种商品需求变化对相关商品价格变化的反应程度，它是某种商品的需求量变化百分比与相关商品价格变化百分比的比值。一般用需求交叉弹性系数表示，其公式为：

$$需求交叉弹性系数=\frac{某种商品需求量变动百分率}{相关商品价格变动百分率}$$

当需求交叉弹性系数为正值时，说明两种商品之间存在替代关系，一种商品的价格上升，会导致该商品需求量下降，而其替代品需求量的扩大，即一种商品的需求量与替代品的价格之间成同方向变动；当需求交叉弹性系数为负值时，说明两种商品之间存在互补关系，即一种商品需求量变化与其互补品价格的变化成反方向运动；当需求交叉弹性系数为零时，说明两种商品之间不存在相关关系，意味着任何一种商品需求量不会对另一种商品价格的变化做出反应。

由此，可以根据需求交叉弹性系数的数值，判断商品之间的相关关系，从而认识相关商品之间需求量与价格变动方向。

4. 需求价格弹性的运用。需求价格弹性理论是分析市场经济条件下商品价格与需求变动的重要工具，合理地运用需求价格弹性理论，有利于为政府经济决策和企业经营决策提供科学依据。

（1）为政府干预价格提供科学依据。首先，商品需求价格弹性的大小，为政府干预价格的范围提供了重要依据。比如为什么在市场机制调节下会出现“谷贱伤农”现象，粮食等农产品越是丰收，农民收益反而减少，或者说增产不增收，其原因就在于农产品需求价格缺乏弹性，因而粮食丰收，供给量增加，价格下降幅度大于需求的增幅，导致农民收益减少。这也是一些市场经济发达的国家对农产品价格进行不同程度的干预的理由，同样，一些基本生活必需品的需求价格弹性也较低，其价格在特殊时期的变动，也成为政府采取临时性价格干预的重要原因。其次，在政府管制价格的范围内，通过对不同商品需求价格弹性的研究，可为政府进行价格调整、确定调价幅度提供重要依据。

（2）为企业经营决策提供重要依据。在不同的需求价格弹性下，价格的变动对需求量进而对销售量的影响程度不同，因此，需求价格弹性与总收入之间存在着密切的关系。

当需求富有弹性时，价格下降会使总收入增加，反之会使总收入减少；当需求单一弹性时，价格无论如何变化，总收入不变；当需求缺乏弹性时，价格下降会使总收入减少，反之会使总收入增加；当需求无限弹性时，价格下降会使总收入无限增加，反之会使总收入无限减少；当需求完全无弹性时，价格的升降会使总收入同幅度地增减。由此可见，企业只有准确地把握所经营商品的需求价格弹性，才能正确地运用“薄利多销”、“厚利限销”等经营策略，在市场竞争中实现企业收入的增加。

（二）供给价格弹性

1. 供给价格弹性含义与分类。供给价格弹性简称供给弹性，是指商品供给量对价格变动作出的反应程度。通常用供给价格弹性系数表示，即供给量变动百分率与价格变动百分率的比率，其公式为：

$$供给弹性系数(E_s)=\frac{供给量变动百分率}{价格变动百分率}$$

供给价格弹性也存在五种情况：$E_s>1$ 为供给富有弹性；$E_s=1$ 为供给单一弹性；$E_s<1$ 为供给缺乏弹性；$E_s=\infty$ 为供给完全弹性；$E_s=0$ 为供给完全无弹性。

就供给价格弹性与总收入的关系来说，由于价格与供给之间成同方向变动，所以，不管供给价格富有弹性还是缺乏弹性，其总收入与价格的变动总是同方向的，只是变动的幅度因弹性的大小而有所不同。

同样，可以利用供给弹性系数公式的倒数求出供给价格的反弹性系数，可以预测供给变化可能给价格带来的变化。如据河北省一个调查材料表明，某年生猪的供给量减少10%～15%时，引起价格的变动竟高达75%，可见生猪这类必需品的供给反弹性很大，要想稳定物价，必须稳定供给。

2. 影响供给价格弹性大小的因素。一般来说，受自然条件影响小、生产周期短、生产技术设备简单、投资少、产量增加比成本增加快的商品，供给弹性都比较大。反之，供给弹性就小。概括起来有以下主要影响因素：

（1）时间因素。这一因素是影响供给价格弹性大小的首要因素，因为在短时间内，价格变动引起生产扩大或缩小的可能性很小，供给价格弹性就会较小；但在长时间内，生产规模就可以得到调整，供给价格弹性就会变得较大。比如，能够进行储存保管的商品，供给价格弹性较大；而鲜活不易储存的商品供给价格弹性较小。

（2）生产的难易程度因素。不容易生产的商品，供给价格弹性较小；反之则较大。影响生产难易的因素多种多样，比如，有些商品的生产周期较长，有些商品属于资金或技术密集型产品，投资巨大，技术装备复杂，有些商品的生产所需的某种生产要素属于稀缺资源，不易获得等等，都会造成供给价格弹性较小；相反的情况也会造成供给价格弹性较大。

（3）生产成本的变化因素。如果产量增加引起的成本增加较大，企业无利可图，生产就不会继续扩大，供给价格弹性就会较小，反之就会较大。

3. 供给价格弹性的运用。供给价格弹性理论是分析市场经济条件下商品价格与供给变动的重要工具。供给价格弹性理论表明，在一般情况下，供给价格弹性越小，供给量增长越不易，因而在需求增加时，会引起市场价格大幅度上升；反之，供给价格弹性较大，则供给增加容易，需求的增加不会引起市场价格的大幅度上涨。而且，随着时间的推移，商品的供给价格弹性逐步由小变大，价格的变化对供应量的影响越来越大。所以，从政府角度看，当某一时间内某种商品价格波动时，要根据其供给价格弹性大小，明确是否干预，还是由市场自动调节，如果政府干预则需要从短期和长远的角度提出临时性措施和调节供求的长期对策。从企业角度看，要根据市场的环境，熟悉其生产商品的供给价格弹性，制定合理的经营策略，实现收益的最大化。

（三）蛛网理论

1. 蛛网理论的含义与假设条件。蛛网理论是运用供求价格弹性理论分析价格与产量相互影响及价格波动规律的理论。在这个理论中将供给价格弹性和需求价格弹性结合起来，并引入时间变化因素，运用动态分析方法说明了生产周期较长的商品不同时期需求量、供给量与市场价格之间相互作用，以及市场价格与均衡价格的关系及波动规律。该理论在 20 世纪 30 年代由美国经济学家舒尔茨、荷兰经济学家 J. 丁伯根和意大利经济学家里奇分别提出。由于价格和产量的连续变动用图形表示形似蛛网，1934 年英国经济学家卡尔多将这种理论命名为蛛网理论。

该理论的基本假设条件是：第一，商品的本期产量决定本期价格，本期价格决定下期产量；第二，商品的本期需求量取决于本期价格；第三，以生产周期较长的商品，如农产品为主要研究对象。

2. 蛛网波动的类型。在蛛网理论中，将商品产量与价格的波动分为三种类型：

（1）收敛型蛛网。当供给价格弹性小于需求价格弹性的条件下，说明需求比供给更富有弹性，即供给曲线比需求曲线更陡。当由于某种原因市场偏离了原有的均衡点后，价格和产量围绕均衡点上下波动，而且波动幅度会越来越小，最后会恢复到原有均衡点。供给弹性小于需求弹性是蛛网趋于稳定的条件，相应的蛛网称为“收敛型蛛网”，如图 2—1 所示。

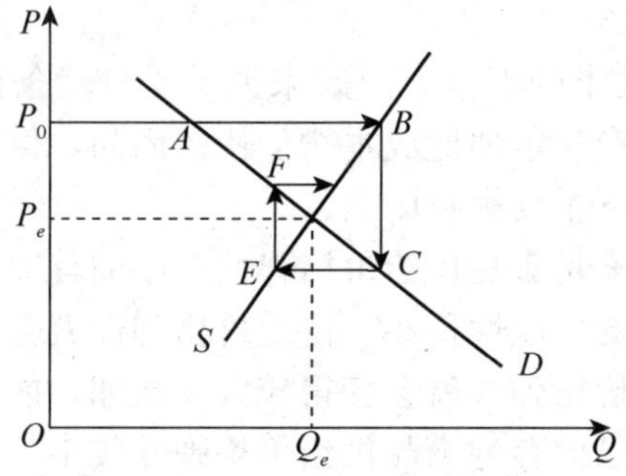

图 2—1　收敛型蛛网图

（2）发散型蛛网。在供给价格弹性大于需求价格弹性的条件下，说明供给比需求更富有弹性，即需求曲线比供给曲线更陡。当由于某种原因市场偏离了原有的均衡点后，价格和产量的波动会越来越大，偏离均衡点越来越远，无法恢复到原有均衡点。供给价格弹性大于需求价格弹性是蛛网不稳定的条件，相应的蛛网称为“发散型蛛网”，如图 2—2 所示。

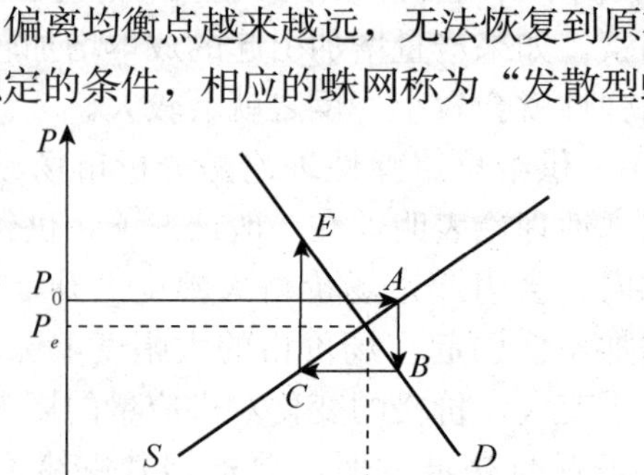

图 2—2　发散型蛛网图

（3）封闭型蛛网。在供给价格弹性等于需求价格弹性的条件下，说明供给曲线和需求曲线具有相同的陡峭或平坦程度。当由于某种原因市场偏离了原有的均衡点后，价格和产量围绕原有均衡点波动，而且是同一幅度上下波动，既不会进一步远离均衡点，也不会逐步趋向均衡点，供给价格弹性与需求价格弹性相等是蛛网同幅度上下波动的条件，相应的蛛网称为“封闭型蛛网”，如图 2—3 所示。

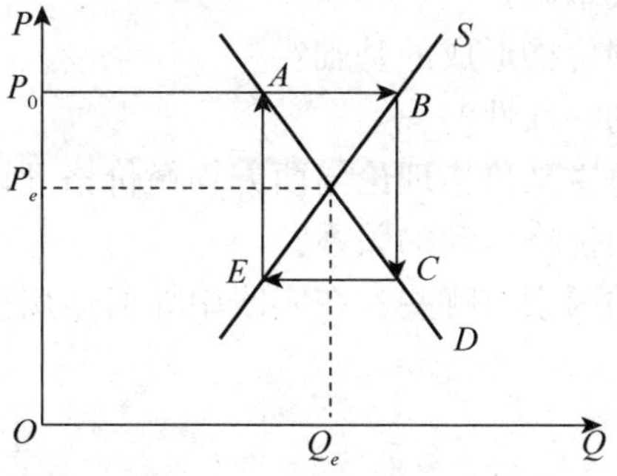

图 2—3　封闭型蛛网图

3. 蛛网理论的应用。蛛网理论阐述了生产周期较长的农产品产量与价格的波动情况，运用这一理论，一些学者研究了生猪和玉米的价格与产量的波动情况，认为玉米作为生猪的饲料，其价格的升降后会影响下年的玉米产量增减，进而又影响玉米价格下降或上升，玉米价格降或升直接影响生猪价格的下降或上升，进而影响生猪产量，如此不断循环，直至趋向一个长期的均衡。因此，可以运用这一理论分析农产品价格的周期性波动，区分不同的蛛网类型，对农产品出现的价格波动现象实施分类指导和管理。同样，企业可以根据不同蛛网类型价格波动的特点，采取相应产量对策，确保企业收入的增加。

必须指出的是，该理论认为造成产量和价格波动的主要原因是假设生产者总是根据上期的价格来决定下期的产量，这样上期价格也就成为生产者下期的预期价格，根据这个预期价格进行生产，结果下期的产量就可能出现过剩或不足，引起实际市场价格波动与预期价格发生偏离，在现实中我国农产品“卖难”、“买难”的现象反复出现，运用这一理论可以解释这种现象，说明这一理论的假设有一定的合理性，但还存在不足，因为现实中，当某种农产品价格下降，生产者普遍减产时，有些生产者则相信价格将会上涨，此时应扩大生产量。这说明生产者根据长期的经营经验，可以逐步修正自己的预期价格，使之接近实际市场价格，所以这一理论还需进一步完善和补充。

主要术语

价格形成主体　价格形成方式　价格形成基础　社会必要劳动时间两种含义　生产价格　均衡价格　需求价格弹性　供给价格弹性

思考问题

1. 如何理解价格形成的主体、价格形成方式对价格形成的影响？
2. 如何理解价格的形成基础？
3. 如何理解现阶段我国价格形成的基础？
4. 如何理解价格形成的特殊性？
5. 如何正确理解马克思主义价格理论与西方均衡价格理论的区别与联系？
6. 如何理解市场供求与价格运动的关系？
7. 影响供求价格弹性的因素有哪些？在实践中如何运用供求价格弹性？

第三章

价格的形成和运动（下）

学习目的与要求

本章是前一章的延续，探讨货币、竞争等因素对价格形成和运动的影响，阐述经济杠杆与价格的关系以及价格机制问题。通过本章的讲授和学习，要求学生把握影响价格形成和运动的其他因素、经济杠杆与价格的相互关系以及价格机制的主要内容。

第一节　价格形成和运动的其他影响因素

影响价格形成和运动的因素除了商品价值和供求关系以外，还有货币价值、市场竞争与市场结构、国家政策、国际市场价格等因素。

一、货币价值对价格的影响

（一）货币价值与价格的关系

价格是价值的货币表现，自从货币产生以来，各种商品的价值都要用货币来表现。马克思认为：商品价格是商品价值同货币价值交换的比例。可见，商品价格是商品价值与货币价值的二元函数。即：

$$商品价格=\frac{商品价值}{货币价值}$$

从上述公式中可以看出，价格的变动与商品价值的变化成正比，与货币价值的变化成反比。当商品价值和货币价值按照同方向、同幅度变化时，价格就不会发生变化；当两者按照同方向、不同幅度变化，或者按照不同方向、不同幅度变化时，价格的变化就会呈现出多种不同情况。总之，在其他条件不变的情况下，价格是否变动或保持稳定，是商品价值和货币价值共同作用的结果。

（二）金属货币和纸币流通下的货币价值与价格的关系

1. 在金属货币流通的情况下，货币的价值取决于金银本身内在的价值量，金银价值的变动会引起商品价格的变动，社会上拥有金银数量的多少不会影响商品价格，因为金属货币本身具有价值、具有储藏的功能，它可以自动调节商品流通对货币的需求量。因此，在金属货币流通的情况下，货币数量适应流通对货币的需求量，货币数量多少对货币价值的影响不大，价格一般比较稳定，货币对价格的影响主要取决于货币本身的价值量变化。

2. 在纸币流通的情况下，情况发生了变化。由于纸币本身没有价值，也不像金属货币一样具有自动调节纸币数量适应流通需求的储藏功能，它是国家强制发行的一种货币符号，纸币包含价值的多少只能用商品流通所需金属货币量的价值量来衡量，纸币流通量取决于金属货币流通量。

金属货币流通规律公式：

$$\text{一定时间内流通中所需货币量}=\frac{\text{商品价格总额}}{\text{货币流通次数}}$$

其中，商品价格总额取决于待出售商品数量和商品价格。

既然纸币是强制发行的，那么纸币的发行数量就要遵循金属货币发行规律。当纸币流通的数量与商品流通所需的金属货币流通量一致时，单位纸币与单位金属货币所含的价值量相同，纸币的购买力才能等于它所代表的金属货币的购买力。如果纸币发行量超过了商品流通所需的金属货币量，全部货币的价值仍然只相当于流通中所需要的金属货币数量的价值，但是单位纸币所含的价值量下降，纸币贬值，商品价格普遍上涨，出现通货膨胀；反之则纸币升值，商品价格普遍下降，出现通货紧缩。所以，在纸币流通的条件下，纸币对价格的影响，取决于纸币发行量是否超过或低于商品流通的实际需要量。而且，纸币的升值与贬值是对价格总水平的影响，导致各种商品价格普遍下降或上涨，并不改变各种商品的相对价格水平。

总之，商品价格和货币币值是一物的两个方面，两者互为表里。在其他条件不变的情况下，价格的普遍上涨，意味着币值贬值；价格普遍下降，意味着币值升值；价格水平稳定，意味着币值稳定。所以，运用货币政策调控纸币发行量，是政府调控宏观经济活动、保持价格总水平的基本稳定、促进社会经济协调发展的重要手段。

二、国家政策和法律法规对价格的影响

在社会主义市场经济条件下，为了克服市场机制的缺陷，实现资源的有效配置，对经济活动的必要干预和调节成为政府的重要职能，为此制定的相关经济政策也必然会影响到价格的形成和运动。

经济政策对价格的影响，包括两个方面的内容：一是价格政策对价格的影响；二是其他经济政策对价格的影响。

（一）价格政策对价格的影响

价格政策包括基本政策和具体政策。基本价格政策是政府根据市场经济的内在要求，为纠正市场失灵，促进资源合理配置而提出的干预价格的行动准则和目标；具体价格政策是落实基本政策所采取的各种措施和手段。基本价格政策包括：价格管制与放开政策、保持市场价格总水平基本稳定政策、等价交换与反价格垄断政策、促进资源节约与环境保护

价格政策、农产品价格支持政策等等。具体价格政策包括：对少数商品实行政府定价和政府指导价政策；水资源收费以及资源产品的阶梯递增价格政策或超标准使用加价政策；城市污水、生活垃圾等污染物排放收费政策等；粮食等重要农产品的最低收购价；价格补贴政策，包括为稳定市场价格，对生产经营者的政策性亏损补贴等等；最高限价、最低限价、限制差价率或利润率、提价申报和备案、集中定价权以及部分或全部冻结价格等价格政策措施。由此可见，价格政策对价格的直接影响，主要是通过政府对价格的直接管理来实现的。当然价格政策不是固定不变的，它应随着社会经济的发展和市场的变化以及人们对市场规律认识的不断深入而调整。

（二）其他经济政策对价格的影响

其他经济政策包括：财政政策、货币政策、投资政策、进出口政策、收入分配与消费政策等等，这些政策又包含着具体的政策措施，如财政支出政策、税收政策、财政补贴政策、利率政策、进出口的鼓励与限制政策、工资政策，还包括对重要商品的市场收储和投放政策等。这些政策的实施往往是通过对生产经营成本、货币币值、供求关系的调节间接地影响市场价格运动。当然上述政策无论是单独实施还是配套实施，都要根据当时市场形势，把握实施时机和力度，并根据市场条件的变化做出及时调整。

（三）法律法规对价格的影响

在现代市场经济中，通过法律手段管理价格是国家宏观调控价格的重要手段。通过法律法规明确政府在调控价格方面的职责，确定政府管制定价范围、定价遵守的依据、原则和程序；明确市场形成价格的范围、界定企业制定价格的基本依据和原则以及企业、消费者的价格权利和义务；明确合法价格行为和违反价格行为等等，为政府及时有效地调控价格、规范和调整价格关系和价格行为、合理形成政府管制定价和市场价格提供了法律保证。

法律法规和经济政策对价格的形成和波动具有强制性，它渗透到政府管制定价和市场形成价格的过程之中，并限制着价格波动的范围和方向。

三、国际市场价格对国内市场价格的影响

国际市场价格是指某种商品在国际市场上、一定时期内形成的具有代表性的成交价格，它的形成和运动以国际价值为基础，并受到国际市场供求等因素的影响和制约；而国内市场价格的形成和运动则是以国内价值为基础，并受到国内市场供求关系等因素的影响和制约。两者具有明显的差别。在我国长期的计划经济体制下，国际市场与国内市场是分割的，国际市场价格对国内市场价格的影响微乎其微。随着我国改革开放的不断深化、社会主义市场经济的不断发展和完善、市场形成价格机制的确立，特别是我国加入 WTO 以后，金融外汇的市场化改革不断深入，市场的开放程度不断扩大，我国经济发展已融入到世界经济一体化之中，已成为世界贸易的重要贸易国，不少商品的进出口贸易居世界首位，也成为引入外资最多的国家之一，国内市场与国际市场的联系越来越紧密。因此，国际市场价格与国内市场价格挂钩已成为现实，国际市场价格变化也就成为影响国内市场价格形成和运动的重要因素。

（一）国际价值对国内价值的影响

一方面，由于各国国民经济的相对独立性，某一国家的商品在进入国际市场之前，其

价值已在国内形成，即由一国范围内社会必要劳动时间决定，并成为国内商品价格形成的基础；另一方面，世界各国的经济往来又被国际分工、世界市场联系在一起，各国都以商品生产者的身份进入国际市场展开竞争，其结果是在国际市场上只承认国际价值，而国际价值则由国际范围内的社会必要劳动时间决定，或者说是由参加国际贸易的各国的社会必要劳动时间加权平均决定的，此时，国际价值成为国际市场商品价格形成的基础，各国的国内价值只是“个别价值”并受到国际价值调节。

（二）国际市场价格对国内市场价格的影响

在一国实行对外开放、自由贸易的环境下，国际市场价格对国内市场价格的影响通过进出口商品价格等表现出来。如，对于一国的进口商品来说，其对国际市场的依赖程度越高，国际市场价格的波动对国内市场价格的影响也就越大，特别是如果进口那些具有国际市场价格上涨刚性的资源性产品，还会引起国内上游产业成本和产品价格的上涨，该上涨会通过传导机制蔓延到下游产业，引起国内市场价格上涨；同样，在国内商品供应量一定的情况下，出口商品的国际市场价格上涨，增加出口供给而减少国内供给，国内市场价格会出现上涨；相反，出口商品的国际市场价格下降，增加国内供给而减少出口供给，也会出现国内市场价格下降的情况。

（三）汇率变动对国内市场价格的影响

汇率是实现国际市场与国内市场价格挂钩或对接的关键因素。汇率的变动通过对商品进出口数量和价格的调节，影响国内市场价格。当一国本币汇率下降时，用外币表示的本国出口商品价格下降，促进出口增加，在国内供求平衡的情况下，使国内市场供给出现短缺，推动价格上涨；相反，用本国货币表示的进口商品价格水平上升，限制了进口，国内进口商品减少，也成为推动国内市场价格上涨的原因。当一国本币汇率上升时，用外币表示的本国出口商品价格上升，出口难度增加，部分出口商品转为国内销售，使国内市场供给增加，促使国内市场价格回落；相反，用本国货币表示的进口商品价格水平下降，刺激进口，进而带动国内市场价格下降。

四、市场竞争、市场结构对价格的影响

（一）市场竞争与价格

价格的形成和运动不仅与市场的供求关系密切相关，而且与市场竞争密不可分。市场竞争是市场机制发挥作用的前提，公平竞争是市场经济的基本原则。

前面已经提到在马克思《资本论》中，有两类市场竞争对价格的形成基础——价值产生影响。一是部门内部竞争，使商品生产的各种不同的个别价值转化为市场价值；二是部门之间的竞争，使不同生产部门的利润率趋于平均化，形成生产价格。

另一方面，在市场经济中，商品的卖者和买者之间、卖者之间、买者之间的竞争对价格产生直接影响。一般说来，进入市场的卖者和买者，都从各自的经济利益出发，卖者总希望将自己的商品卖个好价，而买者总希望购买的商品价格更便宜。这样在卖者和买者之间展开讨价还价的竞争，最终形成双方共同接受的价格。但是，在不同的供求条件下，卖者和买者的市场地位不同，对价格的影响也不同。

1. 卖者之间的竞争。在市场供过于求的条件下，出现买方市场，此时买者团结一致处于优势地位，而卖者处于劣势地位，就会出现卖者之间为出售商品的降价竞争，其结果

是商品以较低价格成交，价格低于其价值出售。

2. 买者之间的竞争。在市场供不应求的条件下，出现卖方市场，此时卖者团结一致处于优势地位，而买者处于劣势，就会出现买者之间为获得商品而出高价购买的竞争，其结果是商品以较高价格成交，价格高于其价值出售。

3. 在市场供求平衡的条件下，卖者和买者之间的市场地位势均力敌，任何一方都不能左右市场成交价格，此时的市场成交价格由供求决定，商品价格相对稳定，并按照其价值出售。

（二）市场结构与价格

前面说明了市场竞争与价格的一般关系，而现实中不同部门、不同商品的市场竞争程度不同。市场竞争的程度可以通过市场结构的划分来区分，所谓市场结构是指一个行业内部买方和卖方的数量以及规模分布、产品差别程度和新企业进入该行业的难易程度。根据上述特征，西方经济学将市场结构一般划分为完全竞争市场、完全垄断市场、垄断竞争市场、寡头垄断市场四种情况，不同的市场结构类型，对价格的影响不同，在此加以简要概述。

1. 完全竞争市场与价格。完全竞争的市场是一个竞争充分的市场，其具备的条件是：（1）市场上有数量众多、规模较小、相互独立的卖者和买者，任何一个卖者或买者都不能影响市场价格；（2）市场上供给的商品在质量上和形态上都是无差别的；（3）各种生产要素资源都能够充分地自由流动，进入或退出某一行业都可以没有限制；（4）卖者和买者拥有充分的市场信息，十分了解市场情况和变化趋势，市场高度透明，信息传递迅速准确。

在这种市场结构中，市场上众多的卖者和买者，规模较小，信息充分，任何卖者和买者的经营行为都不能影响市场价格，所以，市场价格的形成是由该部门商品的供求关系决定的，该部门的商品供给者或需求者只是市场价格的接受者。在这种市场结构下的价格形成和运动，能够准确地反映市场供求状况，价格形成是透明的、有效率的，企业卖出了所有商品，消费者购买了愿意购买的商品，双方利益都实现了最大化，资源得到了最优配置，经济效率最高。因此，完全竞争的市场结构被认为是一种理想的市场运行方式。但是必须看到，这种市场结构在现实中是不存在的，没有哪一个行业能够满足其苛刻的假设条件，只是有一些行业比较接近这种状况，而且任何的供求变化都会引起价格或大或小的波动。所以，一是可以运用完全竞争市场结构模型去分析和认识相关市场价格的运行特点和规律，二是要具体问题具体分析，不能生搬硬套。

2. 完全垄断市场与价格。完全垄断市场与完全竞争市场正好相反，其具备的条件是：（1）市场上仅有一家企业生产和销售商品；（2）该企业生产和销售的商品没有任何相近的替代品；（3）其他企业进入该市场十分困难。因此，这种市场结构也称为独家垄断。

形成垄断的原因主要有以下几种情况：（1）享有对某项资源的控制权；（2）技术优势与专利；（3）政府特许；（4）自然垄断。形成自然垄断的情况需要具备三个条件：第一，存在“沉没成本”。从事某些行业的生产和经营，需要投入大量资金，巨大的投资形成了巨大的专用性较强的“沉没成本”，这为投资者进入该行业设置了障碍，极容易形成“自然垄断”。第二，存在规模经济。在一定的产量范围内，随着企业生产规模的逐步扩大，单位成本下降，规模效益递增。第三，存在成本的劣加性。在某一行业中，一个企业的生产能力足以达到整个行业的生产规模，可以满足市场对该部门产品的需求，而且存在规模经济，在这种情况下，由这家企业进行生产或经营所耗费的单位成本比两家以上企业同时进行生产或经营所花费的单位成本要更低，这就是成本的劣加性。因而在这个行业中总会有某个企业在竞争中最先达到产量规模和成本优势，迫使同类其他企业退出市场，从而垄断该行业的生产和销售。可见，成本的劣加性是自然垄断的基本特征。

在这种市场结构中，排除了任何竞争因素，独家企业垄断了整个行业的生产和市场销售，虽然垄断企业可以操控市场价格，是价格的制定者，但面临供应量增加、价格下降或供应量减少、价格上升的压力。因此，并不意味着垄断企业可以随意定价，价格水平的确定不仅要考虑价格弹性的影响，还要考虑诸如消费者收入状况以及潜在替代品的竞争等因素。

运用价格歧视是垄断企业制定垄断价格的重要手段。价格歧视，又称差别定价，是指垄断企业对同一商品出售给不同的消费者索取不同的价格，或者对同一消费者购买不同数量的同一商品索取不同的价格。如铁路客运票分为成人票价与儿童票价，阶梯电价等等。价格歧视分为三种类型，即一级价格歧视、二级价格歧视和三级价格歧视。

（1）一级价格歧视。指垄断企业向购买商品的每一个消费者索取他们愿意支付的最高价格，或者是垄断企业向单个消费者购买的每一单位商品索取他愿意支付的最高价格。在这种情形下，垄断企业剥夺了消费者的全部剩余，所以，一级价格歧视也称为完全价格歧视，这种情况只是理论上的一种假设。

（2）二级价格歧视。指垄断企业对同一消费者购买不同数量的同一商品索取不同的价格，如购买量小时收取较高的价格，购买量扩大时收取较低的价格，从而将消费者的一部分消费者剩余转移给垄断企业。

（3）三级价格歧视。指垄断企业根据不同类型的消费者制定不同价格，或者对同一商品在不同市场上出售采取不同价格。对需求价格弹性较大的消费者制定较低价格，对需求价格弹性较小的消费者制定较高价格；再如在用电高峰时期实行高价、低峰时期实行低价政策等，从而使垄断企业占有部分消费者剩余。

当然，实行价格歧视也必须具备相应的条件：第一，市场能够进行有效的区分，消费者不可能将商品在不同的市场之间进行倒卖；第二，根据需求价格弹性不同能够区分出不同的消费者。

通过上述分析可见，完全垄断和完全竞争一样都是一种极端的市场结构类型。在完全垄断市场中，市场价格由垄断企业操控，其价格水平相对于完全竞争市场中的价格要高，而产量要低，损害了消费者利益，导致资源的不合理配置，为此自然垄断属性较强的行业是政府进行价格规制的重要领域。至于价格歧视的运用，要区别情况，不能一概反对和限制。如果生产者经营同一种商品，而向具有同等条件的若干消费者实行不同的价格待遇，这种价格歧视使条件相同的若干消费者处于不公平的地位，限制了消费者之间、消费者与生产者之间的公平竞争，造成价格信号扭曲，因而这种价格歧视必须加以限制。但是现实中实行的批量定价，这种价格歧视在竞争市场上同样通行，并不损害竞争并被消费者广泛接受。同样阶梯递增电价或水价，则有利于资源的节约，促进资源的有效利用。

3. 垄断竞争市场与价格。垄断竞争市场与完全竞争市场比较接近，所不同的是在这个市场结构中，虽然各企业生产同类商品，但又存在着一定差别，垄断与竞争因素并存，所以是一种不完全竞争的市场结构。其具备的条件是：（1）在这个市场中，有众多的企业从事同种商品的生产经营；(2) 所谓“同种商品”，一方面由于质量、规格、花色、广告、包装、品牌以及售后服务等方面的差异，产生产品差别；另一方面这些产品又是非常接近的替代品；(3) 在这个市场上，企业数目多，规模较小，进入和退出这个市场比较容易，而且每个企业的行为对市场的影响较小，不会引起竞争对手的报复。因此，这种市场结构比较多见，如零售业、服务业市场就接近于垄断竞争市场。

对垄断竞争市场结构的分析可见：第一，与完全竞争市场相比，企业对自己产品的价格具有了一定的垄断权，而不再是市场价格的被动接受者，因为存在“产品差别”，而且产品的差别越明显，垄断的程度越高。第二，与完全垄断市场相比，企业对自己产品价格的控制权要弱得多，因为存在非常接近的替代品的竞争。第三，市场价格的形成和变化，取决于产品的差别程度以及替代品竞争。总体来看，垄断竞争市场形成价格（产量），高于（低于）完全竞争市场、低于（高于）完全垄断市场，其资源的利用不充分。但是由于同种商品因存在差异，有利于满足不同消费者的需求偏好，同时鼓励企业在产品特色、售后服务等方面下功夫，但有可能出现为追求产品差别，过度包装、夸大宣传等一些非真实的差别，也会造成生产经营成本加大、增加消费者负担、资源浪费以及不诚信等问题。

4. 寡头垄断市场与价格。寡头垄断市场与完全垄断市场比较接近，所不同的是在这个市场结构中，不是独家企业，而是由少数几家大企业控制整个市场的生产和销售，同时又有相互竞争，所以寡头垄断市场也是一种不完全竞争的市场结构。其具备的条件是：(1) 在这个市场上，只有少数几家企业控制整个市场的供给；(2) 在这个市场上供给的产品，有一定的差别或者完全无差别；(3) 寡头企业之间相互影响、相互制约，既有竞争又有合作。寡头垄断市场的成因与完全垄断市场比较相似，只是程度上存在差别。寡头垄断市场在现实生活中是一种比较普遍的现象，如汽车、钢铁、彩电、移动通信市场等等。

通过上述分析可见，在寡头垄断市场中，一方面，少数几家企业的产品供给量在该市场总供给量中各占有较大的份额，每个企业都对市场价格的确定和调整有决定权；另一方面，为了追求利益最大化，扩大自己的市场份额，企业之间相互制衡，一个企业的价格行为会引起其他企业有针对性的反应。当一个企业想通过提价增加收益，而其他企业并不跟随提高价格，结果是提价企业销售量锐减，其他企业销售量扩大；当一个企业想通过降价扩大销售，其他企业为了维护原有的市场份额也跟随降价，结果降价的企业销售量增加甚微，反而造成总收入减少。

正是由于在寡头垄断市场上，任何企业的率先降价和提价都无利可图，为了避免寡头企业间价格竞争带来的两败俱伤，寡头企业之间往往会通过协议或默契的方式采取统一行动来控制寡头垄断市场价格。通常采取的方式有：

(1) 价格卡特尔。是指具有竞争关系的生产经营者为限制市场竞争，牟取超额利润，联合行动而达成的垄断联合。联合行动以合同、协议或其他方式进行，协议的内容是共同商定价格。一种是企业之间共同提高或降低或维持商品价格，或共同建立某种折扣条件或进行市场范围划分间接固定价格等等，这是一种横向价格卡特尔；另一种是纵向价格卡特尔，即在不同企业之间签订一方必须按照另一方的要求按固定价格出售的协议，比如生产商要求销售商按厂商要求的价格出售产品，批发商要求零售商按照协议的价格出售产品等。这两种形式的价格卡特尔都违反了公平竞争的原则，在实践上各国的法律也都加以限制。

（2）价格领袖制。是指在寡头垄断市场上，由最大的或最有影响的那个企业按照协议或基于默契，首先定出价格，而其他企业参照制定各自无竞争性的价格。价格领袖制通常有三种形式：一是支配型。在市场上占支配地位的企业确定产品价格后，其他市场份额较小的企业跟随确定价格。二是成本最低型。在市场上成本最低的企业制定商品价格后，其他成本高的企业按同一价格销售各自的商品。三是晴雨表型。在市场上某个企业在获取信息、判断市场变化趋势等方面具有特殊能力，并得到其他企业的公认，那么该企业制定的产品价格及对其的调整，就成为其他企业价格制定和调整的晴雨表。价格领袖制从本质上看，虽然有利于稳定市场价格，但限制了竞争，强化了垄断，因此也是反垄断的重要内容。

（3）"君子协议"价格。价格协议以及价格领袖制往往会受到公众的谴责和法律的追究，于是同类生产企业之间达成口头协议，通过"君子协议"来维持价格和保持价格变动的同步性。

最后需要强调指出的是，人为的垄断价格和企业在经营过程中形成的价格优势是两个概念，不能混同。前者违反公平竞争的市场原则，是任何一个市场经济国家的法律所禁止的；而后者是企业合法经营、合理经营、特色经营的表现，是社会所倡导并为社会所接受的。

以上分析了影响市场价格形成和运动的主要因素，除此之外还有自然资源可持续利用与环境保护、局部战争与自然灾害、对个别商品的游资炒作、企业生产成本及竞争策略、消费心理等因素，市场价格就是在这些因素的综合作用下形成和运动的。

第二节　价格运动与其他经济杠杆的关系

国民经济是个有机整体，价格的形成和运动不仅有其自身规律，而且还会与国民经济中其他经济杠杆发生联系，相互影响、相互制约。为了全面认识价格形成和运动的规律，还必须进一步研究价格与财政、税收、信贷以及工资的关系。

一、价格运动与财政收支的关系

财政是国家政权对国民收入进行分配和再分配的重要工具。国家借助于财政手段把一部分国民收入集中起来，通过分配和再分配来满足社会经济建设的需要。由于价格也具有调节功能和再分配功能，因而两者相互联系、相互制约，并共同调节国民经济发展。

（一）财政收支状况决定着价格变动的势态

财政收入是国家借助财政手段，通过税收、国有企业上缴的利润以及事业单位上缴的事业收入等方式，将社会生产的总产品中的一部分以货币的形式集中起来。财政支出是国家将集中起来的产品以货币资金形式分配给有关地区和部门使用。因此，财政收支既是资金运动，又是产品运动。

当财政收支平衡时，意味着集中起来的产品正好满足财政分配上的需要，也说明由财政分配所形成的购买力同市场商品可供量能保持平衡，在这种情况下市场商品供求关系正常，价格总水平就能保持稳定。

当财政支出小于财政收入时，财政出现结余，说明财政分配所形成的购买力小于市场商品可供量，出现市场供大于求，价格趋于下降。

当财政支出大于财政收入时，财政出现赤字，这时国家就会面临两种选择：一是向国内、外借债，以平衡收支；二是如果通过举债仍存在赤字的话，国家向银行透支，强迫银行作财政性货币发行，这时增发的货币没有相对应商品，造成市场上形成的购买力超过市场商品的供应能力，结果是产生通货膨胀，价格普遍上涨。

不仅财政收支总量的平衡状态影响价格波动，而且财政支出结构上的变化也会引起价格结构性的变动。比如，在财政支出中分配给基本建设投资的货币资金超过了当年社会所能提供的生产资料和建筑材料可供量，就会使基建物资缺口加大，必然引起生产资料和建筑材料价格的上涨。同样，消费基金分配过量时，也会引起消费品价格的上涨。

当价格总水平发生波动时，在实践中通过财政政策，合理使用紧缩性财政政策、中性或稳健的财政政策和扩张性财政政策，调节市场供求总量的关系，进而实现保持价格总水平基本稳定的目标。因此，财政政策是国家调控价格总水平的重要手段。

（二）价格的稳定和调整对财政收支的影响

财政收支是在一定的价格水平基础上实现的。合理稳定的价格能保证商品生产经营者获得合理收益，实现经济活动良性运转，从而保证国家财政收入有稳定可靠的来源，也只有在扩大生产规模，增加商品流通量的前提下，增加的财政收入才能有物质保证。如果价格普遍上涨，虽然从价计征的各项税款会大大增加，名义上财政收入增加，同时财政支出也会相应增加，但是并不代表国家集中起来的产品增加了。所以，普遍涨价并不能真正改善财政收支情况。

价格变动不会增加和减少国民收入实物总量，但会改变国民收入在国民经济各部门和各阶层之间的转移，国家有时可以借助价格的这种职能调节社会各部门、各阶层的收入，但这种调节是以一方的增收及另一方的收入减少为代价的。因此，必须特别谨慎行事。

（三）价格和财政协同配合调节经济运行

价格杠杆和财政杠杆各有不同的作用和特点。如果把两者结合起来运用，就可以使它们更好地发挥作用，实现既定的经济目标。

一方面，可以利用它们之间的一致性来实现某项经济目标。比如，在促进城市公用事业的发展方面，可以利用财政投资促进其发展，增加商品和服务的供给，同时配合制定合理的价格或收费标准，不仅有利于提高公用事业的自我发展能力、调节资源的合理配置，还有利于吸引民间资本进入，以加速实现经济目标。同样，在促进农业发展不断加大支农力度方面，不仅加大对农业基础设施、农业科技等方面的财政投资力度，财政还对粮食生产实行直接收入补贴以及对良种、农用生产资料、农机购置等进行补贴，同时还通过提高粮食最低收购价格，促进农业的增产增收，巩固农业的基础地位。

另一方面，可以利用两个杠杆的互补作用来实现一定的目标。比如，在政府管制价格的领域，企业因执行低价政策发生的政策性亏损，需要财政的补贴，以维护企业的正常运转；因政府上调价格，为保护低收入阶层的生活不受影响，对低收入阶层的财政补贴则会起到积极作用等等。

在两者配合使用问题上，无论发生上述哪种财政补贴，都要充分考虑财政承受能力，而要取消某项补贴时，又必须考虑价格上涨对居民生活带来的影响。

二、价格运动与税收的关系

税收是国家通过法律，无偿地从纳税人处取得财政收入的一种手段，税收高低是调节市场主体经济活动和经济利益的一种杠杆；价格属于交换关系，它的高低变化直接关系到交换双方的经济利益，也是一种经济杠杆。两者既有区别又有联系，既相互制约又相互补充。价格对税收有重要影响作用，同时税收也制约着价格的变动。

（一）税收对价格的影响

税收是价格构成的重要因素，不论是生产领域的价格，还是流通领域的价格，归根到底是由生产成本、流通费用、利润和税金四个要素构成的，税金是价格构成中不可分割的一部分。在存在税收的条件下，商品价格除包括生产成本、流通费用和利润外，还应包括税金，否则企业就会发生亏损，或者说在企业利润等因素不变的情况，税收的高低就决定着市场价格的水平高低。这就表现为税收对价格形成的制约作用。

（二）价格对税收的影响

目前，各国的税收一般分为两类：一类是按照商品流转额课征的流转税（间接税），如增值税、消费税、资源税等。这类税收税额高低与商品价格的高低有直接关系。另一类是对收益课征的收益税（直接税），如个人所得税、企业所得税等，它们是按所得收益的一定比例征收的，虽然这类税金与价格的高低不直接发生关系，但价格水平是否合理直接影响到企业收益的高低，进而间接影响到税收的高低，可见价格水平决定着税收水平。

（三）价格与税收相互配合调节经济运行

通过价格杠杆和税收杠杆配合，调节市场主体的经济利益来促进社会经济的发展。例如，在经济不景气、市场需求不足、价格水平走低的情况下，可以采取减免税收的措施，增加市场主体的可支配收入，扩大市场需求，推动价格水平回升，促进生产；反之，则可通过增加税收，限制投资、压缩需求，促使价格水平回落。同样，在市场调节下，国家为了支持基础性产业和科技、环保等新兴产业，在一定时期内会运用财政补贴、减免税收等手段促进其发展，同时对耗能大、污染严重的产业实行惩罚性税收政策限制其发展，从而实现产业结构升级和优化。就某些具体产品而言，对实行管制低价的公用事业产品，通过减免税收手段，降低企业成本增加收益，促进其发展满足市场需求；为了合理利用资源，对某些产品，如成品油价格，国家通过征收资源税及将成品油价格国际油价挂钩的方式，建立国内成品油销售价格形成机制，调节市场需求；对于烟、酒等奢侈品，国家除收取正常的增值税外，还征收较高的消费税，一方面保证国家能获得较多的财政收入；另一方面以高价节制有害消费，体现“寓禁于征”的政策；对于关系国计民生的基本生活资料，如农业生产环节已免除农业税，在流通环节实行优惠税率，体现保护农业、保护消费者的政策。总之，通过价格、税收的密切配合，可以保护资源，调节消费，引导产业结构向合理的方向发展。

三、价格运动与信贷的关系

信贷是与商品经济相联系的一种货币资金运动形式，它主要是通过银行体系的信贷活动来实现的。银行信贷活动已经渗入到经济活动的每个环节，是现代市场经济的重要特征。现代金融体系一般由中央银行、商业银行和其他非银行金融机构组成，由于中央银行在金融体系中具有的特殊地位和职能，从而使其具有了制定和实施货币政策、控制货币供应量、调节信贷规模的职能，并通过商业银行和其他金融机构的正常信贷活动得以贯彻落实。因此，银行信贷是国家实现宏观调控、调节货币流量和资金流向、指导生产经营活动的重要经济杠杆，它与价格之间的联系表现在以下方面。

（一）价格运动对信贷的影响

一方面，价格变动会影响货币流通量的大小，从而影响信贷规模的大小。在市场上商品可供量不变的情况下，价格上涨会使市场对货币的需要量增加，从而出现在实物量不变的情况下信贷规模的扩大。但实际上这种情况只是通过货币贬值的办法，把多余购买力消化掉，只是从形式上平衡了货币流通量与货币需求量之间的关系。相反则会出现信贷规模的减少。

合理的价格会使商品流通速度加快，从而使信贷资金的流通速度加快，相应地提高了信贷资金使用效益、减少贷款规模。反之则会增加贷款规模。

另一方面，价格升降会影响名义利息率的升降，从而影响信贷的规模。因为利息是价格组成的一个因素，它与价格之间有着密切的联系，在名义利息率既定的前提下，当价格总水平上升幅度小于名义利息率，则实际利息率为正，此时仍有存款的积极性；当价格水平上升幅度大于名义利息率，则实际利息率为负，此时存款的积极性受到打击，而贷款的积极性受到鼓励，引起信贷规模的扩大，如果不加以调控可能导致信贷规模失控。

（二）信贷对市场价格的影响

一方面，在现代市场经济中，货币供给的数量是通过银行体系的活动主要是商业银行信贷活动创造出来的，银行的信贷活动调节市场货币供给规模，进而对市场价格产生影响。当信贷规模与社会经济发展的需要适应时，反映了市场货币供给量与市场需要的货币量基本平衡，社会总供给与总需求平衡，市场价格趋于稳定；当信贷规模与社会经济发展的需要不适应时，市场货币供给量或是大于或是小于市场需要的货币量，就会出现社会总需求大于或小于总供给，市场价格或上升或下降。

通过调整信贷结构，比如对商品供不应求的部门增加贷款力度，促进其增加供给，或对供过于求的部门减少其贷款支持，限制其产量，则有利于促进供求平衡，为稳定市场价格奠定基础。

另一方面，利息率的变化通过调节货币流通量对价格产生影响。随着实际利息率的提高，一方面会起到吸收存款的作用，另一方面贷款利息率的提高会抑制贷款的需求，从而起到回笼货币、减少市场货币流通量和购买力的作用，使币值稳定，进而促使价格水平稳定或下降。反之降低实际利息率则会起到相反的效果。

同时，利息又是生产经营成本的组成部分，在其他条件不变的情况下，利息的高低会引起生产经营成本的增减，使商品价格发生变化。

在利用利息率调控经济活动时，也必须注意到，提高利息率可能引起某些负效应，如一方面会因利息率的提高而减少资金的投入，抑制生产发展；另一方面又因利息进入成本，成为推动价格继续上涨的因素，最后导致“滞胀”问题发生。同样，降低利息率也会存在负作用。因而，是否提高或降低利息率，应视实际情况而定。

当市场价格发生波动时，在实践中通过货币政策，合理使用紧缩性货币政策、中性或稳健的货币政策和扩张性货币政策，来调控信贷规模和市场货币供应量，促进货币供求总量的平衡，进而实现保持价格总水平基本稳定的目标。因此，货币政策是国家调控价格总水平的重要手段。

（三）价格与信贷相互配合调节经济运行

由于市场价格作用具有一定的盲目性或在某些领域会受到限制，造成某些符合国家产业发展要求的产业收益比较低，发展缓慢，对于这些部门在一定时期内给予优惠贷款利息率支持，有利于提高比较收益、吸引投资、促进发展、推动产业结构的调整和优化。当出现价格总水平波动时，运用货币政策手段，调节信贷规模，有利于促进价格总水平的稳定。

四、价格运动与工资的关系

工资是劳动力的价格，是生产经营企业向劳动者支付的劳动报酬，其本质是劳动者必要劳动的货币表现。同时，工资也是进行国民收入分配的重要经济杠杆。在现代经济中，工资影响价格形成，同时又受价格水平影响，因而两者具有密切关系，对经济运行产生重要影响。

（一）工资对价格的影响

工资从两个方面影响着价格的形成和变动。

首先，工资是商品价格中成本的一部分，提高工资就会增加成本，最后就会导致价格上升。但是，工资对价格只有影响作用，而不是决定作用，因为价格是以价值为基础决定的，工资的高低取决于商品包含的新创造的价值中必要劳动和剩余劳动的分割，商品价格中包含多少劳动，同这种劳动有多少归劳动者自己所有是两回事，工资水平要与劳动者为自己劳动所创造的价值相适应。所以，归根到底工资的高低要由劳动生产率的高低来决定，如果生产某种商品的劳动生产率没有提高，而提高了工资，那么会引起商品生产成本和价格上升，并引起价格和价值发生背离。

其次，工资是形成社会购买力的基本因素，从而影响价格总水平的变化。一定量的购买力要有相应的物资作保证。在生产部门，工资的提高只能随着劳动生产率的提高而提高，如果工资的提高幅度超过劳动生产率提高的幅度，那就意味着工资分配超过了社会总价值中为自己劳动所创造的那一部分价值，由于这部分工资没有相应的物资保证，就会形成购买力大于商品可供量的局面，价格总水平就上涨。反之，如果工资提高幅度等于或小于劳动生产率幅度，那么价格就会稳定或有下降的可能。

由财政预算开支的行政、事业单位职工的工资，是由劳动者为社会创造的财富来支付的，虽然不直接进入成本，但这部分工资的提高，也要与社会劳动生产率的增长、国民收入的增长，特别是财政收入的增长相适应，如果超过了财政负担的可能，出现财政赤字，也会造成购买力大于商品可供量，从而引起价格上涨，说到底这部分工资的变化是否会对价格水平产生影响，取决于这部分工资的变动情况是否与社会劳动生产率、国民收入、财政收入的变动情况相适应。

（二）价格对工资的影响

价格对工资的影响，综合体现为工资总是一定价格水平下的工资。工资以货币形式体现为劳动者的收入，而劳动者的实际收入又总是与价格水平相关联。

首先，消费品价格水平决定工资水平。一般来说，工资由劳动力再生产费用决定，劳动力再生产费用由维持劳动者以及家庭生活所需的消费资料以及价格决定。所以，消费品价格的高低决定着工资水平的高低，高价格与高工资相联系，低工资与低价格相联系。

其次，就不同部门来说，虽然竞争的结果会导致平均利润率出现，但是在一定时期内，不同部门商品的价格水平不同，利润水平不同，价高利多的部门与价低利微的部门相比，其劳动者的工资水平相对要高。

再次，工资的实际购买力水平，要受到当时价格水平的制约。人们拿到工资后要购买生活资料，这些生活资料价格水平的高低直接影响到人们的实际生活水平。今后，随着对劳动力素质要求的提高，劳动力的培养费用也将大大增加。工资所形成的实际购买水平，还必须考虑教育费用的因素。

（三）价格与工资配合调节经济运行

当出现价格水平上涨的时候，政府可选择提高工资、工资与价格指数挂钩、财政定额补贴等手段，以减轻或避免价格上涨对居民生活水平的影响。

政府在提高关系民生的重要的商品或服务价格时，对低收入人群实行工资补贴，以保证低收入人群生活水平不受影响或减轻影响程度。同时，在既定的工资水平下，对于实行政府定价的一些资源性商品，依据基本需求和非基本需求实行差别定价政策，以引导合理消费，促进资源的合理使用。

第三节　价格机制

价格机制是市场机制的核心。市场机制由价格机制、供求机制、竞争机制等机制构成，供求、竞争等机制都对价格的形成和运动产生影响，而价格机制又对供求、竞争等机制产生推动作用，虽然各机制在市场机制中有各自的地位和作用，但是它们之间相互联系相互制约的关系及其产生的作用，最后都通过价格表现出来，因而，市场机制要发挥作用必须通过价格机制来实现，价格机制成为市场机制的核心。价格机制是对价格形成和运动以及价格发生作用机理的系统性认识。因此，研究价格机制问题有利于更加深入、清晰地把握市场价格运动规律和市场规律，更加自觉地运用价格规律和市场规律为社会经济服务。

一、价格机制的含义

机制一词最早源于希腊文 mechane，原指机器的构造和工作原理，也可以理解为机器运转过程中各个零部件之间的相互作用、互为因果的连接关系以及运转方式。后来生物学和医学借用生物机制和病理机制概念表示有机体内部发生生理或病理变化时，有机体内部的各个器官和组织之间怎样有机结合，以及相互依存、相互制约和相互作用并产生一定的功能。我国改革开放以来，机制一词在经济学的研究中得到广泛使用，用来说明各种经济现象之间产生、发展的原因，以及相互联系、相互制约、相互作用的关系及其产生的功能。

在市场经济中，一切社会的经济活动都会与价格发生直接或间接的联系，在价格和影响价格的各要素之间相互联系、相互制约的过程中，一方面影响价格各要素的综合作用制约着价格的形成和运动，另一方面价格的形成和运动又作用于影响价格的各要素，同时向参与市场活动的市场主体发出信号，引导生产要素在不同部门、不同商品之间合理流动，从而实现调节社会经济活动、合理配置资源的作用。

因此，所谓价格机制是指价格与影响价格的各种要素之间相互联系、相互制约、相互作用所决定的价格形成和运动过程及其产生的调节社会经济活动的功能。价格机制分为价格形成机制和价格运行机制。价格形成机制是指价格如何形成的机制；价格运行机制也称为价格运动机制，是指价格在运动过程中是如何调节社会经济活动的，以及价格是怎样被调控的，前者称为价格调节机制，后者称为价格被调控机制。

在市场经济中，价格形成和价格运动密不可分，价格形成是价格运行的基础，价格运行是价格形成的延续，价格形成也必须在价格运行中才能完善。所以，价格机制是由价格形成机制和价格运行机制构成的有机整体。

二、价格机制与经济体制

在第二章第一节中，探讨了市场经济体制和计划经济体制背景下，导致价格形成主体结构和价格形成方式不同的原因。同样，不同国家由于实行的经济体制不同，或一个国家在不同时期实行的经济体制不同，其价格机制也会不同。

一般来说，在市场经济体制下，政府除对少数商品价格进行干预外，市场主体拥有相对充分的自主定价权，绝大多数商品的价格由市场来形成，价格与影响价格的各要素之间的相互联系和作用主要通过市场调节来实现。因此，在实行市场经济体制的国家，其价格机制是以市场为主形成价格并调节价格运动的机制。在计划经济体制下，计划代替了市场，计划成为调节社会经济活动的核心，否定了市场对价格的调节作用，企业没有自主经营权和自主定价权，政府依靠行政命令，通过计划制定和调整价格，价格与影响价格的各要素之间的相互联系和作用通过计划往往被固定下来，长期不变，价格不是调节社会经济活动的信号，而只是保证国民经济计划执行的附属品，因此，在实行计划经济的国家，其价格机制是以计划为主来制定和调整价格的机制。

我国改革开放以前，与高度集中的计划经济体制相适应，实行的是高度集中的价格管理体制，绝大多数的产品价格都由政府及其主管部门有计划地制定，企业和消费者没有定价权。这个时期的价格机制是计划制定和调整价格的机制。随着改革开放的不断深入，特别是社会主义市场经济体制的确立和发展，改革了高度集中的计划价格形成机制和管理体制，确立了在国家宏观调控下主要由市场形成价格的机制和管理体制。这种新机制与原有机制相比发生以下重要变化：一是价格决策主体结构由政府定价为主转变为由市场主体定价为主，绝大多数商品由市场主体自主定价，实行市场价格，少数商品由政府定价。二是调节价格形成和运动的主导因素由计划控制价格为主转变为由市场调节价格为主。不仅市场价格的运动要以市场调节为基础，价格与价值、供求、竞争等因素相互作用支配着价格的形成和运动，而且政府定价也要在考虑社会经济发展、生产经营者和消费者利益的同时，体现价值规律，反映市场供求和资源稀缺程度。三是价格调控方式由依靠行政手段直接控制价格为主转变为依靠经济手段、法律手段间接调控为主，同时辅以必要的行政手段。国家调控价格的重点是价格总水平，主要通过调节供求总量来实现。对于具体商品价格，除少数商品实行直接价格管理外，绝大多数商品的价格国家不再直接干预，主要通过平衡供求总量、培育和发展市场、限制垄断和价格欺诈、促进竞争、规范价格行为来影响价格的形成和运动。

三、价格机制构成的内容

（一）价格形成机制

价格形成机制就是指价格如何形成的机制或原理。它涉及价格形成主体和形成方式、影响价格形成的要素、价格构成要素、价格体系以及价格总水平的形成等等。它需要回答以下问题：

1. 价格的形成。价格的形成不仅包括各种商品价格的形成，还包括价格体系以及价格总水平的形成，其中各种商品价格的形成是基础。

2. 价格由谁来决定的问题。即价格是由政府行政部门通过计划来决定还是由生产经营者通过市场自主决定。这一问题又与不同经济体制下的价格管理体制有关，从而决定着价格形成方式和不同商品的价格形式。在市场经济中，价格由市场主体通过市场自主决定价格，决定了价格的形成主要由市场调节。

3. 有哪些因素影响或制约价格的形成。在市场经济中这些因素包括：影响价格形成和运动的基础因素——价值或其转化形态以及价格的构成要素、影响现实价格形成的供求状况、竞争状况、国际市场价格状况以及一定时期的经济政策等。

4. 价格形成的机理。在市场经济环境中，对于大部分实行市场价格的商品来说，参与商品交易的市场主体拥有自主定价权，同种商品的不同供给者根据自身的经济利益并考虑市场供求以及经济政策等因素制定供给价格，同时，同种商品的不同需求者根据自身的经济条件并考虑供求等因素形成需求价格。在不同的市场供求状态下，竞争在供给者之间、需求者之间、供给者和需求者之间展开，竞争的结果形成了供给者和需求者双方共同接受的市场价格。同样如果供求等因素发生变化，通过新一轮竞争又会形成新的市场价格。这种市场价格一旦形成，任何单一的供给者或需求者是无法改变的，只能是接受者。

对于少部分实行政府管制价格的商品来说，政府是价格的决策者，价格形成的依据是既要考虑商品生产的社会平均成本、市场供求关系、资源的稀缺程度，又要考虑社会经济发展的要求以及社会的承受能力；并通过一定程序使生产经营者和消费者参与价格形成过程，听取意见和建议；在兼顾各方利益的基础上形成政府管制价格，并根据市场供求、社会经济发展、企业劳动生产率、消费者收入等因素的变化，对政府管制价格进行调整。

（二）价格运行机制

价格运行机制包括价格调节机制和价格被调控机制。它涉及商品价格、价格体系以及价格总水平运动对社会经济的作用、价格与其他经济杠杆的关系与配合；价格制定与价格管理的关系；价格的调控方式方法等等。它要回答的问题是：在价格形成的基础上，价格在运动中是如何调节经济活动的，又如何被调节的。

1. 价格调节机制。价格调节机制是指价格在运动过程中，价格调节社会经济活动的机理或原理。

首先，在市场上价格是不断运动的，价格在运动中产生作用。价格的运动不仅包括某种商品价格的运动，也包括价格体系以及价格总水平的运动。

其次，价格调节机制发挥作用的机理。就某种商品来说，供不应求时，竞争使其价格上涨，生产者利润增加，吸引更多的生产要素流入、生产规模扩大、市场供给量增加，并逐步实现供求平衡，形成均衡价格；随着供给量的继续增加，出现供过于求，竞争使其价格下降，生产者利润减少，部分生产要素流出、生产规模缩小、市场供给量减少，并逐步达到新的供求平衡，形成新的均衡价格；如此反复循环。价格对社会经济活动产生的作用就在其中。

当供求关系等因素使不同部门商品价格关系发生改变，出现一个部门利润率较高，而另一部门利润率较低时，竞争使社会资源从利润率较低的部门流向较高的部门，导致利润率较高部门的商品供给不断增加、价格下降、利润率下降，而利润率较低的部门商品供给减少、价格上涨、利润率上升，直至两个部门的利润率大致相等，两个部门商品的价格关系又重新实现了均衡；同时，随着供求关系等因素的变化，两个部门商品价格的均衡关系又会被打破，经过上述过程又会实现新的均衡关系。上述过程说明了价格体系变动对资源配置的调节作用。

同样，价格总水平与社会供求总量的相互关系，也体现着价格总水平对宏观经济发展和微观经济运行的调节作用。

再次，在现代市场经济的运行中，价格发挥作用不是孤立的，价格总是与财政、税收、利息、工资等经济杠杆联系在一起，相互制约、相互调节，协调配合共同调节社会经济活动。

总之，价格的运动是一个不断连续循环的过程，在这个过程中价格与其影响因素相互作用，使价格不断偏离均衡又趋向均衡，从而形成了内在的使价格趋向合理的自我调节机制。正是价格的运动能为市场主体提供市场信号，才能使价格对社会生产、交换、分配和消费产生调节作用，这就是价格调节机制的机理。

2. 价格被调控机制。价格被调控机制是指为保证价格形成和运动的合理性，对价格形成和运动进行调节和控制的机理或原理。

(1) 价格被调控机制产生的依据。在市场经济中，价格在市场中形成和运动，是价格形成和运行机制的核心。但要实现价格形成的合理化和有序运动，并发挥价格调节机制的积极作用必须具备相应的条件：第一，市场主体都是产权明确、具有充分自主权和决策权并追求效用或利润最大化的经济实体，拥有自主定价权；第二，市场是由各类商品市场组成的统一的、开放的市场，市场体系健全，运转灵活有效；第三，市场信息具有完全性、真实性，不存在信息不对称和不完全问题；第四，市场处于充分竞争的状态，竞争公平有序；第五，诚实守信、公平交易的市场道德已在社会价值观念上得到确认，并成为市场主体从事商品交易活动自觉遵守的行为准则。

只有在上述条件具备的情况下，由市场来调节价格的形成和运动，价格与其影响因素之间的相互制约作用才能有效传递，使价格的形成和运动能够及时、比较准确地反映市场的变化情况，从而引导社会资源的配置趋向合理。但在现实的市场中，即便是在发达成熟的现代市场经济中，上述条件也不会同时具备，甚至有些条件根本就无法实现。正是因为如此，也就使价格在调节社会经济活动中本身也存在一些缺陷：第一，盲目性和滞后性。市场价格一旦形成，则成为市场主体的指挥棒，而每个市场主体并不能总是能够掌握完全的市场信息，从而难以避免在生产或消费上的盲目性；而且在现实市场中价格一旦形成，其调节作用不会立即显现，需要一定的时间才能实现，这种滞后性再加上盲目性，往往会导致资源向某一部门过多地流入或流出，造成资源的闲置或浪费。第二，自发性和波动性。价格在市场上受到多种因素共同作用自发形成和波动，在合理的范围有规律的波动，是价格发挥积极作用的保证条件，但是由于影响价格因素的自发性和不确定性，可能导致价格波动超出正常范围，价格波动过大或过于频繁会影响社会经济的正常运行，还会产生社会问题。第三，不公平性。价格波动必然是一方受益，另一方受损，因此，价格的波动幅度过大或不等价交换的存在容易引起贫富差距、分配不公问题。第四，价格行为的不规范性。市场主体在利益的驱动下，容易产生垄断、欺诈等不正当竞争行为，干扰市场价格秩序，使价格的调节作用发生扭曲。

总之，在现代市场经济中，虽然市场价格是调节社会经济活动的有效手段，但是其调节作用存在局限性和缺陷，还需要政府运用相关的政策和手段，对市场价格的形成和运动进行适度的引导和矫正，使资源的配置实现优化。由此，价格的被调控机制则成为价格机制的重要组成部分，而且价格的被调控过程贯穿于价格的形成和运动之中。

（2）价格被调控机制发生作用的机理。价格被调控的机制由自我约束机制和外部调控机制构成。

自我约束机制主要是从价格形成主体角度看，不论是生产经营者还是政府，在其制定和调整价格的行为中，主动认识和自觉接受价值规律、供求规律、竞争规律以及有关法律、法规、制度、政策、市场道德行为规范的支配或约束。通过商品价格行为主体的自我约束，促进商品价格形成和运动的合理化。

外部调控机制主要是从国家作为市场以及价格的宏观调控者角度看，对市场价格形成和运动的调节或干预。国家对价格的调控有直接调控和间接调控。直接调控主要是运用行政手段对重要的不适合市场定价的商品进行管制定价，或根据价格的波动情况实行临时性价格干预，直至冻结价格等；间接调控主要是运用经济的、法律的手段对价格的调节。经济手段主要是运用财政、货币等政策手段调节社会总供求关系，实现对价格总水平变动趋势和变动幅度的调节；法律手段则是通过相关立法和执法，规范市场和价格行为，为价格形成和运动提供良好的市场环境。由于经济、法律、行政手段对价格形成和运动的影响各有利弊，因此在现代市场经济中，国家对价格的调控方式是以经济手段、法律手段为主，辅以必要的行政手段。

主要术语

货币升值　货币贬值　国际市场价格　国际价值　市场结构　价格歧视　价格机制

思考问题

1. 如何理解货币、国际市场价格对价格的影响？
2. 如何理解经济政策、法律对价格的影响？

3. 如何理解市场结构对价格的影响？
4. 如何认识价格歧视和寡头垄断市场定价？
5. 如何理解价格与其他经济杠杆的关系？两者如何配合使用？
6. 如何理解价格机制构成以及价格机制的运行机理？
7. 你认为还有哪些因素对价格形成和运动产生直接或间接的影响？

第四章

价格构成与理论价格

学习目的与要求

本章主要介绍商品价格构成的基本原理。通过本章的教学和学习，要求学生把握价格构成与价值构成的关系、价格构成的基本要素、各要素的内涵及在价格构成中的地位，理论价格的计算等内容。

第一节　价格构成与价值构成的关系

价格构成，是指构成价格的各个要素及其在价格中的组合状况。价值是价格形成的基础，价格是商品价值的货币表现。要了解价格构成的实质，必须了解价值构成的内容以及价值构成与价格构成中各要素的关系。

一、商品价值构成

所谓价值构成，是指构成商品价值的各个组成部分及其在商品价值中的组合状况。商品的价值是由凝结在商品中的社会必要劳动时间决定的。这种价值量先在生产领域中形成，又在流通领域中得到追加。

在生产过程中，由掌握一定技能的劳动者利用一定的生产工具对劳动对象进行加工。在这一过程中首先要消耗原材料、辅助材料、燃料和其他物质费用，并会磨损机器、设备、工具、厂房等。这些生产资料是前人劳动的产品，是已经凝结在产品中的人类一般劳动，因此，称为物化劳动。其包含的价值有的一次全部转移到新产品中去，有的只将磨损部分转移到新产品中去，因此，又叫做转移价值，通常用英文字母C来表示。其次，在生产过程中，劳动者要消耗体力和脑力劳动，这种新投入的活劳动凝结到新产品中，而增加商品的价值量。这部分新增加的价值，在国民收入的分配中可以分解为两个部分：一部分是维持劳动者和其家庭成员必需的生活资料的价值即劳动力再生产费用，用在这上面的劳动对劳动者来说是必要的劳动，在社会主义条件下，称为为自己的劳动，通常用 V 来表示；另一部分则是劳动者在劳动过程中创造出超过自己需要的价值——剩余价值，在社会主义条件下，称为为社会的劳动，通常用 M 来表示。

当商品离开生产领域进入流通领域后，为了推动商品流通的正常进行，同样要投入一定的生产资料和劳动力，耗费物化劳动和活劳动。其中投入在运输、保管、挑选、整理等方面的劳动，属于生产过程在流通领域的继续而付出的劳动，同样会形成新的价值，并追加到商品之中。与投入生产过程中的劳动一样，这种追加价值也可分为转移价值 C、为自己劳动创造的价值 V 和为社会劳动创造的价值 M。

综上所述，商品的价值包括生产领域和流通领域的三个组成部分：一是已消耗的生产资料转移价值 C；二是劳动者为自己劳动所创造的价值 V；三是劳动者为社会劳动创造的价值 M。如果用 W 表示商品价值的话，用公式表示为：$W=C+V+M$。

二、商品价格构成与价值构成的关系

（一）商品价格构成的基本要素

在市场上存在各种形式的价格，如生产者价格又有出厂价格、收购价格；商业价格又有产地批发价格、产地零售价格、销地批发价格、销地零售价格等等。但是仔细分析一下，各种商品的价格都是由四个最基本的要素，即生产成本、流通费用、利润和税金构成。而且，每一个要素本身又有极为繁杂的内涵，如生产成本有制造成本和完全成本、个别成本和社会成本之分；流通费用有生产性流通费用和纯粹流通费用、批发环节流通费用和零售环节流通费用、产地商业流通费用和销地商业流通费用之分；利润有生产利润和流通利润以及流通各个环节利润之分；税金不仅在不同环节不同，而且不同的商品实行不同的税种、税率。

（二）价格构成与价值构成的关系

价值构成是价格构成的基础，价值构成的货币表现形成价格构成的四个基本要素：生产成本、流通费用、利润和税金。不仅整个价格构成如此，而且价格构成中的每个要素都是价值构成中对应部分的货币表现。如生产成本是生产领域生产资料转移价值和劳动者为自己劳动所创造的价值的货币表现。流通费用按性质可分为生产性流通费用和纯粹流通费用。生产性流通费用是流通领域追加的生产资料转移价值和劳动者为自己劳动创造的价值的货币表现；纯粹流通费用是生产领域和流通领域劳动者为社会劳动创造价值中的一部分的货币表现；利润和税金可以分生产利润和税金、商业利润和税金。其中生产利润和税金是生产领域劳动者为社会劳动新创造的价值的货币表现；商业利润和税金的一部分是由生产领域劳动者为社会劳动所创造的价值中让渡过来的，另一部分是流通领域劳动者为社会劳动所创造价值的货币表现。

由上可见，商品价格及其四个构成要素归根到底都是由商品价值及其三个组成部分转化而来的。假如生产领域形成的价值用 C_1、V_1、M_1 表示，流通领域形成的价值用 C_2、V_2、M_2 表示，价值构成要素与价格构成要素之间的关系如图 4—1 所示。

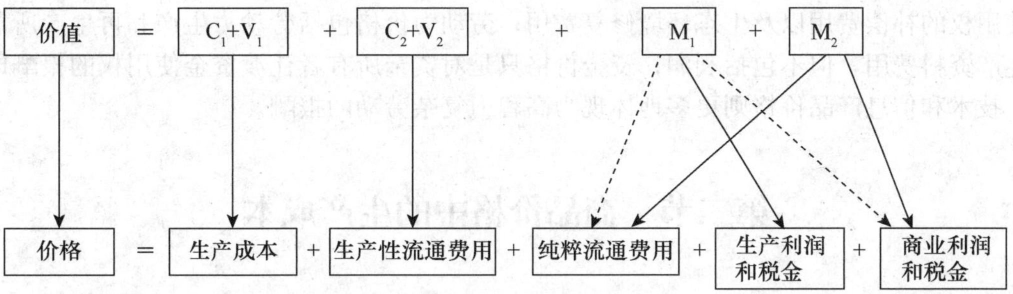

图 4—1　价格构成与价值构成关系图

注：虚线表示生产领域向流通领域让渡的那部分价值的转化形态。

从价值构成与价格构成关系示意图可以看到，价格及其各个构成要素是由商品价值及其组成部分决定的，商品价值的变动必然影响商品价格的变化。

在现实生活中，商品的价格由于受到供求关系及其他因素的影响，有时高于价值，有时低于价值，价格构成的各个要素也经常背离其相应部分的价值。但从全社会来看，商品价格高于价值部分与低于价值部分相抵以后，社会商品价格总额会等于价值总额；从一种商品价格的长期变动来看，高于价值的时期和低于价值的时期相抵后，也会大体等于其价值。价格与价值之间就是这样一种既相背离又不断趋于一致的辨证关系。

三、价格构成的特殊性

（一）不同环节商品价格构成具体要素不同

由于商品从生产到消费经过的流通环节不同，价格构成的具体要素有差别。如工业品生产者价格或出厂价格由生产成本、生产利润、税金构成；农业生产免交农业税，则农产品生产者价格或收购价格由生产成本和农业纯收益构成；批发价格则由出厂价或收购价或进价、商品流通费用、批发利润构成；零售价格则是由批发价格或进价、零售环节流通费用、零售利润构成。在商品生产环节和流通各环节还要交纳增值税，纳税后的各环节价格为含增值税价格。各种商品价格的构成内容可以用表 4—1 来加以概括。同时，出口商品与进口商品的价格构成与国内商品的价格构成也不同。

表 4—1　　商品价格构成表

<table>
<tr><td colspan="3">生产环节</td><td colspan="6">流通环节</td><td>增值税</td><td>含增值税价格</td></tr>
<tr><td rowspan="2">生产成本</td><td rowspan="2">生产利润</td><td rowspan="2">应纳税金</td><td colspan="2">产地批发环节</td><td colspan="2">销地批发环节</td><td colspan="2">零售环节</td><td rowspan="2">生产环节销售商品增值税</td><td rowspan="2">含税工业品生产者价格</td></tr>
<tr><td>流通费用</td><td>批发利润</td><td rowspan="2">流通费用</td><td rowspan="2">批发利润</td><td rowspan="3">流通费用</td><td rowspan="3">零售利润</td></tr>
<tr><td colspan="3">生产者价格</td><td colspan="2">进销差价</td><td rowspan="2">批发环节增值税</td><td rowspan="2">含税批发价格</td></tr>
<tr><td colspan="5">产地商业批发价格</td><td colspan="2">地区差价</td></tr>
<tr><td colspan="7">销地商业批发价格</td><td colspan="2">批零差价</td><td rowspan="2">零售环节增值税</td><td rowspan="2">含税零售价格</td></tr>
<tr><td colspan="9">零售价格</td></tr>
</table>

（二）生产要素价格的构成要素不同于一般商品价格的构成要素

自然资源价格不仅包括开发成本和开发者合理利润，还包括对资源所有者转让所有权或使用权的补偿费用以及生态环境修复费用；劳动力价格包括劳动力生产和再生产所需要的生产资料费用，但不包括利润；资金价格只是对资金所有者让渡资金使用权的报酬即利息；技术和信息产品价格则更多地体现为高智力复杂劳动的报酬。

第二节　商品价格中的生产成本

一、生产成本的含义

生产成本是指企业生产一定数量的某种商品所支出的物质资料耗费和劳动报酬的总和，是商品价值中物化劳动和为自己劳动所创造的那一部分价值的货币表现。因此，生产成本包括以下内容：

1. 材料费用。即属于劳动对象和相关辅助材料消耗的费用，表现为产品生产过程中已经消耗的原材料、燃料、动力、半成品以及辅助材料等费用。

2. 劳动手段消耗的费用。即生产过程中已消耗的劳动手段费用，如机器、厂房的折旧费用等。

3. 工资支出费用。即支付的劳动报酬，包括工资、奖金、津贴等。

4. 与生产经营活动相关的其他费用。即组织生产经营管理过程中发生的物质消耗和劳动消耗的费用，如管理费用、销售费用、财务费用等。

从商品的价值角度看，生产成本所包含的内容正好是补偿价值的范围。因此，把生产成本从商品价值的货币表现形态中单独划分出来，作为一个独立的范畴，有利于在商品再生产过程中实现价值补偿，保证社会再生产顺利地进行。

生产成本反映了商品生产中物质资料的耗费和活劳动中为自己劳动的消耗，但是它并不简单地等同于补偿价值。这是因为生产成本不仅是一个生产范畴，而且还是一个分配范畴。成本变化不仅受到补偿价值消耗的影响，而且还受到工资水平、生产资料价格的影响，使生产成本变化与补偿价值发生背离。但从长期趋势看，成本反映补偿价值。

二、生产成本在价格构成中的地位

生产成本在价格构成中具有特殊重要的地位。

（一）生产成本是构成商品价格的主要因素

在商品价格构成中，生产成本是一项最基本、最主要的要素。在我国工业品生产者价格中，其生产成本约占价格构成的70%～80%；在农产品生产者价格中，因品种差异有所不同，但其生产成本也占到价格构成的50%～90%，在其他商品价格构成中生产成本同样都占相当的比重。生产成本在价格构成的地位，决定了成本变化对价格形成和运动有着重大影响，也说明在市场价格既定的条件下，成本高低是企业能否获得利润并占有竞争优势的重要条件。因此，无论是政府还是企业经营者，制定和调整价格都必须高度重视生产成本的核算。

（二）生产成本是制定价格的最低经济界限

马克思指出："商品出售价格的最低界限，是由商品的成本价格规定的。如果商品低于它的成本价格出售，生产资本中已经消耗的组成部分，就不能全部由出售价格得到补偿。如果这个过程继续下去，预付资本价值就会消失。”① 这表明，在市场经济条件下，商品价格如果低于生产成本，那么企业垫支生产资料的资金和人工费用就将得不到补偿，亦即亏本生产，企业的再生产活动就无法维持下去。只有价格等于生产成本，企业的简单再生产才能进行下去。其实，价格只等于生产成本仍然是不够的，不用说企业没有积极性，就连国家的税金也交不上。因此，正常的价格必须高于生产成本，全面反映商品价值构成要素的要求，这样既可以弥补企业生产费用的开支，上交税金，还能取得利润，扩大再生产才能不断进行下去。显然从长期看，生产成本是市场价格的最低经济界限。

（三）生产成本的变化与价格水平有密切关系

在一般情况下生产成本与价格成正方向变动。即生产成本上升，价格也会上升；生产成本下降，价格也会随之下降；生产成本相对稳定，则价格也会相对稳定。但在现实经济活动中，价格的变化和生产成本变化方向和幅度并不完全一致，有时是方向一致，但幅度不一致，有时甚至出现相反方向的变化，如成本下降，价格上升等等。这主要是因为决定价格水平的，除生产成本因素以外，还有供求关系、竞争状况、国家政策和企业的价格策略等因素的影响。

三、价格形成应以社会成本为依据

生产成本有多种形态，从价格形成的角度可分为个别成本和社会成本两种基本形态。所谓个别成本是指各个企业生产某种产品所花费的实际成本，反映该企业生产过程中物质资料和人工费用的实际支出，是企业自身用来核算经济效益的重要指标，也是考核、衡量各个企业经营管理情况的重要依据。所谓社会成本是指同一产业部门内部不同企业生产同一产品的平均成本，又称部门平均成本。它是反映在现有生产力水平和条件下，全社会生产某种产品的平均消耗，是竞争的结果，具有社会性。一个国家内，某产业部门有多少个企业就可能有多少个个别成本，但作为部门平均的社会成本却只有一个。

在市场经济中，不少企业认为：商品价格是放开的，企业是市场的主体，其制定的价格自然要以自己的个别生产成本为依据。这种想法和做法表面上看是合乎逻辑的，而事实上在一个充分竞争的市场上，价格受供求规律、竞争规律的作用，其结果是价格的形成以社会成本为依据。

首先，生产成本是价值的绝大部分的货币表现，在商品价值无法直接计算的情况下，借助生产成本的核算可以算出价值的近似值。

其次，虽然生产同一产品的部门内部有不同的生产企业，而且各企业由于生产力水平、管理水平、职工素质、自然禀赋等差别，生产成本也不尽相同，进入市场的价格也会不同，但是在供求规律和竞争规律的共同作用下，对于质量相同的同一商品来说，市场只承认一个价格，这个市场价格则是由社会成本或部门平均成本和平均利润构成的。在这个市场价格下，企业个别成本低于社会成本则会产生超额利润；而高于社会成本，企业不仅没有超额利润，还有可能丧失部分平均利润，甚至亏损。因此，价格形成以社会成本为依据，才能反映商品的社会价值。只有这样才能发挥价值规律的作用，鼓励先进、鞭策后

---

① 马克思：《资本论》2版，第三卷，45页，北京，人民出版社，2004。

进，促进设备更新改造，改进经营管理，推进整个社会经济的发展。

再次，在现实中社会成本和个别成本都是客观存在的，以社会成本为基础制定价格，并不否认企业以个别成本为基础制定自己产品的价格。因为社会成本的形成是以个别成本的存在、竞争为前提，两者的对立统一正是价值规律作用的表现。因此，不论是政府还是企业都应以社会成本为基础制定商品价格。

最后，在坚持以社会成本为基础形成价格的过程中还应处理好以下一些具体问题：

第一，分清社会成本和中等成本。中等成本习惯上是以中等生产条件的企业的个别成本为代表的。而社会成本是由同一产业部门内生产同种商品的不同企业的个别成本加权平均而来的，因而不一定等于中等成本。在供求大体平衡的条件下，社会成本会随着不同条件下生产商品数量的变化而变化。在供求极不平衡的条件下，当需求极大地超过供给，或供给极大地超过需求时，劣等条件或优等条件的个别成本就会决定社会成本。

第二，要区分正常成本和非正常成本。所谓正常成本是指在现有生产条件下，正常生产、合理经营情况下的成本。非正常成本是指因停工待料、产品滞销、停水停电、自然灾害、停机检修、内部管理混乱或政治事件影响导致的生产成本。以前者为依据形成价格才能反映真实的成本开支情况，如果以非正常生产成本为依据制定价格，就会使价格扭曲。

第三，要区分正式成本与试制成本。所谓试制成本是指新产品的试制或小批量生产阶段所形成的成本。正式成本是指产品正式投入生产后的正常成本。产品在试制或小批量生产阶段，一般会因工艺不成熟、设备不配套、供产销渠道不畅通等因素而使成本偏高，市场难以接受，只能以此形成试销价格或临时价格作为过渡，待产品正式投产后，依据正常的生产成本形成价格进入市场。

四、正确处理定价成本与财务成本的关系

定价成本是指价格形成中的社会成本，用于价格的制定。财务成本是企业财务核算中的成本，是考核、衡量企业经营成果的重要指标。两者既有联系又有区别。

（一）定价成本和财务成本的区别

1. 两者所包括的范围不同。定价成本是一种理论成本，是以成本构成要素为依据形成的社会成本，凡是属于生产过程中与物质资料和劳动报酬有关的费用都可以计入定价成本，与此无关的费用开支项目一律不能进入定价成本。而财务成本是根据经济核算的需要来确定范围的。目前，我国工业企业财务制度规定：工业成本采用制造成本，其内容包括直接材料、直接工资、其他直接支出和制造费用。这些开支项目完全符合C和V的范围。另外，工业企业财务制度中还规定了三项与产品成本有关的期间费用即管理费用、销售费用、财务费用，它们在本期损益中列支。从定价成本的角度来分析，三项费用属于生产成本的范围，应进入定价成本。如果仅以制造成本作为定价依据，从长期看显然是不完全的、不合理的。

2. 两者核算的目的和要求不同。定价成本核算的目的主要是为制定价格提供经济依据，定价成本的核定既要遵守国家的有关会计、财务法律制度的规定，又要符合C和V的范围，贯彻合理性、相关性原则，剔除与成本构成要素无关的费用并对不合理的成本要素进行调整；而财务成本核算的目的是为了准确计算企业所生产的某种产品实际成本支出，从而考察、衡量企业的经济效益和经营管理水平，哪些费用可以进成本，哪些费用不

能进成本，必须严格执行财务制度规定的要求，主要讲究合法性和准确性。

（二）正确处理定价成本与财务成本的关系

定价成本和财务成本虽然有很大的区别，但它们又具有密切的内在联系。一方面，财务成本范围的确定以定价成本为理论基础；另一方面，定价成本是部门平均成本，是根据一个部门内各企业的实际财务成本汇总数字调整而成的。财务成本的高低直接影响定价成本，因此，两者是密不可分的。

由于国家与企业在制定价格时都要以财务成本为基础，当财务成本与定价成本的要求不一致时，需要按照定价成本的要求进行调整，使财务成本转化为定价成本，当商品价格由企业决策并由市场决定时，这种转化是通过市场竞争，价格自动调整来实现的；当商品价格由政府制定时，这种转化是由政府价格主管部门来完成的。以工业品生产者价格为例，可考虑采用以下三种方式：

1. 以制造成本为基础加上工业毛利定价，毛利中包括三项期间费用和工业净利润。用公式表达：

生产者价格＝制造成本×(1＋工业成本毛利率)

2. 以制造成本加三项期间费用为基础——过去称为完全成本，加工业净利润定价，用公式表示：

生产者价格＝(制造成本＋期间费用)×(1＋工业成本利润率)

这种方法相当于传统的定价法。

3. 以制造成本为基础，加上期间费用中属于C和V部分的费用作为定价成本，再加上一个工业毛利率定价，用公式表示：

生产者价格＝(制造成本＋属于C和V部分的期间费用)×(1＋工业成本毛利率)

这个毛利率应小于第一种办法中的毛利率。

以上三种办法，从定价合理性角度分析，当属第三种最合理，目前流行的是第二种做法，将来可以考虑过渡到第一种做法。

五、西方经济学中的生产成本

（一）机会成本、隐成本和显成本

在西方经济学中，对生产成本的理解和认识是从机会成本角度出发的。

在社会经济资源有限的前提下，如果一个企业使用一定的经济资源生产一定数量的产品，那么这些资源就不能同时被用于其他的用途上，或者说，这个企业之所以能获得一定数量产品的收入，是以放弃用同样的经济资源生产其他产品所能获得的收入为代价的。因此，企业生产某种产品的机会成本是指企业放弃使用相同生产要素生产其他产品所能得到的最高收入。

在西方经济学中，生产成本一般被认为是企业为生产一定数量的产品，而对其所购买的生产要素支付的货币额。从机会成本角度看，生产成本分为显成本和隐成本。

显成本或显性成本是企业在市场上购买或租用所需生产要素而支出的费用或货币额。如雇用工人要支付工资，贷款要支付利息，租用土地要支付地租等，这些就构成了企业生产的显成本。从机会成本角度看，企业支付这些生产要素的价格，必须等于这些生产要素使用在其他最好用途时所能得到的收入。否则，企业将买不到或租不到这些生产要素。

隐成本或隐性成本是企业自身所拥有的，且被用于本企业生产活动的那些生产要素的总价格。既然企业在生产经营活动中，购买或租用他人的生产要素要支付相应的价格或报酬，同样，使用自己的资金、土地以及自己管理企业也应得到相应的报酬或价格支付，如企业自己向自己支付利息、地租和企业家才能报酬等，由于这部分支出不如显性成本那么明显，故称为隐性成本。从机会成本角度看，隐性成本也必须按照企业自有生产要素在其他最佳用途中获得的收入来支付。可见，在生产成本中已经包含着正常利润即企业家才能报酬，企业收入大于生产成本时则存在经济利润或超额利润，两者相等时，企业仍有正常利润。

（二）短期和长期生产成本

在西方价格理论中，生产成本有短期成本和长期成本之分。

在短期内企业根据其所要达到的产量目标，只能调整部分生产要素的数量，不能调整全部生产要素的数量，所以，生产成本分为不变成本和可变成本两部分，具体可以分为：总成本（TC）、总固定成本（TFC）、总可变成本（TVC）、平均成本（AC）、平均固定成本（AFC）、平均可变成本（AVC）、边际成本（MC）。

在完全竞争的假设条件下，短期内企业实现利润最大或亏损最小的均衡条件是边际收益等于边际成本。具体的情况是：当市场价格大于平均成本时，企业获得经济利润最大化；当市场价格等于平均成本时，企业经济利润消失，但仍有正常利润；当市场价格小于平均成本、大于平均可变成本时，企业出现亏损，但可以继续生产，因为只有这样才能弥补全部可变成本，并弥补部分不变成本，这时生产要比不生产强；当市场价格等于平均可变成本时，是企业是否继续生产的临界点，只要市场价格小于平均可变成本时，企业只能停止生产，此时不生产要比继续生产强。

在长期内企业根据其所要达到的产量目标，能够调整全部生产要素的数量，所有生产要素都是可变的，所以，长期生产成本可分为长期总成本（LTC）、长期平均成本（LAC）和长期边际成本（LMC），没有不变成本和可变成本之分。

在完全竞争的假设条件下，长期内企业实现利润最大的均衡条件是边际收益等于长期边际成本。当市场价格高于或低于长期平均成本时，企业产生经济利润或亏损，从而引起生产要素的流入和流出，竞争的过程直到市场价格等于长期平均成本、企业经济利润为零时为止，这时则实现了企业的长期均衡。

有关短期和长期生产成本含义、变动特点以及厂商的短期均衡和长期均衡等方面的分析，可参见相关西方经济学教科书，这里不再详述。

在社会主义市场经济中也会出现上述各种成本，把握这些成本概念对于政府价格决策和企业的经营决策具有借鉴意义，特别是机会成本概念的提出，对于社会主义市场经济条件下如何更好地配置资源问题，不仅在理论研究方面，而且在实际操作方面都具有参考价值。但是必须清楚地认识到，西方经济学中的生产成本已经包含着正常利润，而且抹杀了利润本质即劳动者创造的剩余价值的转化形式，在学习过程中必须要注意到这一点。

第三节 商品价格中的流通费用

一、流通费用的含义

流通费用是指商品在流通过程中所支付的物质资料和人工报酬的总和。为了实现商品从生产领域到消费领域的转移，商业经营者必须投入必要的资金、人力和设备，完成商品从收购、调拨、储存到销售等环节。因而，商品流通费用实质上是商品在流通过程中所花费的物化劳动和活劳动的货币表现，具体说就是商业经营者从事商品购进、运输、保管、销售等活动支出的各项费用。商品生产企业在把商品出售给商业经营者之前发生的销售费用计入了生产成本，这里讲的流通费用是商业经营者发生的流通费用，并成为商业价格的组成部分。

商品流通费用按其经济性质不同，可以分为两类：一是生产性流通费用；二是纯粹流通费用。

（一）生产性流通费用

生产性流通费用又称杂异流通费用。它是由商品生产过程在流通中的继续，为实现商品使用价值的运动而引起的有关费用。主要包括：

1. 商品运杂费。这是为了完成商品从生产地到消费地转移必须花费的费用，通过这种转移使商品真正成为可供消费的现实消费品。在运输过程中花费的费用构成商品运杂费。

2. 商品保管费。为了保证商品供应不致中断和社会再生产过程连续，必须有一定的商品储存。为保管这些储存商品而花费的仓库、设备、搬运劳动等方面的费用构成商品保管费。

3. 包装和挑选加工费。为了便于商品出售和消费，商品在生产出来进入消费领域以前，还要进行包装，有的还要经过挑选和补充加工，为此而支付的费用构成商品包装或挑选加工费。

在商品流通过程中，运输、保管、包装等活动，有的是生产过程的延续，有的是为了保存已有的使用价值不受损失，包装和加工本身可以增加商品的附加值，这些活动都与保存和实现商品的使用价值有关，投在这些活动上的劳动属于生产性劳动，它不但能使投入的物化劳动转移到商品价值中去，而且投入的活劳动还参与新价值的创造。因而，生产性流通费用能增加商品价值，从而使开支的费用从中得到补偿。

（二）纯粹流通费用

纯粹流通费用是指纯粹为商品买卖活动而开支的费用，包括广告费、通讯费、簿记费、商业人员工资、资金使用费等。这些费用与商品价值形态的变化有关，因为商品只有经过买卖活动——用货币购进商品，再卖出商品收回货币，即通过货币形态到商品形态，再由商品形态到货币形态的更替，才能实现商品从生产领域到消费领域的转移。为实现上述活动所耗费的劳动以及发生的费用支出是必要的，但是这些劳动与生产无关，是非生产性的，不能创造新的价值，所以发生的费用只能由生产领域和流通领域中生产性劳动所创造的剩余劳动来补偿。

二、商品价格中的流通费用与财务核算中的流通费用的联系与区别

商品价格中的流通费用是为形成商品价格服务的，其依据是商品在流通过程中所耗费的物化劳动和活劳动的货币表现；财务核算中的流通费用是企业经营过程中开支的实际费用，是商品流通中支出的物质费用和劳动报酬的总和。因此，两者在本质上是一致的，存在着内在的密切联系。但是它们执行着不同的职能，因而又存在以下区别：

第一，核算的目的和要求不同。价格中的流通费用是用来制定价格的，因而，必须反映流通过程中平均劳动消耗，即以社会平均费用为依据。而企业财务中的成本是为经济核算服务的，必须以各个企业实际费用支出为依据，用来计算各自的经济效益。

第二，核算的对象不同。价格中的流通费用要求尽可能分品种核算，以便尽量准确反映不同商品在流通过程中的平均劳动消耗；而财务核算中的流通费用，则以企业为单位，核算整个企业一定时期内的费用开支，以便全面反映企业经济效益。

第三，核算项目分类不同。按现行流通企业财务制度规定，商品流通费用包括经营费用、管理费用和财务费用。

经营费用包括：运输费、装卸费、整理费、包装费、保险费、差旅费、展览费、保管费、检验费、中转费、劳务手续费、广告费、商品损耗、进出口商品累计佣金、经营人员的工资及福利费等。

管理费用包括：管理人员工资及职工福利费、职工待业保险费、业务招待费、技术开发费、董事会会费、工会经费、职工教育经费、劳动保险费、涉外费、租赁费、咨询费、诉讼费、商标注册、技术转让费、低值易耗品摊销、折旧费、无形资产摊销、修理费、开办费摊捎、房产税、土地使用税、印花税、车船使用税、审计费、坏账准备金等。

财务费用包括：利息支出、外汇损益及手续费、银行手续费等。

这些费用可以按照它们与商品流转额的关系分为固定费用和变动费用。前者指费用大小不直接随商品流转额的变动而变动的费用；后者指费用大小随商品流转额变动而变动的费用。

商品价格中的流通费用的分类以商业企业财务制度规定的内容为基础，是根据费用性质、发生金额的大小和方便计算的原则，一般划分为六项，即运杂费、保管费、包装费、利息、损耗、经营管理费，其中经营管理费是指除去前五项费用外发生其他正常费用。

商品价格中流通费用的上述项目，根据计入价格方法的不同可分为两类：一类是按商品的重量或体积计入价格的，叫从量费，主要包括运杂费、保管费、包装费三项，这些费用往往可以直接认定在某种产品上，因此也叫直接费用；另一类是按商品价值大小计入价格的，叫从值费，包括利息、损耗、经营费三项，这些费用往往要经过分摊才能计入某种商品价格，所以也叫间接费用。

三、商品价格中流通费用核算的原则

根据上述商品流通费用的特点，在核算商品流通费用时应遵循以下原则：

（一）要以正常经营情况下的平均费用为标准

商品流通费用是流通领域中的成本支出，计入商品价格的流通费用同生产成本一样，应是反映社会价值的平均费用，而不是现实经济生活中各个流通企业的实际流通费用。以

平均费用为基础形成制定商品的价格，在客观上能起到鼓励先进，鞭策后进的作用。

（二）坚持按商品品种或类别计算

由于各种商品的价值、重量、体积、物理化学性能及在经济生活中的地位不同，因而不同商品的经营难易、周转速度等方面存在不同，其流通费用的支出会不同。为了准确反映商品的劳动消耗，必须坚持按品种核算，不能分品种计算的也应尽量以类别计算。企业财务中的费用是综合费用，需要经过归并和分摊才能满足价格中流通费用核算的要求。

（三）应分环节核算

商品每经过一次交易，就会形成一个经营环节。不同流通环节发生的流通费用是形成各环节价格的要素，经营环节不同，商品的流通费用也会有差别，为了反映费用支出的实际，应分环节核算流通费用。

四、商品价格中流通费用的计算方法

商品价格中流通费用包括六项，现将各项费用的计算方法简要概括如下。

（一）运杂费

运杂费是指商品在运输过程中发生的有关费用的总和，即运费和杂费之和。运费是指商品从产地或中转地车站、码头等场所运到销售地车站、码头等场所支付的运输工具的费用。杂费是指与货物运输有关的各种杂项费用，如装卸费、货物保管费、领航费、停泊费、港务费、转口费、回空费等。在我国，目前现代化的运输方式主要有五种，即铁路、公路、水运、航空和管道运输。每种运输方式计算运杂费的办法不完全相同。

1. 运杂费核算的原则。为了使运杂费的计算准确合理，计算时必须掌握以下原则：

(1) 合理确定运输起点。必须按商品合理流向的起运地为运杂费计算的起点，对不合理的迂回、倒流等而发生的运杂费不予计算。

(2) 根据不同商品的特点及产地，按照经济、安全、迅速、准确原则选择最经济合理的运输路线和运输工具。时令性强的商品应主要考虑快捷的原则，凡使用多种运输工具运输的，其运费应进行加权平均。

(3) 不论委托运输部门运输，还是使用自有车辆运输都应按运输部门规定的标准或市场合理标准计算运杂费。

(4) 合理核定计费重量。各类商品在计算运杂费时应按运输部门规定的计费重量计算。计费重量一般是商品本身重量加包装物重量，称为毛重。

有些特殊商品或因体积大、重量轻，或因鲜活有污染性等原因必须占有较大运输工具空间，从而使实载重量不足车辆标定吨位，这种现象称为亏吨，发生亏吨的商品称为“轻泡”商品。由于亏吨引起的运费应由实载商品负担。对此，各种运输方式都作了相应的规定。如铁路对零担轻泡物资通过规定加价率和计费重量表办法计算，公路通过规定加价率和体积折重量方法计算。在整车运输中一般有两种处理办法，一是满打满算法，即按照标定重量支付运费，再核算到单位商品运费上。二是“加泡”法，即通过计算加泡率把加泡费用计入运费。公式为：

$$加泡率=\frac{运输工具的标定重量}{实际装载重量}\times 100\%$$

某种轻泡商品应负担运费＝该轻泡商品按计费重量计算的运费×加泡率

2. 运杂费的计算。运输部门对各种运输工具的运价和杂费的规定一般包括：货物的运价等级、运价率、运输距离、货物的换算重量、各种杂费的收费标准等。

（1）铁路货物运杂费的计算。铁路货运分为整车、零担和集装箱三种。整车运输以吨为计费单位，零担以10公斤为计费单位，集装箱以箱体标明的吨位为计费单位。这三种方式都规定有运价率表。运费的具体计算分下列步骤：

①查《货物运价里程表》，以确定计费里程；

②查《货物运价分类表》，以确定货物适用的运价号，如规定有特定运价时，按特定运价办理；

③根据运价里程和运价号，在相应的《货物运价率表》中查出托运货物的全程运价率；

④把货物的运价率和计费重量相乘求出运费。计算公式为：

单位商品运费＝单位商品计费重量×运价率

有关杂费的计算，按照《铁路货物运价规则》中的规定执行。

（2）公路货物运杂费的计算。公路货物运输费用计算办法，一般由各省、市、自治区制定适用本省的《汽车运价规则》，在汽车运价规则中对不同的运输方式、运输距离、适用车种、路面等级、货物等级、计费重量等六个因素作了具体规定。

公路货运分为整车和零担，整车运输以元/吨公里为单位计价，零担以元/千克公里为单位计价；25公里以上为长途运输，以下为短途运输；使用车种有小型、中型、大型特种车等之分；货物等级分为普通货物和特种货物；计费重量分为一般货物和轻泡货物，前者一般按毛重计算，轻泡货物另有规定；路面等级分为山区公路、平原公路等不同等级公路。

公路货物运费的计算步骤：①确定计费重量和计费里程；②根据货物类别、使用车种以及路面等级确定运价率；③根据运输距离、计费重量和运价率计算运费。其计算公式是：

单位商品运费＝单位商品计费重量×运输里程×运价率

有关杂费的计算，在《汽车运价规则》中都有明确规定，计算时按当地规定执行。短途运费按公路运费有关规定执行。

（3）水路货物运杂费的计算。水运货物运费的计算步骤：①确定计费重量，并从《货物运价里程表》中确定计费里程；②根据《货物运价分级表》确定适用的运价等级，并计费里程和运价等级，查看《货物运价率表》确定运价率；③根据计费重量和运价率计算运费。计算公式是：

单位商品运费＝单位商品计费重量×运价率

有关杂费的计算，按照沿海和内河运输的有关规定执行。

（4）航空货物运杂费的计算。首先，按照航空严格要求的货物重量和体积范围计算计费重量；其次，根据托运货物的属性和价值选择适应的运价率；最后根据运价率和计费重量计算运费。杂费按有关规定执行。

（二）包装费

包装费是指为包装和改装商品所支付的一切费用，包括：包装材料和辅料费、包装物运杂费、包装修补费、租赁费、折旧费和包装人工费。

一般情况下工业品在出厂时都已带了包装，故不再计包装费。农民在出售农产品时一般不带包装，或虽带包装出售，但要另计包装费。

包装费属于直接费用，包装物不随商品出售单独核算包装物费用，直接计入使用该包装物的商品中。事先规定了包装费定额的可按定额计入商品价格；包装物只使用一次不能再使用的，减去残值后一次性计入商品价格；可多次使用的应分摊后计入价格，计算公式为：

$$每次应摊包装费=\frac{包装物原值-残值}{使用次数}+辅助材料费+包装人工费$$

$$单位商品包装费=\frac{每次应摊包装费}{每次包装商品重量}$$

（三）保管费

保管费是指商品在储存过程中支付的一切费用。包括倒库、晾晒、挑选管理、商品检验、防治费、消防费、劳保用品费等，圈存活畜还要开支饲料、防疫等费用，租赁外单位仓库还要开支租赁费或委托保管费。

保管费属直接费用，应尽量直接计入被保管的商品中。如果一个仓库内同时保管有多种商品，应根据所保管商品的数量和占用仓位面积、时间进行分摊，求得单位商品应负担的保管费，并计入商品价格，凡有定额的按定额计入价格。

（四）利息

利息是指商品从购进到销出这段时间内占用资金应付的利息。为提高资金使用效果，自有资金也应计算使用利息。利息支付的多少与商品在经营中占用资金的多少和时间成正比，与资金周转次数成反比。利息金额是按资金占用额、占用时间和银行利率计算的。公式为：

$$利息金额=商品进货成本\times周转天数\times日利息率$$

其中：

$$进货成本=商品购进价格+直接费用（运杂费、包装费、保管费）$$

$$周转天数=\frac{计算期天数}{计算期商品周转次数}或\frac{365天}{年商品周转次数}$$

$$计算期商品周转次数=\frac{计算期商品销售额}{计算期商品平均库存额}$$

$$计算期商品平均库存额=\frac{\frac{期初库存}{2}+第一月月末库存+\cdots\cdots+\frac{期末库存}{2}}{项数-1}$$

$$日利息率=\frac{月利息率}{30}$$

进货成本加上利息金额后称为计息成本。

随着利息率的浮动，在差价既定情况下利息金额已成为决定经营成败的重要因素，因此在制定价格时，必须认真核定。

（五）商品损耗

商品损耗是指商品在运输、保管、销售过程中发生的正常的自然损坏和伤损损耗。因发生的环节不同，可分为运输损耗、储存损耗和销售损耗三种。一般情况下这三种损耗是合并在一起计入价格的。损耗金额要分摊到完好商品价格中去从而得到补偿。商品损耗额一般是通过核定损耗率来计算。计算方法为：

$$损耗率=\frac{商品损耗数量}{商品损耗前总量}\times 100\%$$

$$损耗金额=计耗后成本\times 损耗率$$

$$或=\frac{进货成本+利息金额}{1-损耗率}\times 损耗率$$

$$或=计耗后成本-计息成本$$

其中，

$$计耗后成本=计息成本+损耗金额$$

（六）经营管理费

经营管理费是指在商品流通费中除前述五项单独计算以外的其他全部费用，包括经营费用、管理费用和财务费用中的其他费用的总和。商品价格中的经营管理费一般是通过测定经营管理费率计算。经营管理费率是经营管理费金额占销售额的百分比。企业的综合经营管理费率公式为：

$$企业综合经营管理费率=\frac{计算期经营管理费总额}{计算期商品销售额}\times 100\%$$

为了准确反映某种或某类商品经营管理费的实际开支，计入商品价格的经营管理费应是分品种或分类的费用。因此，必须求出分类、分品种的经营管理费率。一般有三种办法：

1. 用分品种（类）经营管理费金额和销售额计算的公式：

$$\begin{matrix}某种(类)商\\品经营管理费率\end{matrix}=\frac{某种(类)商品应摊经营管理费额}{某种(类)商品销售额}\times 100\%$$

2. 用周转天数分摊法计算的公式：

$$\begin{matrix}某种(类)商\\品经营管理费率\end{matrix}=\frac{企业综合经营管理费率}{全部商品平均周转天数}\times \begin{matrix}某种(类)商品\\周转一次的天数\end{matrix}$$

3. 用周转次数分摊法计算的公式：

$$\begin{matrix}某种(类)商\\品经营管理费率\end{matrix}=企业综合经营管理费率\times \frac{企业商品平均周转次数}{某种(类)商品周转次数}$$

有了分品种（类）经营管理费率后即可求得该种（类）商品经营管理费金额。公式为：

$$某种(类)商品经营管理费=某种(类)商品经营管理费率\times 该种(类)商品销售额$$

第四节　商品价格中的税金和利润

一、税金、利润的本质

税金和利润总称为盈利，是劳动者在生产过程和流通过程中为社会劳动所创造的价值（剩余价值）的货币表现，是商品价格超过生产成本和商品流通费用的余额，即社会纯收益。

个人剩余劳动的积累是一切人类社会发展的基础。恩格斯曾经指出："劳动产品超出维持劳动的费用而形成剩余，以及社会的生产基金和后备基金靠这种剩余而形成和积累，过去和现在都是一切社会的、政治的和智力的发展的基础"。[①] 税金和利润正是这部分个人剩余劳动积累的货币表现，体现了税金和利润的共性。但是，在不同的社会制度下，这部分剩余价值由于归属和支配权不同，从而表现出不同的经济关系。"在迄今为止的历史中，这种基金都是一个特权阶级的财产，而政治统治权和精神主导权也和这种财产一起落到这个特权阶级的手里。即将到来的社会变革将把这种社会的生产基金和后备基金……，从特权阶级的支配中夺过来，把他们转交给全社会作为公有财产，这样才真正把它们变成了社会的基金"。[②] 可见，恩格斯揭示了资本主义社会及其以前社会对剩余价值剥削的实质。同时，也指出了社会主义的税金和利润是由工人、农民、劳动知识分子创造的，提供给社会共同使用的公共财富，是取之于民、用之于民的，这部分财富越多，社会发展的后劲越足，因而，税利多少也是评价一个企业对社会贡献大小的重要标志。

社会主义税金和利润的本质决定了国家、企业和个人三者之间的根本利益是一致的，但由于各方面存在着相对独立的经济利益，有时也会产生矛盾，如国家税收和企业留利的矛盾、国家积累和人民消费的矛盾、企业发展基金和消费基金的矛盾等等。对此，随着我国社会主义市场经济的不断发展和完善，需要不断完善税收、分配体制和机制，理顺国家、企业、个人利益的分配关系，有效地理顺和解决上述问题。

二、价格中的税金

（一）税金的概念和特点

税金是商品价值中 M 的一部分货币表现，是价格构成的要素之一，是国家按照法律规定对企业和个人征收的一部分社会纯收入，是国家凭借政治权力参与国民收入分配和再分配的一种重要形式。

税金有三个明显的特点：一是强制性。由国家颁布各种税法，企业和个人涉及应税事项必须照章纳税。二是无偿性。税收是国家向企业和每个公民征收的一种社会基金，是每个公民应尽的义务，一旦交纳即为国家收入，不存在偿还问题。三是稳定性。各项税收都事先由国家税法确定，具有相对稳定性。由于上述特点，决定了税收具有积聚资金和调节经济的功能，是国家宏观调控的重要经济杠杆。

---

① 《马克思恩格斯选集》3 版，第 3 卷，574 页，北京，人民出版社，2012。

② 同上书，574 页。

（二）税收的分类

1994年我国实行税制改革后，由国家统一颁发的税种共有18种。这些税种从不同角度可以进行不同的分类：

如按课税对象划分，可以分为对商品和劳务的流转额课税、对所得课税、对资源课税、对财产课税、对特定行为课税五大类。

如按税收管理和享用权制划分，可分为中央税、地方税、中央与地方共享税三类。

如按税种与价格的关系，可以划分为价内税与价外税两种。价内税是指能作为一个独立的价格构成要素计入价格的那些税种，如营业税、消费税、资源税、关税等。它们直接构成商品或劳务价格的一部分，与价格有直接关系。税改以后的增值税，规定在生产环节与批发环节为价外计税，零售环节则合并为价内税，因此，增值税兼有价内税和价外税的双重特征，从与价格的关系来分析，实质上是价内税。因为它和其他几种价内税一样是依照商品流转额（或数量）计征的，纳税人交纳的税金可以通过价格转嫁给消费者。由于价内税最终由消费者负担，因而，也可称为间接税。由此可见，价内税是价格的构成要素之一。

价外税是指不能计入商品价格的税种，如企业所得税、个人所得税以及对土地、对财产、对特定行为征收的税金。这类税收是对企业实现利润的再分配，或对财产、特定行为征税，与商品和劳务价格没有直接关系。价外税的纳税人所交税金不能再通过价格转嫁出去，是纳税人的直接负担，故也叫直接税。

（三）商品价格中税金的计算

1. 增值税。增值税以产品新增价值额为征收对象，纳税人是指在我国境内从事销售货物或提供加工、修理修配劳务以及进口货物的单位和个人，范围包括工业、商业和部分服务业以及外贸进口。按照现行税制规定，增值税虽是价外税，但是它附在价格之外向购买者收取，需要通过价税合计的方式由购买者一并支付习惯上称为含税价格，故在此明确增值税计入价格的方法。

增值税以不含增值税的流转额为计税依据，是运用税额抵扣的原则计算征收的一种流转税。

（1）一般纳税人应纳增值税额的计算。应纳增值税额的基本公式：

应纳税额＝当期销项税额－当期进项税额

当期销项税额＝销售额×税率

由于生产、流通、加工和修配等环节的销售额内容不同，计税方法不同，应纳销项税额的计算公式可以概括如下：

$$\begin{matrix}\text{单位商品或劳务}\\\text{应纳销项税额}\end{matrix}=\text{不含增值税的销售价格或收费}\times\text{增值税税率}$$

其中，不含增值税的销售价格或收费构成是：生产环节由生产成本、利润构成；商业环节由进价、流通费用和利润构成；加工和修配环节由加工修配成本和利润构成。

$$\begin{matrix}\text{单位商品或劳务的}\\\text{含税销售价格和收费}\end{matrix}=\text{不含增值税销售价格或收费}+\text{增值税税额}$$

其中，

含税生产者价格＝(生产成本＋利润)×(1＋增值税税率)

含税商业价格＝(进价＋流通费用＋利润)×(1＋增值税税率)

含税加工修理收费＝(加工修配成本＋利润)×(1＋增值税税率)

一般货物和劳务增值税税率为17%，少数货物和劳务为13%。

(2) 进口货物增值税的计算。进口货物应纳增值税，以组成计税价格为基础计算，不抵扣任何税额。公式为：

组成计税价格＝到岸价格＋关税＋消费税

应纳增值税＝组成计税价格×增值税税率

进口货物含税销售价格＝组成计税价格×(1＋增值税税率)

(3) 小规模纳税人应纳税额的计算。根据销售额和相应增值税税率计算，不能抵扣进项税额。公式为：

应纳增值税额＝不含增值税销售额×增值税征收率

单位商品或劳务应纳增值税额＝不含增值税销售价格或收费×增值税征收率

单位商品或劳务含税销售价格或收费＝不含增值税销售价格或收费×(1＋增值税征收率)

增值税征收率，生产性领域小规模纳税人为6%，商品流通领域的小规模纳税人为4%。

2. 营业税。目前我国正在进行营业税向增值税的改革。从目前看，营业税是对在我国境内提供应税劳务、转让无形资产或销售不动产的单位和个人就其销售额征收的一种税。征收范围主要有交通运输、建筑业、金融保险业、邮电通信业、文化体育业、娱乐业、服务业及转让无形资产和销售不动产。营业税是劳动服务、无形资产转让、不动产销售等价格的构成要素，其税额计算的公式为：

应纳营业税额＝营业额×营业税税率

单位劳务或商品应纳营业税＝单位劳务或商品价格×营业税税率

$$单位劳务或商品价格=\frac{营业成本或工程成本+利润}{1-营业税税率}$$

3. 消费税。消费税是对在我国境内从事生产、委托加工和进口税法规定的应税消费品的单位和个人，就其应税消费品的销售额或数量征收的一种税。现行应税消费品有11类25个税目，主要包括烟、酒及酒精、鞭炮焰火、化妆品、护肤护发品、贵重首饰及珠宝玉石、汽油、柴油、汽车轮胎、摩托车、小汽车等。

消费税的计算方法有两种：

(1) 按从价定率法计算应纳税额。单位商品应纳消费税额的公式为：

单位商品应纳消费税额＝单位商品销售价格×消费税税率

其中，

$$生产环节商品的销售价格=\frac{生产成本+利润}{1-消费税税率}$$

$$委托加工环节商品的销售价格=\frac{材料成本+加工费}{1-消费税税率}$$

$$进口环节商品的销售价格=\frac{到岸价格+关税}{1-消费税税率}$$

（2）按从量定额法计算应纳税额。主要适用于啤酒、黄酒、汽油和柴油等消费品，公式为：

应纳消费税额＝销售数量×单位税额

4. 资源税。是对在我国境内从事矿产品或者盐开发的单位和个人，就其销售额和数量征收的一种税。其征收范围包括：原油、天然气、煤炭、其他非金属矿原矿、黑色金属矿原矿、有色金属矿原矿、盐等7类8个税目。资源税的应纳税额，按照从价定率或者从量定额的办法计算。原油、天然气实行从价定率方法征收资源税，其他矿产品或盐实行从量计征资源税。基本公式为：

单位资源产品应纳税额＝单位资源产品销售价格×资源税税率

其中，

$$单位资源产品销售价格=\frac{生产成本+利润}{1-资源税税率}$$

或者，

资源产品应纳税额＝资源产品销售数量×单位资源税额

5. 关税。关税是一个国家对进出国境或关境的货物和物品征收的一种税，是一个国家主权的体现。它对促进和保护国内生产、调节对外经济关系，取得财政收入都有重要意义。关税分为进口关税、出口关税。为鼓励本国产品占领国际市场，一般来说对本国产品的出口采取出口退税措施，但对一些资源性和对环境破坏较大的出口产品也采取征收出口关税的措施，以限制出口；进口关税对国内同类商品的市场价格会产生直接影响，因而也是政府调控国内市场价格的重要手段，对它的使用要在遵守国际规则的前提下，既要有利于充分利用国际资源，促进国内市场发展，又要防止对国内市场的不利影响。

进口关税的计算公式：

$$单位商品应纳进口关税额=\begin{matrix}关税完税价格或\\海关审定到岸价格\end{matrix}\times进口关税税率$$

进口商品国内销售价格在到岸价格的基础上加上进口关税，再加消费税和增值税等因素形成。

三、价格中的利润

（一）利润的概念和分类

利润是商品价值中M的一部分的货币表现，是价格构成要素之一，是商品价格中超过生产成本、流通费用和税金的余额，是企业或生产者个人的纯收入。

商品价格中的利润按其所在环节可分为生产利润和商业利润。生产利润又可分为工业利润、农业纯收益；商业利润按照商品的流通过程又可分为批发利润、零售利润等。

（二）商品价格中利润的计算

1. 工业利润。工业利润是工业品生产者价格的组成部分。单位工业品的利润额计算的公式为：

$$\text{单位商品利润额}=\begin{matrix}\text{不含增值税}\\\text{的生产者价格}\end{matrix}-\text{生产成本}-\text{税金}$$

通常利润额通过利润率来计算，利润率可分为成本利润率、资金利润率和销售利润率。一般多采用资金利润率和成本利润率来计算利润额。公式为：

$$\text{资金利润率}=\frac{\text{工业利润}}{\text{投资总额}}\times100\%$$

单位工业品利润额＝单位工业品占用资金额×资金利润率

$$\text{成本利润率}=\frac{\text{工业利润}}{\text{生产成本总额}}\times100\%$$

单位工业品利润额＝单位工业品生产成本×成本利润率

2. 农产品纯收益。农产品纯收益是农产品价格的组成部分，是出售价格减去生产成本和运销费用的余额，一般用收益余额加以表示。公式为：

$$\begin{matrix}\text{单位农产}\\\text{品的纯收益}\end{matrix}=\begin{matrix}\text{单位农产品}\\\text{生产者价格}\end{matrix}-\begin{matrix}\text{单位农产品}\\\text{生产成本}\end{matrix}-\begin{matrix}\text{单位农产品}\\\text{运销费用}\end{matrix}$$

或＝单位生产成本×成本利润率

3. 商业利润。商业利润是商品销售价格的组成部分，是商品不含增值税销售价格减去进货价格、流通费用以后的余额。由于商品所处的流转环节不同，分为产地批发商业利润、销地批发商业利润和零售商业利润。商业利润一般是通过销售利润率来计算的。基本公式为：

$$\text{商品销售利润率}=\frac{\text{商业利润额}}{\text{商业销售额}}\times100\%$$

单位商品利润额＝单位商品销售价格×销售利润率

（三）合理确定商品价格中利润水平

在社会主义市场经济条件下，市场经济的规律要求等量资本带来等量利润。因此，无论是政府管制定价还是由市场调节定价，各部门以及部门内部各企业之间都应获得大体平均利润率，这样才能促进社会经济活动的均衡发展。因此，商品价格中的利润水平的确定，首先要遵循社会平均利润率原则；其次要充分考虑市场供求状况以及市场竞争状况；再次要考虑部门或企业在市场中的地位、形象、产品特色等；最后，遵守国家对部分行业利润水平的控制标准。在现实的市场竞争中，由于不同部门之间以及同一部门内部企业之间的市场地位、面对的供求关系以及经营水平不同，部门之间、部门内部各生产者或经营者之间的利润水平必然存在差距，这是市场竞争的结果又是市场竞争的前提。因此，一方面，在合理竞争环境下，企业获得的合理收益要得到充分的保护；另一方面，要坚决打击通过违法和不正当手段谋取不正当利益的行为。同时，对于在市场机制调节下，利润长期低于或高于社会平均利润率的基础部门或自然垄断特征较强的部门，政府应采取必要的价格、税收手段进行利益调节，使之保持合理的收益。

第五节　商品的理论价格

商品理论价格是指按照价格构成的基本要素，以及它们所包含的具体内容和数量关系，运用理论公式计算出来的价格。这种按照理论公式计算出来的价格，并不是市场上的价格，但有了这种理论价格，就有了计算和检验市场价格是否合理的依据，也可以根据理论价格再结合各种商品的不同特点、市场供求和竞争情况等因素，制定生产经营者价格和销售价格以及生产要素的交易价格。因此，计算理论价格十分必要。

一、生产者出售的理论价格

由于核算条件和国家规定的税收方法不同，因而商品生产者出售价格的构成也有所不同。

1. 工业品生产者价格，通常叫工业品出厂价，是工业企业销售自己生产产品的价格，是工业品进入市场的第一道价格。

在以成本利润率计算利润的前提下，一般产品的生产者价格主要由生产成本和利润构成，有些产品还要缴纳消费税或资源税，其基本公式为：

$$\begin{matrix}\text{单位产品}\\\text{生产者价格}\end{matrix}=\text{单位生产成本}+\text{单位利润}+\begin{matrix}\text{单位消费税}\\\text{或资源税}\end{matrix}\quad(1)$$

$$\text{或}=\frac{\text{单位生产成本}\times(1+\text{成本利润率})}{(1-\text{消费税税率})\text{或}(1-\text{资源税税率})}\quad(2)$$

$$\begin{matrix}\text{单位产品含}\\\text{增值税生产者价格}\end{matrix}=\frac{\text{单位生产成本}\times(1+\text{成本利润率})}{(1-\text{消费税税率})\text{或}(1-\text{资源税税率})}\times(1+\text{增值税税率})\quad(3)$$

在以资金利润率计算利润的前提下，上述公式不变，只是公式（2）和（3）分子部分发生变化，改变为：

$$\text{单位生产成本}+\text{单位产品占用资金额}\times(1+\text{资金利润率})$$

2. 农产品生产者价格，通常也叫农产品收购价，是指农业生产者向商业部门或其他单位和个人出售农产品的价格，是农产品进入市场的第一道价格，其计算公式为：

$$\begin{matrix}\text{单位产品}\\\text{生产者价格}\end{matrix}=\text{单位生产成本}+\text{单位纯收益}+\text{单位运销费用}$$

二、理论商业销售价格

（一）理论商业销售价格的计算公式

理论商业销售价格包括批发价格和零售价格，一般由进货价格、流通费用、利润三个要素组成，如果这三项都是已知的金额，直接相加就可计算出商业价格。但是，这三项要素中有的还包含着许多具体项目，有的可以直接按金额计算，有的只能借助费率来推算，而且这些项目的计算基础和计算方法又各不相同。如运杂费、包装费、保管费是按商品重量（或体积）计算的，利息是在进货成本基础上计算的，损耗是在计耗成本基础上计算的，经营管理费、商业利润是按销售价格计算的。因此，不能直接把这些金额和不同基数的百分率直接简单相加，只能通过下列关系式逐步推导而得。

$$理论商业销售价格=进货价格+流通费用+批发利润$$

$$或=进货价格+运杂费+包装费+保管费+利息+商品损耗+经营管理费+商业利润 \tag{1}$$

$$进货成本=进货价格+运杂费+包装费+保管费 \tag{2}$$

$$利息=进货成本\times周转天数\times日利息率 \tag{3}$$

$$商品损耗=\frac{进货成本\times(1+周转天数\times日利息率)}{(1-损耗率)}\times损耗率 \tag{4}$$

$$经营管理费=销售价格\times经营管理费率 \tag{5}$$

$$商业利润=销售价\times利润率 \tag{6}$$

把式（2）至式（6）式代入式（1）中，经过移项，提取公因子，最后得到理论商业销售价格公式：

$$理论商业销售价格=\frac{进货成本\times(1+周转天数\times日利息率)}{(1-损耗率)\times(1-经营管理费率-利润率)} \tag{7}$$

$$含增值税理论商业销售价格=理论商业销售价格\times(1+增值税税率) \tag{8}$$

（二）理论商业销售价格的简化计算公式

上述理论公式的计算比较复杂，可以运用以下两种方法进行简化。

1. 综合差率法。这种方法是把理论公式中的三项间接费用即利息率、损耗率、经营管理费率以及利润率等四项——俗称“四率”，合并计算为一个常数，称为综合差率，然后再在进货成本或销售价格基础上求出理论商业销售价格。

以进货成本为基础计算的综合差率，称为顺加综合差率；以销售价格为基础计算的综合差率，称为倒扣综合差率。计算方法如下：

$$(1)顺加综合差率=\frac{利息+损耗+经营管理费+利润}{进货成本}\times100\%$$

$$或=\left(\frac{进货成本\times(1+周转天数\times日利息率)}{(1-损耗率)\times(1-经营管理费率-利润率)}-进货成本\right)\div进货成本\times100\%$$

$$理论商业销售价格=进货成本\times(1+顺加综合差率)$$

$$含增值税理论商业销售价格=理论商业销售价格\times(1+增值税税率)$$

$$(2)倒扣综合差率=\frac{利息+损耗+经营管理费+利润}{销售价格}\times100\%$$

$$或=\left(\frac{进货成本\times(1+周转天数\times日利息率)}{(1-损耗率)\times(1-经营管理费率-利润率)}-进货成本\right)\div销售价格\times100\%$$

$$理论商业销售价格=\frac{进货成本}{1-倒扣综合差率}$$

含增值税理论商业销售价格=理论商业销售价格×(1+增值税税率)

2. 固定差率法。固定差率法就是将商业经营的某种商品的整个进销差价统一换算为一个以进货价为基础的百分率，并以此来计算理论商业销售价格。这种方法最简单易行。计算公式为：

$$固定差率=\frac{销售价格-进货价格}{进货价格}\times 100\%$$

理论商业销售价格=进货价格×(1+固定差率)

含增值税理论商业销售价格=理论商业销售价格×(1+增值税税率)

上述理论公式以及简化公式既适合批发价格的测算，也适合零售价格的测算，只是把上述公式中的有关内容换成批发价格或零售价格的内容即可。

三、生产要素理论价格

（一）土地理论价格的计算

1. 土地资源价格的构成与计算公式。土地资源价格，亦称“生地”价格。它是在征用土地或出让土地使用权时产生的。土地资源价格是土地所提供的地租的购买价格，由地租和利息率决定。土地未经开发，没有投入，故土地资源价格的构成因素有两个，即绝对地租和级差地租的现值。其基本公式为：

$$土地资源价格=\frac{地租}{利息率}$$

2. 土地资本价格的构成与计算公式。土地资本价格主要由投资成本和投资应获得的合理利润组成。在我国具体包括：(1) 土地征用、拆迁安置、补偿费用。其中征用补偿费是指征用农村集体所有土地时，征用单位对原土地投资的补偿费和因转让土地而游离出的劳动力的安置补助额。拆迁安置费，包括拆除原有建筑物及各种设施的补偿费和对原有居住者的安置用房费、搬家费、周转房费、临时设施等费用。(2) 土地开发费用。它包括平整土地和配置基础设施的费用。具体有：开发前期工程费用，如勘察费用、规划设计费用；基础设施费用，如施工时通路、通电、通水、通讯、平整土地的费用等，也称综合配套费用；管理费用，指土地开发企业的管理费用；其他费用；开发应获得的利润。其基本公式为：

土地资本价格=土地投资成本+投资的合理利润

3. 土地完全价格。任何土地所有者都不可能只拥有土地而不开发土地。所以土地转让价格的确定，既要考虑资源价格部分，也要考虑资本价格部分。这就形成了土地完全价格。其基本公式为：

土地完全价格=土地资源价格+土地资本价格

4. 土地使用权的出让价格。土地出让价格，是指国家在保持所有权不变的前提下，出让一定年限土地使用权而产生的价格。其基本公式为：

$$\text{土地出让价格}=\text{土地资源价格}\times\left(1-\frac{1}{(1+\text{利息率})^{\text{出让年限}}}\right)+\left(\begin{matrix}\text{单位土地年}\\\text{资金消耗额}\end{matrix}+\begin{matrix}\text{单位土地}\\\text{投资总额}\end{matrix}\times\text{利息率}\right)\times\begin{matrix}\text{土地出}\\\text{让年限}\end{matrix}$$

（二）劳动力理论价格的计算

劳动力价格主要由三部分构成：维持劳动力本人正常生存和劳动能力所需的生活资料的价值；保证劳动力家庭延续所要的赡养劳动者子女的生活资料的价值；提高劳动力所有者素质所需要的各种教育、培养等费用所包含的价值及随着人们生活水平提高而开支的享乐费用。

劳动力价格的形式多样，既有货币工资形式，又有各种实物和货币的补贴，更有奖金形式。为了正确计算劳动力价格，应将劳动所得的实物折成现金，然后将所有补贴、奖金及货币工资合并后再计算劳动力价格。其基本公式为：

$$\begin{matrix}\text{劳动力}\\\text{月价格或工资}\end{matrix}=\frac{\begin{matrix}\text{劳动力本人以及}\\\text{家属年生存费用}\end{matrix}+\begin{matrix}\text{提高劳动力素质}\\\text{而支出的年费用}\end{matrix}+\begin{matrix}\text{享乐性}\\\text{年费用}\end{matrix}}{12}$$

（三）资金理论价格的计算

以借贷资金价格为例。借贷资金是指银行或其他信用机构，以信用方式，按一定的利息率借入或贷出的货币资金。借贷资金价格指借入或贷出货币资金的本金和利息总和。

银行借贷资金价格由单位货币代表的票面金额加上借款（存款）利息或贷款利息构成。一般地说，贷款利息应当高于借款利息，两者比较的差额部分是银行或其他信用机构应支出的工资、经营管理等费用以及应获取的利润。

一定时期内，单位货币所代表的票面金额一般相对稳定。因此，借入或贷出资金价格主要受利息额变动的影响，而利息额一般通过利息率表示，所以关键的问题是确定一个合理的利息率。

在市场经济中，利率的大小在大于零和小于平均利润率之间波动，利息率不能为零，否则就不会进行资金的借贷关系；若利息率等于平均利润率，生产经营者就无利可图，也就不愿借贷。所以，一定时期的具体利息率则由借贷双方的竞争即借贷资金市场的供求关系决定。从理论上讲，借贷资金市场供求关系和利率的相互影响和制约关系，形成一个市场平均利息率，市场利息率围绕其变化。其基本公式为：

$$\text{市场平均利息率}=\frac{\sum\begin{matrix}\text{按不同利息率}\\\text{借或贷出的本金}\end{matrix}\times\begin{matrix}\text{不同的}\\\text{利息率}\end{matrix}}{\sum\text{借或贷出的本金额}}$$

$$\text{市场借贷利息率}=\text{市场平均利息率}\pm\text{调整幅度}$$

资金借贷理论价格的计算公式为：

$$\text{单位借入资金价格}=\text{票面金额}\times(1+\text{市场借款利息率}\times\text{时间})$$

$$\text{单位贷出资金价格}=\text{票面金额}\times(1+\text{市场贷款利息率}\times\text{时间})$$

（四）技术信息产品理论价格的计算

技术产品价格的确定比较复杂，精确计算比较困难。但是从理论上讲，可以从两个方面来确定技术产品的理论出让价格。从技术产品的出让方看，在正常情况下其出让价格要补偿出让成本并获得相应的收益。其中出让成本包括：第一，开发成本，即研究开发该项技术所投入的人力、物力和财力等费用的综合；第二，出让成本，即出让过程中发生的直接成本，包括出让方提供的技术服务支出、谈判过程的相关费用；有关法律条款咨询、审查、注册等费用；中介经纪人的佣金以及与执行技术合同相关的费用等等。从技术产品的受让方看，购买技术产品的目的是通过该项技术的使用，提高劳动生产率，为购买方带来超额利润，但是购买方所得的超额利润并不能独自享有，而应在出让方和受让方之间进行合理分配，两者之间分配比例的大小，则取决于技术市场的竞争和供求等多种因素。

因此，在假定技术产品一次性出让所有权，购买方使用该技术能够带来超额利润，且这个超额利润在买卖双方之间进行平均分配的情况下，技术产品的出让价格应当大于其出让方的出让成本加应得的利润，而小于受让方使用后所获取的全部超额利润的二分之一。其理论出让价格有一个区间范围，其价格浮动范围可表示为：

$$C+V+M\leqslant P\leqslant\frac{M^1-K\bar{P}}{2}$$

其中，P 为出让价格；$C+V$ 为出让方出让成本；M 为出让方应得利润；M^1 为受让方应用后，若干年内预期可得的全部利润；K 为受让方因采用该技术进行新产品生产而投入的全部资本的总和；$\bar{P}$ 为社会年平均资金利润率；$K\bar{P}$ 为受让者若干年内所投资本应得的全部平均利润。

信息产品价格与技术产品价格在形成方面有类似之处，其理论价格的计算也与技术产品价格的计算相类似。

主要术语

价格构成　价值构成　生产成本　个别成本　社会成本　流通费用　生产性流通费用　纯粹流通费用　价内税

思考问题

1. 如何认识价格构成与价值构成的关系？
2. 如何理解生产成本与价格的关系？
3. 如何理解定价成本与企业财务成本、费用的关系？
4. 价格中流通费用的核算项目有哪些？如何计算？
5. 价格中的税金有哪些？如何计算？
6. 价格中的利润如何计算？确定利润水平应考虑哪些因素？
7. 生产要素价格构成有哪些特殊性？

第五章

市场价格体系

学习目的与要求

在市场经济中，任何一种商品价格的运动都不是孤立的，而是相互联系、相互制约构成的有机整体即价格体系。本章主要介绍价格体系的有关基本理论。通过本章的教学和学习，要求学生熟悉价格体系的形成和内容，把握价格体系的内部联系与特征以及合理化条件、商品比价和差价体系的内容。

第一节　市场价格体系的含义和内容

一、市场价格体系的含义和形成原因

现代市场经济中，经济活动中用于交换的对象已经不再局限于各种物质产品、服务产品，还包括生产这些产品的劳动力、资本、土地、技术和信息等生产要素，因而广义的商品包括一切可以用来交换的物质和精神产品。这些商品在交换过程中产生的各种价格，既有生产要素价格，也有商品和服务价格。由于生产要素、商品和服务的种类、品种、规模、型号、质量、经营环节的复杂性，使价格种类纷繁复杂，这些价格初看起来似乎是孤立的、无序的，但只要认真地加以考察，就会发现它们之间是相互联系、相互制约的，是一个有机的整体。因此，所谓市场价格体系是指各种生产要素、各种商品和服务价格之间互相联系、互相制约而形成的有机整体。

各种千差万别的价格之所以能形成一个有序的整体，是因为各种商品市场之间是一个相互依赖、相互制约的有机整体。

首先，在社会经济活动运行中，不论是物质生产部门，还是非物质生产部门，这些部门的运行都离不开生产要素的投入，因而，生产要素价格是一般商品和服务生产部门的成本，是商品和服务价格的基础，它们之间存在着密不可分的联系，形成了一个互相渗透、

互相制约的有机整体。

其次，就一个最终产品的形成来看，它是由多个环节、多个部门和在企业分工合作基础上完成的，前一环节产品可能成为后一环节生产的原材料，从而使各相关部门之间形成一个生产链；同时各有关服务部门虽然不直接参加产品生产，但它们向生产企业提供相应的服务，成为物质生产过程中不可缺少的因素。在市场经济条件下，这些部门之间的联系，部门内部各企业的经济联系都要借助商品交换来完成，从而使国民经济各部门的价格形成一种横向的有机联系。

再次，社会再生产过程是由生产、分配、交换、消费四个环节组成的有机体。商品必须经过流通领域的交换才能进入消费，而流通领域本身又是由出厂、产地批发、销地批发、零售等多道环节组成的系列。商品每经过一个环节，就会有一个价格，从而使同一商品处在不同流通环节上的价格形成一种纵向的有机联系。

此外，不同商品在消费上存在的替代性和互补性，也会使不同商品的价格之间产生相互影响的关系。

二、市场价格体系的分类和内容

市场价格体系从不同的角度有不同的分类。

（一）从三次产业的角度划分

按照我国三次产业的划分，第一产业包括农业、林业、畜牧业、渔业等部门；第二产业包括采矿业、制造业、建筑业以及电力、热力、燃气及水生产和供应业等部门；第三产业包括批发和零售业、交通运输、仓储和邮政业、住宿和餐饮业、金融业、房地产业、租赁和商务服务业、居民服务、修理和其他服务业、教育以及信息传输、软件和信息技术服务业等部门。各部门内部又包括许多生产不同产品和服务的子部门。各子部门的具体产品和服务的价格及其关系综合构成该部门的价格体系，不同部门价格体系之间的有机联系，分别形成第一产业价格体系、第二产业价格体系和第三产业价格体系。各产业、部门价格体系的总和，形成一个有层次的、有机联系的、整体的国民经济价格体系。

（二）从市场体系的角度划分

市场体系是由各类市场构成的有机整体，价格体系是市场体系内容的综合反映。就市场交易的客体而言，市场体系由各种生产要素、商品与服务市场构成，因此，价格体系是各种生产要素价格和商品与服务价格构成的有机整体。

生产要素是物质生产过程所必备的基本因素，包括资金、劳动力、土地、技术、信息等。在市场经济条件下，这些要素都已商品化，谁使用它们都要支付相应的代价或费用，从而形成各生产要素价格，如资金价格包括债券价格、股票价格、票据贴现利率、存贷款利率等；劳动力价格包括计时工资、计件工资、年工资等；土地价格包括土地使用费、使用权转让费以及土地所有权可买卖情况下的土地出售价格等；技术价格包括技术转让费、专利使用费等；信息价格包括信息使用费、信息出售价格等，它们之间的相互关系形成生产要素价格体系。

商品与服务是一个庞大的体系，不仅包括成千上万的不同商品和服务，而且一种商品和服务又存在许多具体的规格、型号、花色等，各种商品和服务价格的总和构成一个庞大的商品与服务价格体系。比如，农产品价格包括农、林、牧、渔各业价格，各业中又包括许多品种价格，如农业又可分为粮、棉、油、麻、丝、茶、糖、烟、菜、果、药、杂等产品的价格。工业品价格可分为轻工业品价格和重工业品价格。轻工业品价格是指生产消费资料各工业部门的价格，包括纺织、食品、皮革、造纸、塑料制品、民用五金等产品价格等。重工业品价格是指生产生产资料的各部门价格，如能源、冶金、化工、建材、森工、机电产品等价格。交通运输价格是指各种运输方式的运输价格和收费。主要包括铁路、公路、水运、航空、管道等运输工具和方式，根据运输对象不同又分为客运价和货运价。服务业价格或收费是指为生产和生活提供服务的各部门的价格或收费，包括各种传统的商业服务以及金融、交通运输、仓储、邮政业、住宿和餐饮等传统和新型的服务产业价格。

其次，同一种商品交易由于根据交易的范围、交货的时间不同，形成了国内和国际市场、现货交易和期货交易、国内城市市场和农村市场的相互联系、相互影响的价格关系和体系。

（三）从商品生产、流通与消费的过程划分

一般来说，商品从生产出来，要经过一定的流通过程或中间环节才能进入消费领域，因此，商品从生产经过流通进入消费有以下环节价格：

初始环节价格，即商品初次进入市场形成的生产者价格，比如工业品的出厂价、农产品的收购价、股票的发行价格、电力的上网价格等。

中间环节价格，即商品初次进入市场后，继续在市场上流通，进入消费以前形成的价格，比如经销商产地批发价格、销地批发价格、电力的输配价格等。

最终环节价格，即商品与消费者或用户见面的价格。比如，日用消费品的零售价格。在这里需要说明的是，由于某些产品特别是某些生产要素和服务产品存在生产过程与消费过程同时性，因此，其产品的初始环节价格与最终环节价格是统一的。如饮食业价格、供水价格、运输价格、仓储价格、文化娱乐价格、技术产品价格、劳动服务价格、教育收费等。

上述初始环节、中间环节、最终环节价格之间，形成了一个前后相互联系和相互制约的有机体系。

（四）从商品价格形成的决策主体划分

在现代市场经济中，对于大部分生产要素、商品与服务来说，其价格或收费的形成由市场来决定，从而形成由市场决定的价格体系；对于少部分生产要素、商品与服务来说，其价格或收费的形成则由政府来决定，从而形成由政府决定的价格体系。在市场中，一方面，实行市场定价的商品，其生产所需的某些生产要素可能是政府定价，或者某些商品实行政府定价，而所需的某些生产要素则是市场定价；另一方面，同一商品的生产者价格可能是政府定价，但销售价格是市场定价，或销售价格是政府定价，而生产者价格是市场定价；此外，同类商品中有些商品实行政府定价，有些则实行市场定价。总之，实行政府定价的商品范围虽然较少，但对于稳定整个市场价格水平、合理配置资源、弥补市场缺陷、促进经济社会的可持续发展具有重要作用，必然与实行市场定价的商品产生相互影响和相互制约关系而形成一个整体。

（五）从市场价格体系的内在联系划分

从市场价格体系的内在联系看，市场价格体系是由市场交易客体的价格横向关系和纵向关系相互交织形成的网络体系，这一网络体系构成了市场价格体系的基本内容。

1. 市场交易客体的价格横向关系，是指不同交易客体之间形成的价格横向比较关系，即比价关系。生产要素、商品或服务等市场交易客体，都是由国民经济不同的部门生产和提供的，它们在交换中发生价格比较，在客观上形成各种比价关系，这些比价关系包括：

（1）生产要素价格与商品价格、服务价格之间的比价，商品价格与服务价格之间的比价。

（2）生产要素、商品、服务内部比价。第一，不同生产要素价格之间即资金、劳动力、土地、信息、技术之间的比价以及各生产要素的内部比价，如存贷利率与债券利率的比价、不同货币的比价、脑力劳动与体力劳动价格比价、农用土地与建设用地使用权出让价格的比价、不同技术专利出售价格的比价等。第二，商品内部不同商品之间的比价，包括工农产品的比价、农产品内部不同产品的比价、工业品内部不同产品的比价等。第三，服务内部不同服务产品之间的比价，包括消费性服务与生产性服务的比价、消费性服务内部不同产品的比价、生产性服务内部不同产品的比价等等。

生产要素、商品、服务的内部比价以及生产要素、商品、服务之间的比价关系构成了有机整体，称为比价体系。

2. 市场交易客体的价格纵向关系，是指同种交易客体，由于不同环节、不同地区、不同季节、不同质量产生不同的价格及其形成的纵向比较，即差价关系。

就一般商品来说，理论上要经过生产或收购、产地批发、销地批发、零售等环节才能进入消费领域，每经过一个环节，就要进行一次买卖，从而形成一个价格，而和前一道价格出现一个差价，形成购销（进销）差价、地区差价、批零差价等，另外同种商品由于季节不同、质量不同在市场中形成季节差价、质量差价关系。

服务产品，具有生产和消费同时性和地域性较强的特点，很少存在流通环节上的差价，但同种服务产品在不同地区、不同时间以及质量差异形成不同的价格和差价关系。同样，同种生产要素也存在相应的差价关系，比如，股票发行价与股票交易价的差价、存款利率与贷款利率的差价、不同地段土地和不同肥力土地的价格差价、劳动力工资的部门和季节差价等等。

同种生产要素、商品、服务由于不同的流转环节、地区、季节和质量差别形成的价格以及比价关系连接为一个有机整体，称为差价体系。

第二节　市场价格体系的内部联系与合理化

一、市场价格体系的内部联系

市场价格体系是一个对立统一的有机整体，具体表现在：

（一）具有统一性与不可分割性

市场体系的统一性以及国民经济体系和社会再生产各环节的整体性，决定了反映它们之间经济联系的市场价格体系具有了统一性和不可分割性。所谓统一性是指在市场经济中，不存在独立于整个市场经济运行之外的经济活动，同样，也就不存在游离于价格体系之外的价格。任何价格，不管是生产要素价格，还是商品和服务价格都是整个价格体系中的组成部分。所谓不可分割性是指价格体系中的任何一个价格，都是价格链条中的一个价格，与其前导价格和后续价格之间是不可分割的。

（二）具有系列衔接性与连锁反应性

由于各生产要素是国民经济各部门进行生产经营活动的基础，而国民经济又是由许许多多首尾相接的产业部门组成的，形成了一环扣一环的经济链。其中每个部门本身又不断进行着自我再生产的循环。生产要素的基础性与国民经济运行的连锁性使市场价格体系内部呈现出相互衔接性和连锁反应性。生产要素价格的变化会影响商品和服务价格，上游产品价格的变化会引起中游产品和最终产品价格的变化。比如，农业生产资料和劳动力价格的提高会使棉花生产成本提高，从而影响棉花——棉布——服装等一系列价格的变化。不仅如此，棉花价格的提高，还会引起与棉花有比价关系的丝、麻、粮食和其他经济作物价格的变化，还可能波及到化纤价格的变化。而衣着价格的变化又影响劳动力价格，进而又影响有关服务产品的价格。总之一个商品价格的变化，会直接或间接地引起一系列相关商品价格的连锁反应，造成市场体系和经济体系的波动。对价格之间的这种连锁反应必须保持高度的关注。

（三）具有竞争性和互相制衡性

价格属于交换关系，是经济关系的一个重要方面，任何价格所表现的是交换双方的经济利益分配关系。所谓竞争性和制衡性包含两层含义：一是指在任何存在直接连锁关系的两个价格之间不仅有同一性，更有对抗性，因为两个价格的变动必然牵涉到交易主体之间的利益分配，从而形成互相对抗的力量。比如，在出厂价和批发价之间，一个价格变化都会受到另一个价格的制约，出厂价的提高必然受到批发价的制约，而批发价的降低又会受到出厂价的制约，从而使两个相关价格充满矛盾和制约。二是任何一个价格的形成都是由供方和需方竞争均衡的结果，任何一方的要求都受到对方的制约。因而，在整个价格体系中，各种价格既充满竞争，同时又处于相互的制约之中。

综上所述，市场价格体系是一个既密切联系，又充满竞争的对立统一的有机整体。

二、市场价格体系的合理化

（一）价格体系的作用

在市场经济条件下，由各种市场价格构成的价格体系，对社会经济的各个领域、各个方面和各个环节都产生着深刻的影响，而且这种影响是一个整体效应。比如，商品价格是否合理，直接影响到生产要素价格，从而影响生产要素流动方向是否合理。如果商品价格是合理的，能够准确地反映社会价值、合理的供求关系，表明商品价格对生产要素的流向以及流量组合的引导是合理的，在这种情况下，生产要素的价格也不会扭曲；反之，商品价格不合理，就会引起生产要素的不合理流动和价格扭曲。同样，生产要素价格是否合理，会对商品价格的合理性产生直接的影响。合理的生产要素价格，能够导致商品市场对生产要素的合理配置和有效利用以及商品价格形成的合理性；反之，生产要素价格不合理，则会诱导企业对生产要素的不合理需求，从而引起商品生产以及经济活动的波动，影响商品价格信号的准确性。

总之，市场价格体系中的比价体系，引导着社会资源在不同部门、同一部门不同产品之间的流动和配置，从而影响着产业结构和产品结构状况；差价体系影响着生产要素、商品和服务的质量以及生产要素、商品和服务在不同环节、地区、季节上的流动与配置。当然，市场价格体系同样也具有积极作用和消极作用的二重性。

（二）实现价格体系合理化的条件

1. 各种市场价格形成的合理化。要使市场价格体系发挥其对经济社会的积极作用，就要有一个合理的市场价格体系。合理的市场价格体系，以各种市场价格的合理化为前提条件，只有各种要素、商品、服务的价格合理，才能形成合理的比价体系和差价体系，才能有一个合理的价格总水平。因此，要保证市场价格体系的合理化，就要保证各种市场价格的信号要合理。

2. 进一步完善主要由市场决定价格形成的机制。能够由市场决定的生产要素、商品和服务价格一律由市场决定，减少政府的不正当干预，政府定价的范围主要限制在重要公用事业、公益性服务和网络型自然垄断环节，政府定价也应遵守市场规律，在公开透明、接受社会监督的基础上不断提高科学定价水平，为市场价格体系的合理化提供基本条件。

3. 进一步完善统一开放、竞争有序的市场体系，是价格体系合理化的市场环境保障。在这个市场环境下，企业和消费者成为具有自主决策权的市场主体进入市场，价格在充分竞争、公平竞争中形成，贯彻了等价交换的市场原则，价格最能合理地反映社会劳动消耗、供求关系，实现买卖双方利益的均衡。因此，从公司法、银行法、税法、合同法、反不正当竞争法、产品质量与安全法、价格法等市场运行规则、行为规范以及市场主体准入与退出规则等方面，进一步健全市场法制，加强治理和社会监督，才能使竞争公平化、有序化，才能形成合理的价格和市场价格体系。

4. 实施有效的宏观调控，保持国民经济总量和结构的平衡。市场价格体系状况是国民经济总量是否平衡、国民经济结构是否合理以及市场供求总量是否平衡、结构是否合理的综合反映，合理的经济增长速度和结构是保证市场价格体系合理的基础，反之，就会出现价格体系不合理。当然，价格体系对经济的协调发展也同样起着重要作用，两者是互相影响，互为因果的。因此，实施有效的宏观调控，保证国民经济在结构合理的基础上稳定持续发展，协调好价格体系的内部关系才能有坚实的基础。

第三节　商品比价体系

商品比价体系是市场价格体系的重要组成部分，通过对它的分析可以总结研究比价的基本内容和方法，来指导对生产要素、服务产品的比价的研究。

一、商品比价关系及合理比价的标准

所谓商品比价是指在同一市场、同一时间，不同商品价格之间的比例关系。各种商品比价关系的综合，构成了商品比价体系，它反映着不同商品生产者之间或国民经济各部门、各行业之间的经济关系。商品比价的实质是两种商品之间价值量的比较，两种商品消耗的社会必要劳动是研究比价的基础。因此，在研究商品比价关系时，不仅要看价格比例，更应该联系价值比例进行分析，比较现实的办法是联系成本和收益进行分析。

保持各类商品之间合理的比价关系，一方面，对于合理调整产业结构和产品结构，优

化资源配置，促进国民经济协调发展具有重要意义；另一方面，为政府调控市场价格和制定价格提供参考依据。

确定合理的商品比价关系，主要考虑以下因素：第一，价格比较，进行对比的两种商品，其价格都是正常供求关系和公平竞争的结果。在实践中要剔除市场异常波动对价格的影响。第二，价值比较，进行对比的两种商品，其价格能够各自反映价值的要求。在目前价值量还无法直接计算的情况下，可采用各自的社会成本即不同时期的社会成本的平均值进行比较。第三，收益比较，按照“等量资本获取等量利润”的基本原则，通过两种商品各自的成本利润率或资金利润率与社会平均利润水平进行对比。第四，参考历史上比价关系。通过综合考虑上述因素，来确定合理的商品比价关系及合理波动区间。在实践中确定具体商品的合理比价和合理波动区间时，还应考虑具体商品生产、消费的特点。当实际商品比价波动超出合理波动区间时，则政府应及时启动调控手段，促使商品比价回归合理波动区间。因此，构建重要商品的合理比价指标，并监测其比价的动态，是政府做好市场调控工作的重要任务。

各种商品价格间广泛存在着比价关系，没有必要对任何商品的比价进行研究，只需对关系国计民生的一些重要比价关系进行研究，主要是农产品比价、工业品比价和工农产品比价，以及工农产品比价的特殊表现形式——工农产品“剪刀差”。

二、农产品比价

（一）农产品比价的概念与分类

农产品比价，是指同一市场、同一时间，不同农产品价格之间的比例关系。农产品价格有生产者价格和消费者价格之分，由于生产者价格是消费者价格的基础，而且与农业生产者利益，农业的发展密切相关，所以，重点研究农产品生产价格的比价关系。

农业是综合产业，内部包括农、林、牧、渔四大产业，各产业中又有很多大类生产项目，具体生产的品种达成千上万种。研究的重点是在生产要素配置上存在相互争土地、资金、劳力、肥料等关系密切的产品，或使用上有关联的农产品的比价，其中主要有：

1. 粮种比价。指粮食作物内部各种具体品种之间的比价，如稻、麦、玉米、各种杂粮之间的比价。

2. 粮食和经济作物类产品的比价。如粮棉比价、粮油比价、油烟比价、粮糖比价、粮菜比价等。

3. 粮食和畜产品、林产品、水产品的比价。如粮猪、粮蛋比价，粮木、粮果比价，粮食和其他土特产品比价，粮食和鱼虾的比价等。

4. 畜牧产品内部、林产品内部、水产品内部以及它们相互之间的比价，如猪牛羊、鸡鸭鹅兔之间的比价、树种比价、鱼种比价、鱼肉比价等。

（二）农产品比价的计算

农产品比价的计算分为单项比价和综合比价两种。

1. 农产品单项比价。它是指一种农产品生产者价格或收购价格同另一种农产品生产者价格或收购价格的比例关系，其计算公式是：

$$农产品单项比价=\frac{交换品价格}{被交换品价格}$$

计算的结果表示两种商品实物量之比。如一斤棉花换八斤粮食等等，棉花是交换品，粮食是被交换品。但仅从结果还难以确定其是否合理，还应考虑两种商品的成本、成本利润率、供求关系等指标因素，才能做出更符合实际的判断。

2. 农产品综合比价。它是指某一类或若干种农产品的生产者价格或收购价格与另一类农产品的生产者价格或收购价格的比价，用以观察各类农产品价格变动的趋势。综合比价是一类农产品价格进行比较，不能直接用价格进行比较，一般采用两类农产品价格指数来比较，计算公式是：

$$农产品综合比价=\frac{交换品价格指数}{被交换品价格指数}\times100\%$$

综合比价的结果表明，报告期与基期相比，交换品价格与被交换品价格的差距是缩小了还是扩大了，或者说同等数量的交换品，报告期与基期相比，交换到的被交换品的数量是减少了还是增加了。

三、工业品比价

（一）工业品比价的概念和类型

工业品比价，是指同一时间、同一市场，不同工业品价格之间的比例。研究工业品比价的目的是如何协调好工业内部各部门之间的经济利益关系，促进专业化分工与协作，促进资源在工业各部门的合理配置，满足市场需求。

工业品包括重工业和轻工业在内的数十个大的产业门类，涉及几万种商品，几十万种规格、花色，不可能也没有必要去泛泛研究它们之间的比价关系，主要研究在生产上或消费上有重要关联商品之间的比价。主要有以下比价：

1. 能源、原材料、动力和加工工业品之间的比价。研究的目的是建立合理的比价关系，促进能源、原材料、动力和加工工业品的协调发展。

2. 部件、零配件和主机之间的比价。研究的目的是建立合理的比价关系，实现各协作企业的均衡发展。

3. 使用同样原材料的机器产品和手工业产品之间的比价。研究的目的是建立合理的比价关系，促进现代化大生产与手工业、现代文明与传统文明的共同发展，满足不同层次的需求。

4. 相替代的工业品之间的比价，如煤、油、电、气的比价，天然织物和化纤织品的比价，肥皂和洗衣粉等的比价。研究的目的是建立合理的比价关系，鼓励企业和消费者使用优质高效、节能环保的替代品，使用资源相对丰富、成本较低的替代品。

5. 一般消费品与高档消费品的比价。研究的目的是建立合理的比价关系，既要保证民生的基本生活必需品，又要满足民生生活水平提高对高级消费品的需求。

6. 国产商品和进口商品的比价。在 WTO 框架下，保持国产商品和进口商品的合理比价，促进两者的公平竞争。

（二）工业品比价的计算

工业品比价一般只计算单项比价，通过对交换品和被交换品价格的对比获得，其公式是：

$$工业品单项比价=\frac{交换品价格}{被交换品价格}$$

以上公式中的交换品或被交换品可使用生产者价格，也可用销售价格，根据比价需要而定，但必须上下一致。

四、工农业产品比价

（一）工农业产品比价的含义

工农业产品比价是在同一时期内，同一市场上工业品零售价格与农产品生产者价格之间的比例。在这里之所以采取这两种价格形式是因为工业品零售价格是农业生产者购买工业品实际支付的货币价格，农产品生产者价格或收购价格是农业生产者出售农产品实际收入的价格。这两种商品的比价关系，反映着农业生产者与工业生产者的利益关系，反映着工农业之间的交换关系，以及国家与农业生产者之间的关系。通过工农产品的比价关系，可以观察、分析、研究农业生产者用多少农产品换取多少工业品，在不同的时期，两种商品价格的变化，可以说明两种商品交换数量增减的变化，进而说明农业生产者收益增加或下降的变化以及农业生产者在交换中的地位变化。

工农业产品比价所反映的是农业生产者用一定数量农产品能换回多少工业品，所以又称为工农业产品交换率。

农业作为国民经济的基础产业，对整个经济社会的协调发展发挥着不可替代的支撑作用。然而，在市场经济条件下，农业是弱质产业，难以通过自身的发展获得与其他产业相同的社会平均利润，单纯依靠市场机制而放任自流，农业资源和要素就会非常容易地脱离农业而流向工业等非农业部门。因此，依据价值规律，贯彻等价交换原则，合理安排工农业产品比价，是实现以工促农、以城带乡、工农互惠、城乡一体的新型工农城乡关系的重要手段，对正确处理政府和农民的关系、进一步巩固农业基础地位、促进工农业协调发展、实现经济社会良性发展具有重要意义。

（二）工农业产品比价的计算

工农业产品比价可以分为单项比价和综合比价两种。

1. 工农业产品单项比价。它是指在同一市场上、同一时期内，某一种工业品零售价格和某一种农产品生产者价格的交换比例。它是用以考察农民出售一定数量某种农产品以后能换回某种工业品的数量，或者反映工业用一定数量工业品能换回多少某种农产品，其计算公式为：

$$农产品换工业品的交换比价=\frac{某种农产品生产者价格}{某种工业品零售价格}$$

$$工业品换农产品的交换比价=\frac{某种工业品的零售价格}{某种农产品的生产者价格}$$

政府重视、农民关心的工农业产品单项比价有：

（1）农业生产资料与主要农产品的比价，如农机、农药、化肥、柴油、农膜与粮、棉、蔬菜等农产品的比价；

（2）农民必需的日用工业消费品与主要农产品的比价，如棉布、食盐、肥皂、洗衣粉与粮食、鸡蛋、蔬菜等农产品的比价；

(3) 制成品与农产品原料的比价，如棉布与棉花、卷烟与烟叶、食用油与大豆的比价等。

2. 工农业产品综合比价。它是指在某一时期内，农村工业品零售价格指数与农产品生产者价格指数之间的比例关系，采用工业品和农产品两类商品的价格指数进行对比，从动态上观察工农业商品综合比价变动趋势。工农业商品综合比价计算的方法有两种：

(1) 农产品换工业品的综合比价指数，通常称为正指标，即以农产品为交换品，工业品为被交换品，计算公式是：

$$农产品换工业品的综合比价指数=\frac{农产品生产价格指数}{农村工业品零售价格指数}\times 100\%$$

上述指标的结果反映报告期与基期相比，同等数量农产品可换到工业品数量的增减趋势和程度。

(2) 工业品换农产品的综合比价指数，通常称为逆指标。即以工业品为交换品，农产品为被交换品，计算公式是：

$$工业品换农产品的综合比价指数=\frac{农村工业品零售价格指数}{农产品生产者价格指数}\times 100\%$$

上述指标的结果反映报告期同基期相比，同等数量工业品可换到农产品数量的增减趋势和程度。

通过对工农业产品综合比价指数的观察，可以从总体上看出工农业产品交换变化的情况。如果正指标越来越高，则表明价格变化对农产品越来越有利，等量农产品换到的工业品的数量增加，而对工业品不利；如果是逆指标越来越高，则表明价格变化对工业品越来越有利，等量工业品换到的农产品数量增加，而对农产品不利。

据历史资料记载，对安徽六安、陕西安康等四个农村市场调查表明，1948 年同 1936 年相比，农产品换工业品的综合比价指数为 60.56%，即说明在 1948 年农民用同样数量的农产品只能换到相当于 1936 年 60.56%的工业品。新中国成立以来，我国工农业商品综合比价关系发生了较大变化，特别是改革开放以来，在市场机制和政府的有效支持的合力作用下，工农业产品综合比价的变化趋势越来越向有利于工农业产品等价交换的方向发展，农业、农民在交换中的地位不断提高。新中国成立以来的工农业产品综合比价指数变化如表 5—1 和表 5—2 所示。

表 5—1　　1950—2000 年我国工农业商品综合比价指数

年份	农产品收购价格指数	农村工业品零售价格指数	工农业商品综合比价指数	
			农产品换工业品综合比价指数	工业品换农产品综合比价指数
1950—1978 年　1950 年=100				
1952	121.6	109.7	110.8	90.2
1957	146.2	112.1	130.4	76.7
1965	187.9	118.4	158.7	63.0
1970	195.1	111.9	174.4	57.4

续前表

年份	农产品 收购价格指数	农村工业品 零售价格指数	工农业商品综合比价指数	
			农产品换工业品 综合比价指数	工业品换农产品 综合比价指数
1975	208.7	109.6	190.4	52.5
1978	217.4	109.8	198.0	50.5
1978—2000 年　1978 年=100				
1979	122.1	100.1	122.0	82.0
1982	141.5	103.5	136.8	73.1
1985	166.8	111.1	150.1	66.6
1989	244.5	138.5	176.7	56.6
1993	314.7	204.3	154.1	64.9
1997	525.3	294.8	178.3	56.1
2000	409.0	277.1	147.6	68.8

表 5—2　　　　2002—2011 年我国工农业商品综合比价指数（以上年价格=100）

年份	农产品 收购价格指数	农村工业品 零售价格指数	工农业商品综合比价指数	
			农产品换工业品 综合比价指数	工业品换农产品 综合比价指数
2002	99.7	97.8	101.9	98.1
2003	104.4	102.3	102.1	98.0
2004	113.1	106.1	106.6	93.8
2005	104.4	104.9	96.7	103.5
2006	101.2	103.0	98.3	101.8
2007	118.5	103.1	114.9	87.0
2008	114.1	106.9	106.7	93.7
2009	97.6	94.6	103.2	96.9
2010	110.9	105.5	105.1	95.1
2011	116.5	106.0	109.9	91.0

从表 5—1 中可以看出，以 1950 年价格为基期，到 1978 年农产品换工业品的综合比价指数为 198.0，说明 1978 年农民用同等数量的农产品比 1950 年可多换回 98.0%的工业品；工业品换农产品的综合比价指数为 50.5，说明 1978 年同等数量工业品换回的农产品仅相当于 1950 年的 50.5%，显然价格变化大大有利于农产品。从 1978 至 2000 年的变化情况看，工农业商品综合比价指数趋势向有利于农产品的方向发展，但是也有波动，不利于农产品的情况时有发生。

由于统计指标的变化，2002—2011 年对比的指标有所变化，但也能够反映出工农业产品综合比价变化的基本趋势向好于农产品，但还不够稳定。与上年相比，农产品换工业品的综合比价指数，2002—2004 年不断上升，随后出现两年的下降，指数低于 100，2007 年达到 114.9 的最高值，随后几年指数回落，虽然指数高于 100，但仍未达到 1989 年水平。

五、工农产品“剪刀差”

工农产品“剪刀差”是工农业商品比价中一个特殊的、值得研究的问题。

（一）剪刀差的概念

剪刀差的概念有两种表述方法：

1. “比价剪刀差”。它是指在工农业产品交换中，工业品换农业品的综合比价指数越来越高，农产品换工业品的综合比价指数越来越低，这种现象表现在统计图表上，像一把张开的剪刀状，故叫“剪刀差”，差距越大说明剪刀差越大。这种剪刀差是从工农产品价格变化上来研究比价关系，所以，称为“比价剪刀差”。它反映的是工农产品交换中数量的变化关系，而且可以通过工农业产品综合比价进行确切计算，有一定应用价值。我国从抗战开始到新中国成立前“比价剪刀差”的变化趋势基本上符合工农产品交换中数量变化的情况，也反映了工农产品不等价交换的变化趋势。

2. “比值剪刀差”。它是指在工农业产品交换中，工业品价格高于其价值，农产品价格低于其价值的不等交换关系及其发展趋势。单纯从比价角度来研究剪刀差，在现实生活中就会发生解释不了的现象。如果系统地研究一下新中国成立以来工农业产品比价指数变化的趋势，并把它们画到统计图上会是完全相反的情况，非但没有了剪刀差，似乎还出现了“反剪刀差”。可这与实际感受到的农产品价格偏低，工业品价格偏高的情况恰恰相反。问题的原因就在于工农业产品价格变化的同时，商品的价值量也在变化，解放后工业劳动生产率提高得快，单位商品价值量降低快，而农业劳动生产率提高得慢，单位商品价值量降低得慢，甚至还有所上升。据统计分别以 1952 年工业和农业劳动生产率指数为 100，到 1984 年工业劳动生产率指数为 336.2，农业劳动生产率指数为 157.8。所以，从价值量角度考察剪刀差，有时在比价剪刀差缩小的同时，价值量剪刀差甚至还在扩大。因此，从价值量对比角度看的剪刀差，称为“比值剪刀差”，它是以工农业产品的价格与各自的价值相比较为基础，来研究工农业产品价格与其价值的关系及其发展趋势。“比值剪刀差”反映了工农业产品比价的实质是工农业产品间的不等价交换关系。

（二）剪刀差起源和存在原因

“剪刀差”一词最早出现于 20 世纪 20 年代的苏联，有学者认为是苏联经济学家皮达柯夫提出的，有学者认为是由斯大林在 1922 年提出的，最早在 1924 年 1 月俄共（布）第十三次代表大会《结论》中首次引用。此后，斯大林多次加以论述。我国则沿用了这个概念。

苏联十月革命以后，接着进行了四年的反外来武装干涉和对国内反动派的战争，经济遭到很大的破坏。1921—1922 年新经济政策实施后，国民经济得到一定的恢复，但不平衡，农业发展较快，农产品供应较为充足且价格下跌，而工业发展较慢，工业品供应紧张且价格上涨，工农产品比价急剧向有利于工业品的方向倾斜，以 1913 年的价格为基期，到 1923 年工业品价格高于农产品价格 1.8 倍，也就是说农民要多用 1.8 倍农产品才能换回 1913 年同量的工业品。在这种背景下，斯大林把这种通过不等价交换向农民额外征收的超额税叫做“剪刀差”，从此，“剪刀差”一词成为工农产品不等价交换的专用名词。

关于“剪刀差”产生和存在的原因，理论界的观点不完全一致，主要有以下观点：一是工农业劳动生产率的差距，即如果工业生产力发达，劳动生产率高，农业生产力落后，劳动生产率低，就会产生剪刀差。如在资本主义初期或我国新中国成立前半殖民地半封建条件下，掌握先进生产技术和雄厚经济实力的资本主义工业对分散落后的小农经济处于明显的优势地位，通过先进的产品优势与传统的手工生产的农产品相交换获得价格差额。现在许多先进资本主义国家对落后国家的剥削，仍然用的是这个方法，所以劳动生产率差距是形成剪刀差的最基本的经济根源。二是政策性原因。比如，在苏联和我国实行计划经济时期，工农产品交换在国家计划下进行，为实现国民经济由农业为主向工业化的转变，工农业产品价格实行计划价格政策，而且使农产品价格低于其价值，工业品价格高于其价值，必然会产生剪刀差。借助“剪刀差”将一部分农业剩余转移到工业部门，为工业发展提供资本积累，成为工业化所需资金的重要来源。据测算，1953 年至 1978 年，农产品价格低于价值的幅度最低值为 17.9%，最高值为 45.9%，而工业品价格高于价值的幅度最低值为 19%，最高值为 45.9%。[①] 1954 年至 1979 年，通过“剪刀差”和农业税，农业向国家提供资金 6 078 亿元，而同期国家给予农业的资金为 1 577 亿元，农业资金净流出为 4 501亿元。[②]

除了上述观点外，在市场经济条件下，农业的弱质性以及农产品市场与价格的特点也是产生“剪刀差”的原因。因为，农业受到自然因素影响及由此引起的市场风险要大于工业品，加上投资大、周期长，导致农业比较收益低于社会平均收益；农产品生产者分散、数量大，产品的差别较小，是一个接近充分竞争的市场，而工业品生产者虽然数量多，但产品差异较大，通过竞争容易形成垄断竞争或寡头垄断市场；农产品价格的供给和需求价格弹性小于 1，随着农业生产力的不断发展，在农产品供给相对丰富时期，价格会大幅度下降而使农产品生产者的收益减少，农产品价格上涨时，跟随着生产资料价格的上涨，而挤压价格上涨带来的收益。相对而言，一般工业品价格弹性较大，随着生产力的发展产品升级换代较快、花色品种变化大，价格水平降低速度较慢，而且价格的稍有下降还会带来收入的增加。在现实中，发达国家对农业以及农产品价格实施的支持与保护政策，也说明在农产品与非农产品交换中，农产品处于不利的地位。

我国目前仍然存在一定的剪刀差。其主要原因，一方面是工农业劳动生产率的差异，在现阶段我国农村的生产以家庭为主，生产分散且规模效益低，组织化程度还相对较低，社会化产前、产中、产后服务网络还不健全，科技贡献率、农生产者素质还需一步提高，这些问题使得农业劳动生产率仍然相对低于工业劳动生产率。另一方面是随着我国社会主义市场经济制度的不断发展，工农产品价格由市场来决定，价格政策性因素对剪刀差的影响基本消除，但正如上面所述，在市场作用下，有些因素也会产生剪刀差，而且历史遗留的剪刀差，需要逐步解决。

（三）剪刀差的测算

对于比价剪刀差可以通过计算工农业产品综合比价指数获得，一般用 1 减农产品换工

---

① 冯海发、李溦：《我国农业为工业化提供资金积累的数量研究》，载《经济研究》，1993 (3)。

② 侯石安：《国家与农民“取”与“予”关系研究》，载《农业经济问题》，2000 (6)。

业品综合比价指数，或工业品换农产品综合比价指数减1来表示剪刀差的大小，但这种计算对研究不等价交换状况意义不大。

计算比值剪刀差的前提是计算工农业产品的价值量或价值变动的相对量，从而推算出不等价交换的程度。为此理论界提出了许多计算方法，如按实际价格与理论价格的差距计算法；按总劳动量计算法；按劳动生产率计算法；按劳动生产率所影响的价值量计算法；按平均劳动量计算法等等，但这些方法都只能相对地、近似地计算比值剪刀差的大小，这对于研究剪刀差变动趋势虽然有一定参考价值，但还不够准确，有待进一步研究精确的计算方法。故在此不一一具体介绍。

（四）解决“剪刀差”的途径

解决工农业产品“剪刀差”问题，不仅要依靠市场的力量，还要依靠政府的力量来弥补市场的缺陷，实现两者的等价交换。

1. 提高农业劳动生产率，并使其提高速度超过工业，以通过降低农产品的相对成本和价值，使之与工业品实现等价交换。

（1）加大政府对农村、农业基础设施的投入，包括对农田水利基础设施、农村道路、通讯、电力、文化、医疗卫生等基础设施的投入，提高农业抵抗自然风险的能力，改善农村生活条件。

（2）加大政府对农业重大科学技术研制与开发的投入，完善农业实用技术的传播与推广体系，加快农业新良种、新技术以及农业机械装备的推广使用；加大对农村基础教育和现有劳动力农业新知识的培训，提高农村劳动者的素质。不断提高人力资本和科学技术的贡献率，促进农业的现代化，提高农业生产率。

（3）积极推进承包经营权的有序流转，发展专业大户、家庭农场、农民合作社、农业企业等多种形式的规模经营，提高土地的规模效益。

2. 提高农业生产者在市场交换中的地位，促进工农产品的等价交换。

（1）完善市场体系，疏通流通渠道，加强市场供求与价格监测和预警，建立快速反应机制，为工农业生产者、经营者提供及时、准确的信息服务，提高农产品生产、加工、销售的市场应变能力；同时对工农业产品价格出现的异常波动及时启动调控预案，促使比价趋向合理。

（2）鼓励农民专业合作社的发展，提高农业生产者的组织化程度，提高农业生产者在市场交换中的地位。农民专业合作社是农民自愿联合、民主管理的自助性经济组织，能够有效地提高农民的组织化程度，降低农民进入市场的成本，强化农民在生产资料采购市场和农产品销售市场上的谈判能力，有利于农产品生产和流通增收减支；同时作为农民利益的代表，向农民提供信息、技术、销售、融通资金、生产管理等服务，引导农民调整产业结构，发展农产品加工业和相关产业，提高农民抵御风险和增加收入的能力。

（3）继续实施农民收入的安全政策。继续不断完善主要农产品的最低收购价政策；继续完善粮食的直补政策、农产品良种补贴政策以及农业机械销售补贴政策；建立农业生产资料补贴动态调整机制等；设立农产品市场营销服务专项资金，支持农民专业合作社等农产品销售中介组织创建品牌、开拓国内外市场和销售渠道；扩大政策性农业保险业务，降低农产品灾害损失。

第四节 商品差价体系

商品差价体系是市场价格体系的重要组成部分，通过对它的分析可以总结研究商品差价的基本内容和方法，来指导对生产要素、服务产品的差价研究。

一、商品差价关系与合理差价的标准

所谓商品差价是指同种商品在流通过程中由于购销环节、购销地区、购销季节和商品质量不同而形成的价格差额。不同商品从生产领域进入消费领域，由于受到商品的属性、流通的范围、市场信息以及交通运输等多种因素的影响，经过的环节有多有少，但是就日用消费品来说，一般经过以下主要环节并形成相应的差价关系，即商品的出厂环节、产地批发环节、销地批发环节、零售环节，最后才进入消费，与之相适应各环节上形成生产者价格、产地批发价格、销地批发价格、零售价格；生产者价格与产地批发价格之间形成进销差价，产地批发价格与销地批发价格之间形成地区差价，批发价格与零售价格之间形成批零差价。同时，各环节上的价格，又由于销售季节不同和质量差异，存在不同季节的价格和不同质量的价格，形成季节差价和质量差价。各种差价关系的总和构成商品的差价体系。

保持合理的商品差价关系，一方面，对于合理协调生产者、经营者、消费者之间的利益关系，合理配置资源，保证商品能够保质保量地从生产领域顺畅地进入消费领域，促进经济社会又快又好地发展具有重要意义；另一方面，也为政府调控市场价格和制定价格提供参考依据。

确定合理的商品差价关系，主要考虑以下因素：首先，同一种商品存在差价关系的两个价格，都是正常供求关系、公平竞争的结果。因此，实践中要剔除供求异常波动对价格的影响。其次，商品差价包含的经济内容即流通费用和利润，能够保证批发企业和零售企业在正常合理经营情况下，弥补其流通费用的支出并获得合理利润，在实践中要参照不同环节发生的社会平均流通费用和社会平均利润率。不同地区、不同季节生产的同种商品产生的地区差价要考虑不同地区和季节生产成本和利润的合理差别。质量差价要考虑不同质量下的劳动消耗差别和消费者评价以及利润的合理差别。再次，参考历史上的差价关系。通过综合考虑上述因素，确定商品的合理差价以及合理的波动区间，在确定具体商品的合理差价和合理波动区间时，还应考虑具体商品生产、消费的特点。当商品实际差价波动超出合理波动区间时，则政府应及时启动调控手段，促使商品差价回归到合理波动区间。因此，构建重要商品的合理差价指标，并监测其动态，是政府做好市场调控工作的重要任务。

二、进销差价

（一）进销差价的含义与分类

进销差价也称为购销差价，包括工业品进销差价和农产品进销差价。进销差价的含义有狭义和广义之分。

1. 狭义的进销差价。是指同一商品在同一时间、同一产地市场，商品生产者价格和商业销售价格之间的差额。进销差价是商品由生产领域进入流通领域的第一道环节的差价。

工业品进销差价，是指同一种工业品在同一产地、同一时间的产地商业批发价格与工业出厂价格之间的差额。

农产品进销差价是指同一种农产品，在同一时间内产地商业销售价格与收购价格间的差额。由于农产品的产销特点和形式不同，又可分为两种情况。一种是地产地销的农产品，具体形式有三种：一是购零差价，即当地收购未经加工即在当地销售的零售价格与收购价格之间的差额，如蔬菜、水果、鸡蛋等；二是原成差价，指收购原料后在当地经简单加工，出售成品的成品零售价与原料收购价之间的差额，如猪肉与生猪、絮棉与皮棉等；三是购批差价，指收购某些工业原料卖给当地加工企业的批发价和收购价之间的差额，如柳条、芦苇等。另一种情况是当地商业企业收购后调往外地销售的农产品，形成的调出价格与收购价格之间的差额，即购调差价或调拨差价。由于农产品的大部分要调往城市消费或加工，因而这种差价形式是最普遍的。

2. 广义的进销差价。是指同一商品在同一时间商业的销售价格与其进货价格之间的差额。随着我国市场经济的不断发展，原有计划的、僵化固定的流通渠道被灵活多样的流通渠道所代替，尽可能减少商品流通环节，成为企业提高效率的重要途径。与此同时，进销差价的含义也得到进一步扩展，由同种商品、同一时间、同一产地市场生产者价格与产地批发价格关系，扩展到同种商品、同一时间商业的进货价格与销售价格的关系，比如零售商从生产企业、产地批发商或销地批发商进货并销售商品形成的零售价格与进货价格的差价，销地批发商从生产企业或产地批发商进货并销售商品形成的销地批发价格与进货价格的差价等等，都表现为进销差价，后面提到的由于商品流转地区和环节不同形成的地区差价和批零差价也属于广义进销差价的范畴。因此，在实践中要注意广义和狭义进销差价的区分。

（二）进销差价的构成要素和应用

进销差价关系到工商、农商、商商之间的利益关系，同时进销差价的大小直接影响到市场价格水平，从而影响到广大民生的切身利益，因此应科学地制定和把握。

1. 进销差价的构成要素。进销差价形成的原因是为了补偿商业部门为购销商品而花费的流通费用以及商业企业获得的合理利润。

狭义的进销差价由产地商业企业发生的流通费用和合理利润构成。公式为：

进销差价＝产地商业销售价格－进货价格

或＝产地商业流通费用＋合理利润

其中，产地销售价格包括工农产品的产地批发价格或调拨价格；进货价格包括出厂价格或收购价格。

广义的进销差价由各环节商业企业发生的流通费用和合理利润构成，商业企业包括产地批发企业、销地批发企业和零售企业。公式为：

各环节进销差价＝各环节商业销售价格－各环节商业进货价格

或＝各环节商业流通费用＋各环节商业合理利润

其中，商业销售价格包括工农产品的产地批发价格、销地批发价格、零售价格；进货价格包括工农产品的生产者价格、产地批发价格、销地批发价格等。

2. 进销差价的运用。进销差价是制定商业销售价格的重要依据，在实践中进销差价的大小通过进销差率来控制。

狭义进销差率与产地批发价格计算公式：

$$进销差率=\frac{进销差价}{出厂价格或收购价格}\times100\%$$

产地批发价格＝出厂价格或收购价×(1＋进销差率)

广义进销差率与商业销售价格计算公式：

$$各环节进销差率=\frac{各环节商业进销差价}{各环节商业进货价格}\times100\%$$

各环节商业销售价格＝各环节商业进货价格×(1＋各环节进销差率)

三、地区差价

(一) 地区差价的含义、形式与成因

地区差价是指同一时间、同一品种在不同地区相应环节的价格之间的差额。地区差价按形成原因不同主要有两种形式。

一是生产性地区差价。是指同一种商品、同一时间、不同地区的生产者价格（工业品出厂价格或农产品收购价格）之间的差额。这种地区差价形成的主要原因是：同种商品在不同地区生产，各地的生产条件、劳动生产率存在差异，农产品、矿产品还会因自然条件、资源不同而存在级差地租因素，从而造成同一种商品在不同地区的生产成本不同，而形成不同地区生产者价格的差别，如集中产区与分散产区的地区差价。

二是销售性地区差价。是指同一种商品、同一时间在不同地区销售形成的商业销售价格（工农产品批发价格或零售价格）之间的差额。这种地区差价形成的主要原因是：商品的生产和消费存在着地区之间的矛盾，需要商业投入相应的人力、物力和财力并获得相应收益把商品从产地运往销地，从而形成不同地区商业销售价格的差额，如城乡、不同城市、初级市场与集散市场、集散市场与消费城市市场等之间的差价。

此外，不同地区的收入差距以及商品的供求关系也是产生地区差价的重要原因。

(二) 地区差价的构成因素和应用

地区差价反映着不同地区之间、城乡之间生产者、经营者的利益关系，是推动商品顺利流通的重要经济杠杆，同时地区差价的大小直接影响到生产者和商业销售价格水平，从而关系到广大民生的切身利益，因此应科学地制定和把握。

1. 地区差价的构成要素。生产性地区差价由不同地区同种商品的生产成本差额构成，在相同利润率水平下，导致不同地区同种商品的生产者价格不同。假设甲地与乙地生产同种商品，甲地生产成本高则为计算地，乙地生产成本低则为对比地。计算公式：

生产性地区差价＝计算地生产成本－对比地生产成本

或＝计算地生产者价格－对比地生产者价格

销售性地区差价，由商业部门把商品从产地运往销地而支付的流通费用以及要取得的

合理利润构成。销售性地区差价，一般侧重研究产销地批发价格之间的地区差价。计算公式：

$$销售性地区差价=销地批发商业的流通费用+合理利润$$

$$或=销地批发价格-产地或进货地批发价格$$

2. 地区差价的运用。地区差价是制定生产者价格和商业销地批发价格的重要依据，地区差价的大小通过地区差率来控制。

生产性地区差率与生产者价格计算公式：

$$生产性地区差率=\frac{生产性地区差价}{对比地生产者价格}\times 100\%$$

$$计算地生产者价格=对比地生产者价格\times(1+生产性地区差率)$$

销售性地区差率与销地批发价格计算公式：

$$销售性地区差率=\frac{销售性地区差价}{产地或进货地批发价}\times 100\%$$

$$销地批发价格=产地或进货地批发价格\times(1+销售性地区差率)$$

四、批零差价

（一）批零差价的含义与成因

批零差价是指同一种商品，在同一市场上、同一时间内批发价格与零售价格之间的差额。批零差价的形成原因是零售商业组织购进销售商品所发生的流通费用需要通过销售价格得到补偿，并获得合理收益，以保证零售商的正常经营，满足消费。

（二）批零差价的构成要素和运用

批零差价是商品流通最后环节的差价，是决定市场零售价格的一个重要因素，同时批零差价的大小关系批发商与零售商、零售商与消费者的关系，直接影响着消费者的切身利益，必须科学地制定和把握。

批零差价由零售商业企业在组织商品经营过程中所花费的流通费用和应取得的合理利润构成。公式为：

$$批零差价=零售环节商品流通费用+零售利润$$

$$或=批发价格-零售价格$$

批零差价是制定商业零售价格的重要依据，其大小通过批零差率来控制。计算公式为：

$$批零差率=\frac{批零差价}{批发价格}\times 100\%$$

$$零售价格=批发价格\times(1+批零差率)$$

五、季节差价

（一）季节差价的含义和成因

季节差价是指同一商品，在同一市场、不同季节的收购价格或销售价格之间的差额。

季节差价主要存在于农产品价格或部分季节性消费的工业品价格上。季节差价按其形成的原因不同可分为以下两种形式：

一是淡旺季节差价。这种差价形成的原因主要是由于不同季节生产同种商品特别是农产品所花费的生产成本不同而造成的，如冬季生产蔬菜需要增加相应保温设施和栽培技术，其形成的生产成本要大大高于夏季露地的生产成本，即使是露地生产的蔬菜、水果，为了提早上市也得采取技术措施而因此增加成本支出，从而冬季蔬菜和早春果蔬价格高于旺季价格，形成淡旺季节差价。

二是储存季节差价。这种差价形成的主要原因是为了解决生产与消费在时间上的矛盾，在旺季储存商品而在淡季销售，储存者需要增加相应的费用支出，并通过淡季销售价格补偿相关费用并获得合理收益，从而形成同种商品不同季节的价格差额。在这里，为储存商品而发生的费用在数量上应是合理的、必要的，在时间上不能超过生产周期界限，当新商品上市时，旧商品季节差价中的费用就不会再得到补偿。

需要指出的是，农产品和工业品季节差价由于各自生产和消费的特点不同，呈现出不同的变化特点。农产品受到自然条件影响较大，一般是季节生产、常年消费，收获季节集中大量上市，此时往往是供给相对大于需求，价格下降，导致旺季销售价格较低；收获季节过后上市量逐渐减少，消费仍在进行，此时往往供给相对小于需求，导致淡季销售价格逐步上升，这样淡季生产或旺季储存淡季销售的商品所发生的合理成本或储存费用就能够得到补偿并使生产者获得合理收益。工业品中的一些季节性消费的商品，受自然条件影响较小，多是常年生产、季节性消费，受供求的影响，消费旺季价格高，进入消费淡季后，需求减少，价格下降。工业品的这种季节差价属于储存季节差价，旺季价格是未经过储存的最高季节价格，淡季价格是旺季价格扣除储存费后的余额，这样在消费旺季未能出售的工业品，如果进行储存等待来年旺季再出售，其间虽然会发生一定储存费用，但来年新的替代品又会大量上市，消费者不会对这种费用进行支付。因此，经过储存的工业品所发生的储存保管费用，不能从销售价格中得到补偿，只能是储存者的损失，从而提醒企业在经营季节性消费的工业品时，应科学计算进货量，进销平衡，减少不必要的损失。

此外市场供求因素无论在淡旺季节差价或储存季节差价中都是起重要作用的。

（二）季节差价构成因素和应用

季节差价关系到不同季节的价格水平，关系到生产者、储存者和消费者三方的经济利益，也关系到是否能较好地调节供求，满足不同层次的消费需要，因而，必须科学地制定和把握。

1. 季节差价的构成要素。季节差价是季节价格减计算基价之间的差额。一般以全年各月中最低价格为计算基价，其他月份为季节价格。淡旺季节差价构成的因素是淡季生产成本超过旺季生产成本的差额，及必要的风险报酬和合理利润。储存季节差价则由仓储费、资金利息、损耗以及储存者的利润构成。

2. 季节差价的运用。季节差价是制定季节价格的重要依据，季节价格在计算基价的基础上加季节差价形成。季节价格的计算方法主要有两种：

（1）成本计算法。即在计算基价的基础上，根据淡旺季节生产成本差额或季节储存费用直接计算季节价格。公式为：

$$季节价格=计算基价+(淡季生产成本-旺季生产成本)\pm 季节盈亏$$

根据储存费用计算的季节价格公式为：

$$季节价格=\frac{计算基价+储存费用+利息}{1-损耗率}\pm季节盈亏$$

（2）差率计算法。这种方法是根据历史上已经形成的季节差率，再考虑市场的供求状况确定季节价格。公式为：

$$季节差率=\frac{季节价格-计算基价}{计算基价}\times100\%$$

$$季节价格=计算基价\times(1+季节差率)$$

六、质量差价

（一）质量差价的含义及形式

质量差价，是指同一种商品，在同一市场上，同一时间内由于质量不同而形成的价格差额。现实中质量差价在生产者价格、批发价格、零售价格上得到了充分的体现。

质量差价包括的具体形式有：

1. 品质差价。即同种商品不同品质之间的价格差别。不同品质很大程度上体现在商品内含的主要成分和有效成分的多少。如，羊绒含量不同的羊绒衫、有效成分含量不同西洋参含片等价格存在差距。

2. 品种差价。即同种商品不同品种之间的价格差别。如，苹果有国光、红富士等品种之别，从而形成价格差别。

3. 等级差价。即同种商品按照质量的好坏分为不同等级，形成不同等级之间的价格差别。如，某些日用工业品分为正品、次品，某些农产品分为特等、一等、二等、三等，形成等级差价。

4. 规格差价。即同种商品不同规格之间的价格差别。不同规格一般是指商品的大小、长短、轻重、宽窄等方面的差别，如，电视分为18英寸、21英寸、34英寸等规格，它们之间存在规格差价。

5. 花色式样差价。即同一品质、规格的商品，因花色、式样不同形成的价格差额。如，玻璃杯有无色和彩色之分，皮鞋有黑色、棕色、白色之分等等，从而产生不同花色、不同式样的价格差别。

6. 牌誉差价。即同种或同类商品因品牌不同形成的价格差额。如电视机有海尔、海信品牌与其他品牌之分，空调有美的与其他品牌之分等等。品牌知名度高、质量优、信誉好，因而价格高于其他品牌的价格，形成牌誉差价。

（二）质量差价的形成原因

商品的质量表现为物品的性能和满足人们需要的程度，表明商品使用价值的有用程度。

任何商品都是使用价值和价值的统一体，使用价值的质量如何，与生产这种商品时所花费的社会必要劳动时间有着密切的关系，一般来说商品质量与劳动量成正比。首先，商品本身具有的物理性能、化学成分等物质属性是在生产领域形成的，在商品的生产过程中，由于使用原材料的优劣、多少，劳动者的技术水平、熟练程度、劳动强度和复杂程度，生产技术条件、工艺过程以及自然条件不同等等多种因素造成同种商品的质量差别；其次，商品从生产领域向消费领域转移的过程中，运输、保管、包装等各方面工作的好坏也都会影响商品的质量。

任何不同质量的商品，都要进入市场，经过消费者的评价，只有得到市场或消费者认可的商品质量及价格，才能实现生产和流通过程所决定的商品质量与消费者消费这种商品的满足程度相一致，商品价格才能实现两者经济利益的均衡。

总之，生产和流通过程中投入的劳动数量或价值量的差别是形成质量差价的理论基础，而经过市场评价、得到消费者认可的劳动数量或价值量差别才是质量差价的现实基础。

（三）质量差价的运用

质量就是生命，提高商品质量是社会经济又快又好发展的基础，关系到民生，也关系到我国商品在国际市场的形象和竞争力，因此，质量差价的安排要体现“优质优价，劣质劣价，同质同价，按质论价”的原则。

合理安排好质量差价一般要遵循以下程序和方法：

1. 划定比质比价的范围。即把在质量上可以进行比较的商品划分为一类，以便在同类商品中进行比较。

2. 选定标准品。标准品是比质比价的中心。标准品一般是同种类商品中，生产正常、工艺成熟、质量稳定且销售量大，并在市场上具有代表性的商品。

3. 审定标准品的质量标准和价格。质量标准是按质论价的依据。凡质量标准规范的，按照规定执行，没有质量标准规范的由买卖双方协商议定。标准品价格应在正常的市场供求关系下，按照平均成本加合理利润制定，或依据市场价格确定，使之能充分代表本类产品的价格标准。

4. 制定非标准品的质量差率。根据非标准品和标准品的质量差距，测算质量差价率。质量差价可根据质量差别的内容来确定，有的可以按照有效成分含量的差别计算，有的可按生产成本的差异计算，有的可按使用年限的差别计算，也可以根据消费者对同种商品不同品牌的评价值的差别计算等等。

5. 质量差价和非标准品价格的测算。具体有三种方法。

（1）质量差率法。质量差率是非标准品价格与标准品价格的差额占标准品价格的比率。公式为：

$$\text{质量差率}=\frac{\text{非标准品价格}-\text{标准品价格}}{\text{标准品价格}}\times 100\%$$

$$\text{非标准品价格}=\text{标准品价格}\times(1\pm\text{质量差率})$$

（2）质量比率法。质量比率是非标准品价格占标准品价格的比率。公式为：

$$\text{质量比率}=\frac{\text{非标准品价格}}{\text{标准品价格}}\times 100\%$$

$$\text{非标准品价格}=\text{标准品价格}\times\text{质量比率}$$

（3）质量差额法。质量差额是非标准品价格高于或低于标准品价格的差额。公式为：

$$\text{质量差额}=\text{非标准品价格}-\text{标准品价格}$$

非标准品价格＝标准品价格±质量差额

6. 质量差价的调整。上述质量差价的安排是一种理论上的测算，需要市场的检验和消费者的认可，因此，对于市场不认可的质量差价安排，应根据市场的认可情况进行调整，并根据不同时期市场的变化合理调整差价大小。

除上述五种差价外，还有一种批量差价。批量差价是指同一商品，在同一时间、同一市场由于购买批量大小不同而形成的价格差额。批量差价主要发生在出厂和批发环节，在零售环节也存在。形成批量差价的理论依据是大批量交易可以为卖方加快资金周转、减少商品损耗、减少经营风险，也可节省因交易次数减少而降低交易费用，从而使出售方相应增加利润；同时，这些负担使买方成本增加，利润减少。一方是费用减少，利润增加，另一方是费用增加，利润减少，要促成双方的交易，就必须使双方都能从中获得收益，因此，卖方愿意把自己因大批量销售而增加的利益中的一部分，以价格折扣的形式让渡给买方，以相应降低买方成本支出并获得相应收益，鼓励买方大批量采购。

在批量差价的运用上，第一，确定最低批量起点和价格。最低批量起点可根据卖方的正常销售量或买方的正常采购量来确定，并确定销售价格，这个销售价格也就是正常销售的生产者价格或商业销售价格，也是批量价格中的最高价格。第二，划分不同批量档次。在最低批量起点的基础上，对大于最低批量起点的销售量，划分出不同的档次，从而为确定不同批量档次差价或差价率提供依据。批量档次的划分可以根据历史资料和市场供求情况来确定。第三，确定各批量档次价格和折扣率。各批量档次价格应根据卖方成本降低额、买方成本增加额和双方确定的利润分配原则来确定，批量越大，成交价格相应越低。最低批量起点价格减各批量档次价格，形成批量差价，批量差价占最低批量起点价格的比率为折扣率，根据各批量档次的折扣率，可以计算各批量档次的销售价格。公式为：

$$\text{各批量档次折扣率}=\frac{\text{最低批量起点价格}-\text{各批量档次价格}}{\text{最低批量起点价格}}\times 100\%$$

$$\text{各批量档次价格}=\text{最低批量起点价格}\times(1-\text{各批量档次折扣率})$$

批量差价及批量价格在现实中广泛使用，但是从以上分析可以看出，批量差价不是商品差价体系中一种独立的差价，只是对购销差率、地区差率、批零差率的一种调整，是在现有差率基础上给予一个适量的折扣。因此，不再单独讲述。

此外，上述各差价中不包括增值税，需要单独计算后与价格合并。

主要术语

价格体系　生产者价格　批发价格　零售价格　商品比价　商品差价　工农产品综合比价　比价剪刀差　比值剪刀差

思考问题

1. 如何认识价格体系的分类与内容？

2. 如何理解价格体系的特征与合理化？
3. 商品比价的种类有哪些？如何判断商品比价是否合理？
4. 商品差价有哪些？各种商品差价如何运用？
5. 你认为消除工农产品价格“剪刀差”有哪些途径？
6. 你认为如何才能贯彻好“按质论价”原则？

第六章

价格总水平及调控

学习目的与要求

价格总水平作为反映国民经济状况的宏观经济变量，是国家宏观经济决策的重要依据。保持价格总水平的基本稳定是保证社会主义市场经济持续发展的重要前提条件。通过本章的学习，使学生们把握价格总水平的含义，影响价格总水平变动的因素以及变动趋势，掌握通货膨胀和通货紧缩的理论，把握价格总水平调控的手段和方法。

第一节　价格总水平的含义及影响变动的因素

一、价格总水平的含义及指标

价格水平是指在一定时期内，各种商品价格的平均水平。它表明价格在一定时期、一定条件下的运动变化情况，其实质是反映商品同货币交换比例指数动态的一种经济变量，是价格的动态反映。价格总水平是指一定时期内社会全部商品的价格动态的综合，是一定时期内各种商品价格的平均水平。这一含义具体包括三层意思：（1）价格总水平包括的范围是全社会所有的商品，即社会总商品；（2）价格总水平所反映的是社会总商品价格的综合平均动态；（3）价格总水平是通过价格总指数来表现的。

价格水平是通过价格指数表现的。价格指数是用来说明不同时期价格水平变化趋势和变化程度的一种相对数，通常以报告期和基期相对比的相对数来表示。按照所包含的商品范围不同，价格水平可分为三类：单项商品的价格水平、分类商品的价格水平和价格总水平。单项商品的价格水平反映的是各种具体商品价格的动态；分类商品的价格水平反映的是各种类别商品价格的动态；价格总水平反映的是社会全部商品价格的动态。价格指数是研究价格水平变化的工具。目前，国际上价格总水平的度量指标主要有两种：一是各种价格指数，如居民消费者价格指数、批发价格指数、商品零售价格指数等；二是国内生产总值缩减指数（GDP Deflator），也称 GDP 缩减指数。

所谓国内生产总值缩减指数是指按当年价格计算的 GDP 与按某一基期固定价格计算的 GDP 相比的相对数。其基本公式为：

$$国内生产总值缩减指数=\frac{报告期按现价计算的GDP}{报告期按不变价格计算的GDP}\times 100\%$$

GDP 缩减指数是多项价格指数的综合反映，主要由以下价格指数加权而成：按当期增加值构成加权计算的工业品出厂价格指数、农产品生产价格指数、固定资产投资价格指数、建筑安装工程价格指数、居民消费价格指数、商品零售价格指数、居民服务项目价格指数、房屋销售价格指数、土地交易价格指数、房屋租赁价格指数、交通费价格指数等。在 GDP 核算时，首先利用上述各价格指数分别缩减各行业的增长速度，然后加权全社会增长速度。GDP 缩减指数统计范围广，能全面反映价格的总水平的变化情况，但由于资料收集和计算上的困难，一般国家不用 GDP 缩减指数编制价格总指数，而以某一方面的价格总指数来代表价格总水平的变化。大多数国家用消费价格指数来反映价格总水平。在我国，长期以来采用社会零售商品价格总指数来表示价格总水平的变化，简称零售价格总指数。近年来也开始用居民消费价格指数反映价格水平变动趋势和程度。

商品零售价格指数反映的是一定时期内商品零售价格的变动。它的变动直接影响到城乡居民的生活支出和国家的财政收入，影响到居民的购买力和市场供需的平衡。零售价格指数只反映零售商品的价格变动，不包括服务价格，所以不能反映价格总水平的变动，也不能反映生活费用的变化，只反映了商品价格总水平的变动。

我国目前采用的是居民消费价格指数（Consumer Price Index，CPI），它是反映一定时期内居民消费价格变动趋势和变动程度的相对数。居民消费价格指数分为食品、衣着、家庭设备及用品、医疗保健、交通和通讯、娱乐教育和文化用品、居住、服务项目等八个大类。国家规定 325 种必报商品和服务项目，其中，一般商品 273 种，餐饮业食品 16 种，服务项目 36 种。该指数综合了城市居民消费价格指数和农民消费价格指数。利用居民消费价格指数，可以观察和分析消费品的零售价格和服务价格变动对城乡居民实际生活费支出的影响程度。编制居民消费价格指数的目的，是了解全国各地价格变动的基本情况，分析研究价格变动对社会经济和居民生活的影响，满足各级政府制定政策和计划、进行宏观调控的需要，以及为国民经济核算提供参考和依据。

在社会主义市场经济条件下，价格总水平是综合反映国民经济状况的一个重要经济参数，也是国家进行宏观经济决策和实施经济政策的重要依据之一。价格总水平的状况，不仅是经济增长和货币供应是否适度、国民经济运行是否正常的反映，而且直接关系到每个人的切身利益，关系到社会秩序与政治上的安定。因此，价格总水平基本稳定是政治稳定、经济稳定、社会稳定的重要标志和条件。但在现实经济运行过程中价格总水平由于受到各种因素的影响，总是处于不断变化和运动之中。要保持价格总水平的基本稳定，必须认真研究影响价格总水平变动的因素。

二、影响价格总水平变动的因素

影响价格总水平变动的因素很多，有内因，有外因；有短期因素，也有长期因素，这些因素纷纭复杂交织在一起。影响价格总水平变动的因素主要包括以下几方面：

（一）社会总供给与总需求平衡状况对价格总水平的影响

市场供求关系不仅决定着个别商品的价格，而且也决定着价格总水平的变化。但决定个别商品价格的是个别商品的供求关系，决定价格总水平的则是社会总供求关系。在市场经济条件下，社会总供给与总需求的平衡状态是决定价格总水平最重要的因素。

社会总供给，从价值形式上看是指社会各物质生产部门向市场提供的商品价值的总额；从实物形态上看是指向市场提供的商品的实物总和。社会总需求，从价值形式上看是指社会各方面需要购置商品的有支付能力的货币总金额；从实物形态上看是有支付能力的社会需要的商品总量。

社会总供给与总需求的关系是决定价格总水平的基本因素。在商品价值不变的前提下，如果社会总供给大于总需求，则表明社会总需求不足，有一部分商品卖不出去，价格总水平就会下降。如果社会总供给小于总需求则表明需求过大，有一部分购买力得不到实现，价格总水平就会上升。只有在社会总供给等于总需求时，价格总水平才有可能保持稳定。在市场经济条件下，价格在市场机制作用下形成，价格具有较大的伸缩性，总供给与总需求的矛盾就会通过价格总水平的波动得到解决，形成新的均衡，这种均衡是以价格总水平的上升或下降为代价实现的。

然而，现实经济生活中情况却复杂得多。首先，在现实经济中价格的完全伸缩性并不存在。由于政府管制、经营垄断和信息阻塞等原因，价格往往是缺乏弹性的。如：在需求大于供给的情况下，由于价格被管制，而不能及时上涨，使供给不能缓解。其次，在供给有较大弹性的情况下，过大的需求可能会被闲置的资源所吸收，从而刺激供给大幅度增长，实现供求的平衡，而不会引起价格的上升或上升的幅度较小。再次，现实经济生活中当价格上涨后，人们实际的消费和投资需求并不一定会自动减少。由于预算约束软化，以及消费刚性和投资刚性的存在，当价格上涨后，为了保证实际消费水平和投资水平不变，人们只能不断提高消费支出和投资支出。也就是说，名义总需求必然进一步扩大，结果形成需求与价格的恶性循环上升。

综上所述，从动态过程来看，总供给、总需求与价格总水平是相互决定的，不仅总供求的状况可以决定价格总水平的高低，价格总水平在一定条件下也可以反过来成为决定总供求状态的因素。

当然，总供给、总需求与价格总水平的关系不只是一个总量问题，而且还有一个结构问题。总量平衡指的是社会总供给和总需求在价值量上的平衡。结构平衡指的是社会总供给和总需求在实物上的平衡，即是需求的多个具体部分与总供给的各种物质形态之间的平衡。如果社会总供给和总需求在总量和结构上都是平衡的，价格总水平可以保持稳定。如果结构失衡，特别是总量也失衡则价格总水平必然会发生波动。

社会总供给和总需求具有不同的运动规律，它们在供求矛盾运动过程中所起的作用也不相同。在短期内，社会拥有的总的供给能力基本是一定的。在这个前提下，总供给与总需求平衡主要取决于总需求的状况。总需求的变动是影响价格总水平的基本因素。

社会总需求主要由消费需求和投资需求两个部分组成。消费需求和投资需求的膨胀都可能引起价格的上涨。在我国以往的经济体制中，由各部门盲目追求速度造成的投资需求一再发生，投资需求扩张除引起生产资料价格上涨进而推动生活消费品上涨外，一部分投资需求又会转化为消费需求，也使消费需求增加而影响消费品价格上升。当然，在我国直接的消费需求膨胀也是经常发生的，消费品价格的上升也会影响生产资料价格的上升，两者互相影响，常常共同推动价格总水平上升。

（二）货币价值变化对价格总水平的影响

币值的变化是影响价格总水平的又一重要因素。在纸币流通条件下，货币变化不仅影响个别商品价格，而且影响着总水平的升降。如果商品流通总量和货币流通速度不变，价格总水平取决于流通中的货币总量。如果纸币发行过多，它所代表货币价值就会减少，就会造成货币贬值、通货膨胀、价格总水平上升。

除了通货膨胀引起货币贬值，从而导致价格总水平的上升外，汇率的调整也会影响货币价值，进而影响价格总水平的变动。

汇率对价格水平的影响主要表现为外币汇率上升（本币贬值）会引起进口商品按本国货币表示的价格上升。如果进口商品是消费品，那么直接成为零售价格总水平的推动力量；如果进口商品是生产资料，那么将引起按国内货币计算的生产成本上升，成为推动价格总水平上升的因素。并且还有可能引起国内同类产品价格的攀比上升，间接引起价格总水平的升高。因此，在通常情况下，外币汇率的提高会引起国内价格的升高。

（三）商品价值量变化对价格总水平的影响

价值是形成商品价格的基础，在其他条件不变的情况下，单位商品价值量增加，以货币表现的商品价格就上升。单位商品价值量减少，以货币表现的商品价格就下降。价值对价格的决定作用不仅表现在单个商品价格上，同样也表现在价格总水平上，其差别在于决定价格总水平的价值量不是某一种商品的价值量，而社会全部商品的总价值或是社会全部商品的平均价值量。当社会全部商品的总价值或平均价值量发生变化时社会商品的价格总水平就会上升或下降。

决定社会商品平均价值量的因素同个别商品一样，是社会劳动生产率的高低，影响社会劳动生产率变化的因素很多。归纳起来，可分为两大类：一类是技术性因素，一类是自然因素。技术性因素包括工人、技术人员的素质、熟练程度、劳动组织、技术装备的性能和规模。一般情况下，技术性因素越有优势，劳动生产率就越高；反之，则越低。因而，它与商品中包含的价值量成反方向运动，随着技术条件的改善，商品价格总水平会呈下降趋势。自然因素包括土地、气候、水利、矿藏、交通等因素。一般来说，自然条件对劳动生产率的影响是客观的，有时起有利作用，有时起不利作用。随着生产的发展，有的自然条件可以得到改造，有的则越来越恶化，从而直接或间接影响劳动生产率的变化。总之，自然因素在生产中的作用不如技术性因素活跃，变化也比较缓慢，不过最终也会对商品价值量发生影响，从而影响价格总水平的变化。

与供求因素及货币因素对价格总水平影响相比，价值量变化对价格总水平的影响要缓慢、平滑得多。其原因在于决定商品价值的社会劳动生产率变化是一个渐进的过程，不会在短期内发生急剧的变动。在现实生活中由于供求情况及货币币值变化的频繁性和波动的剧烈性，往往使价值量变化对价格总水平变化的影响冲刷得非常淡，以至于常常被人们所忽视。

除上述这些基本因素外，一个国家的经济政策和价格政策也会在很大程度上影响商品价格的总水平。在计划经济体制下这种影响是通过直接的国家定价手段来实现的。在市场体制条件下，国家除对少量的商品和劳务规定具体价格外主要是通过宏观经济政策来影响市场供求关系和货币价值，从而影响价格总水平变化的。

随着国家间经济交往的日益频繁，国际市场价格水平也必然影响一国国内市场价格总水平。随着我国改革开放的不断深入，国内市场价格逐渐与国际市场价格接轨，国际市场价格水平变动对国内市场价格总水平的影响越来越大，而这种影响往往又是和汇率的变动交织在一起的，因此，要充分把握和分析国际市场价格及汇率的变动情况，并采取有针对性的措施，才能有效降低国际市场价格和汇率波动对国内价格水平的冲击。

第二节　价格总水平变动的规律性

价格总水平的变动规律是指价格总水平所呈现的某种变化趋势和方向。首先，价格总水平呈现的某种变化趋势，是在一定条件下，受综合因素影响的结果；其次，价格总水平的变动趋势是各种商品价格变动趋势相互抵消后的综合表现；再次，价格总水平的变动趋势是较长时期内价格总水平的变动趋势，贯穿于价格总水平运动的过去、现在和未来。

价格总水平的变动趋势，是客观存在的，具有规律性。认识和掌握价格总水平的变动趋势，对于正确制定价格政策，实施价格宏观调控，推动社会主义市场经济的发展具有重要意义。

一、各类商品价格变化趋势

各类商品价格的变动趋势是价格总水平变动趋势的基础。各类商品价格的变动，由于所受到的影响因素和程度不同，呈现的变动趋势也不同。

（一）农产品价格的变动趋势

农产品价格的变动具有上升的趋势。从我国的农产品价格变动看，以1978年为基础，到2012年，农产品生产价格上升了892.0%。造成农产品价格不断上升的主要原因是：

1. 农产品生产成本不断上升。造成农产品成本不断上升的主要因素是农业生产受自然条件影响较大，劳动生产率提高缓慢。现代化农业发展中所增加的大量物质费用和人工费用，难以通过农业生产率的提高消化掉，从而导致成本的上升。其次，农业的不断发展，对生产资料的需求越来越大，会导致农业生产资料价格的上升。我国农业生产资料价格2011年比1978年，上升了631.5%。第三，农业生产中人工费用不断提高，一方面表现在开展农田水利基础建设，防止病虫害等用工增加，另一方面是随着社会经济的发展工价水平不断提高。1980年前，我国每个劳动日工价为0.8元，2011年已经达到40元。

2. 从长期趋势看，我国农产品供不应求的状况是拉动其价格水平上涨的又一原因。建国以来，我国农业生产有了很大发展，已基本解决了温饱问题。但是由于我国人多地少，而且耕地面积有不断减少的趋势，农业劳动生产率增长缓慢，农产品供应量受自然条件的影响很不稳定。而社会对农产品的需要量保持稳定地增长，人口增加，工业的发展、城镇化水平加速、消费水平的提高，都需要农产品供应量有较大提高。因此，从很长一个时期看，我国农产品仍处于供不应求的状况，这也就成为未来相当长的时间内拉动农产品价格上涨的重要因素。

（二）重工业产品价格的变动趋势

重工业产品价格由于加工层次的不同，各层次产品价格的变化具有不同的趋势。

1. 矿产品价格有不断上升的趋势。矿产品的生产对于自然条件的依赖性很强，而且矿产资源具有有限性，但为了满足社会日益增长的需求，人们不得不对矿藏开发利用。矿产品生产的自然条件恶化，使劳动生产率的提高受到限制，造成物质费用和人工报酬的增长，推动成本的不断增加，从而使其价格水平有不断上升的趋势。

2. 原材料工业品价格呈不断上升趋势。原材料工业品是直接以矿产品为原料进行生产的，是加工工业的初次加工产品，加工次数少，因而受自然条件的间接影响很大。虽然新技术的应用能带来物质耗费的节约，但往往也难以弥补矿产品涨价所造成的支出。同时工人的工资又因劳动力费用的增长而不断上升，这种状况使得原材料工业品生产成本上升不可避免，也就决定了价格具有上升趋势。

3. 制造工业本身是一个庞大的产业体系，其内部各种行业由于加工深度和技术含量不同，受到涨价因素的影响也不同。分别表现为有的价格上升，有的稳定，有的下降。如：一些传统的机械制造业，由于使用原材料多，加工程度不深，其价格受原材料价格影响大，其产品价格有上升趋势；而一些新兴工业产品，如精密机器、仪表、电子产品、机电一体化产品、精细化工产品等，由于具有加工层次多，生产工艺复杂，技术性强的特点，使其劳动生产率的提高速度较快，特别是在当今世界科学技术革命迅速发展的情况下，制造工业品劳动生产率的提高，能够消化掉该部门物质费用和人工报酬的增长，其生产的成本呈下降趋势，其价格从长远看来也有下降趋势。

总之，从重工业品价格总水平上分析，虽然矿产品和材料工业品价格为上升趋势，但它们毕竟是中间产品，会被在多次的加工层次中逐步完全消化或大部分消化，致使重工业品价格的长期趋势呈现多种变化状态，但总水平会略有上涨。

（三）轻工业品价格的变动趋势

轻工业品价格的变动趋势总的看来是趋向稳定并略有上升。因为，以农产品为原材料的轻工业品的生产加工层次少，几乎全是初级加工，受自然条件的影响很大。新技术的使用虽可促进生产率的提高，但自然条件的不利影响，往往会抵消，甚至超过劳动生产率的积极影响，因而受农产品价格上涨的影响，以农产品为原材料生产的轻工产品价格呈上升趋势；以重工业品为原料的轻工业品价格的变化情况与重工业加工产品的变化情况类似。凡工艺简单，使用原材料多的产品价格有上涨趋势；而生产加工层次多，工艺复杂，技术性强的产品，因为劳动生产率的提高消化了原材料价格上涨因素，所以价格保持相对稳定并呈下降趋势。

（四）交通运输价格的变动趋势

交通运输价格的变动处于上升趋势。这是因为，交通运输业投资规模大，要不断追加大量投资，并且受自然条件和技术条件的影响，劳动生产率增长缓慢。再则，在我国交通运输业长期落后，成为制约我国经济发展的瓶颈，交通运输紧张的局面长期内难以缓解；再加上我国交通运业历来价格偏低，难以消化目前能源、劳动力价格上涨的因素，因而交通运输价格呈现上涨趋势是不可避免的。

（五）生产要素价格的变动大多呈上升趋势

在未来相当长的时期，劳动力价格是不断上升的。首先从劳动力的供求关系看，在经济发展过程中，劳动力资源在一定时期内可能表现为相对充裕，但社会经济的不断发展对劳动力，特别是对熟练工、技术人才、高科技知识人才、管理人才的需求越来越大，劳动力供应日趋紧张，使劳动力价格上涨。这一点已被经济发达国家的实践所证明。其次，随着社会进步，劳动力的再生产费用不断提高，而且受到社会道德影响，劳动力价格也呈上升趋势；土地使用费及房产价格受到土地有限性的制约和需求增长的影响，从长期看也呈上升趋势；技术信息产品属于知识密集型产品，社会发展对这类产品的需求越来越大，且这些产品本身的技术含量越来越高，其价格也呈上升趋势；资金价格取决于货币供求关系，在不同国家及同一国家的不同时期，由于资金的供求关系不同，因而资金的价格是不断波动的，但不论如何变动资金价格总是在社会平均资金利润率的一定范围内波动。

二、价格总水平的变动趋势

从理论上看，价格总水平的变动趋势存在上升、下降、相对稳定的可能性，每种情况都有可能存在。价格是国民经济的综合反映，由于国民经济的波浪式发展规律，必然带来社会总供给和总需求矛盾的不断交替变化，从而也影响货币供应量的不断变化。因此，价格总水平往往会随国民经济发展的波动而波动，而且这种波动比起价值量变化对价格总水平的影响更加迅捷，更加直接。从某一时间段来看，在经济协调发展，社会总供求基本平衡的情况下，价格总水平保持相对稳定，否则就出现价格总水平持续上涨或下降的情况。保持价格总水平的相对稳定是世界各国政府调控经济活动的目标之一，然而，从较长的时间看，如果把上涨因素与下降因素相互抵消以后，价格总水平的变动呈现出缓慢上升的态势。这种现象不仅被我国价格总水平变动实际所证明，而且也为国际上众多国家的客观事实所证明。

新中国成立六十多年来，价格总水平变化趋势可分为以下几个时期加以总结：

1949 年至 1952 年间，这一时间是从全国解放前夕到国民经济恢复时期。从价格形势上讲，一方面由于解放前夕，国民党政府搞通货膨胀，再加上不法私商大搞投机倒把，使得价格飞涨。另一方面革命战争尚在继续，军费和公职人员开支较大，出现了 1949 年 4 月、7 月、11 月及 1950 年 2 月的四次价格上涨。1950 年 3 月国家通过统一财政经济工作，一举稳定了波动 12 年的价格。除 1951 年受朝鲜战争影响零售价格水平上涨 12.2%外，总的讲来这一时期国家通过采取有力措施，控制了通货膨胀。随着国民经济的迅速恢复，价格总水平趋于稳定。1951 年、1952 年工农业总产值分别比上年增长 18.9%、20.9%。价格总水平，1951 年有所上升，1952 年则下降了 0.4%，并趋于稳定。

1953 年至 1957 年间，这一时期我国实施第一个五年计划，开始大规模经济建设，需求增加，但由于国民经济的各种比例关系比较正常，工农业发展较快，市场繁荣，价格在稳定中略有上升。这期间全国零售价格水平上升 8.5%，平均每年上升 1.7%。然而同期工农业总产值年递增 10.9%，国民收入年递增 8.9%，职工平均工资递增 7.4%，农民收入年均增长 5.1%。

1958 年至 1965 年间，这一时期国民经济经历了“大跃进”和治理整顿两个阶段。从 1958 年至 1962 年国民经济严重失调，生产萎缩，货币投放量过大。农业生产从 1959 年大幅下降，由1958年的总产值550亿元下降到475亿元，轻、重工业分别从1960年和1961年也开始下降，货币流通量1961年比1957年上升1.4倍。1962年与1957年相比，按可比价格计算的国民收入下降了25.5%。经济衰退与通货膨胀并存，价格总水平涨幅较大，以1957年为基期，社会零售价格1961年上升了21.2%，1962年上升了25.8%。经过调整，以及在价格政策方面采取的一系列正确措施，使国民经济严重失调问题得以解决，工农业生产迅速恢复。工农业总产值与上年比较，1963年增长9.5%，1964年增长17.5%，1965年、1966年的增长均在17%以上。货币流通量也由1961年的125.7亿元降至1964年的80亿元。价格总水平开始回落，仍以1957年为基期，1963年、1964年、1965年商品零售价格分别上升为18.3%、14%和10.9%，都比1961年、1962年有所回落。

1966年至1976年间，这期间处于"十年动乱"时期，国民经济比例关系再度严重失调，商品严重短缺，社会政治、经济生活陷入混乱状况。这一时期的价格总水平处于"冻结"状态，变化不大，全国零售价格水平1976年比1965年还下降了1.7%。但这种稳定并不是生产发展、市场繁荣、人民生活水平提高的反映。它是在商品匮乏，国家实行凭证定量供应，人民生活水平降低的条件下实现的。由于许多不合理的价格得不到调整，价格上涨的内在推动力很强，潜伏着通货膨胀的危机。

1977年至今，这一时期是我国由计划经济向社会主义市场经济转化的时期。在价格上已基本上完成了由计划管理价格向市场调节价格的过渡。这一时期价格总水平受经济发展速度和价格改革的影响，在波动中有上涨，而且个别年份的上涨幅度较大。

1977年以来，我国的经济进入了快速发展时期，而且是在扩张——紧缩——再扩张——再紧缩的循环中运行。从国民生产总值的增长率来看，从1978年到1981年，增长幅度降至4.4%，接着出现了经济增长的三次高峰、二个低谷，即1984年、1988年、1993年的国民生产总值分别增长了14.7%、12.3%、13.4%，1986年、1990年的国民生产总值分别增长了8.1%、4.1%。伴随着经济的波动增长，货币供应量的增长率远远高于国民生产总值的增长率。1979年到1992年M0年均增长24%，M1年均增长35.38%。价格总水平受到上述因素影响在波动中上升。以上年为基础，社会零售价格指数1984年以前比较平稳，除1980年上升6%外，其他年份上升均未超过3%，1985年以后涨幅较大，除1990年至1992年受经济调整影响涨幅较小外，其他年份涨幅都较大，其中1987年为8.8%，1988年为18.5%，1989年为17.8%。

1990年以来，价格波动较频繁。1990年至1995年价格上涨幅度巨大。1996年开始，国家加大对价格的调控，价格开始下降。1998年出现负增长，一直延续到2004年商品零售价格指数上涨2.8%。2005年以来，商品零售价格指数基本控制在5%以内。见表6—1。

表6—1　　1990—2012年商品零售价格指数变化情况表（上年=100）

年份	商品零售价格指数	年份	商品零售价格指数
1990	102.1	2002	98.7
1991	102.9	2003	99.9
1992	105.4	2004	102.8
1993	113.2	2005	100.8
1994	121.7	2006	101.0

续前表

年份	商品零售价格指数	年份	商品零售价格指数
1995	114.8	2007	103.8
1996	106.1	2008	105.9
1997	100.8	2009	98.8
1998	97.4	2010	103.1
1999	97.0	2011	104.9
2000	98.5	2012	102.0
2001	99.2		

资料来源：《中国统计年鉴 2013》。

从居民消费价格指数的变化来看，2000—2006 年，中国居民消费价格指数波动较小，但 2007 年开始，消费价格指数上涨较快，波动较大，2012 年消费价格指数得到有效控制，见表 6—2。

表 6—2　　2000—2012 年中国居民消费价格指数变化情况表（上年＝100）

年份	CPI（%）	年份	CPI（%）
2000	100.4	2007	104.8
2001	100.7	2008	105.9
2002	99.2	2009	99.3
2003	101.2	2010	103.3
2004	103.9	2011	105.4
2005	101.8	2012	102.6
2006	101.5		

资料来源：《中国统计年鉴 2013》。

价格指数的变动与经济发展状况及社会总供给与需求的状况有密切关系，不同年份价格总水平的变化有起有落，但总的趋势是缓慢上升的。

从世界各国看，发达国家中，一些在战争中失败过的国家，如日本等，由于受到战争破坏，经济疲软，供应不足，经历了一段高通货膨胀时期，直到后来经济恢复才控制了价格上涨。20 世纪 70 年代受到石油危机的影响，价格水平又有较大上涨，进入 80 年代后价格水平保持基本稳定，如日本 1985 年至 1992 年间，消费价格指数的年增长率在 0.2%～3.3%之间。一些在二战中胜利的国家，五六十年代虽然在凯恩斯温和通货膨胀理论指导下，经历了一段经济高增长时期，但到 70 年代同样受到石油危机的冲击出现了经济发展停滞与通货膨胀、价格上涨的局面。美国在 1974 年、1977—1981 年消费价格指数上升，也曾超过 10%。此后价格总水平在基本稳定的情况下有所上升。美国 1985 年至 1992 年间年消费价格指数增长最高年份为 1990 年，为 5.4%，最低年份为 1986 年，为 1.9%。其他发达国家虽然价格水平都比较稳定，但总的都呈上升趋势。如在 1985—1992 年间，美国、日本、德国、法国、英国、加拿大、意大利七国平均价格指数的变化趋势就证明了这一点。1985—1992 年七国平均消费物价率增长百分率分别是 3.8%、2.0%、2.8%、

3.1%、4.2%、4.8%、4.2%、3.1%。

再如：美国2000—2012年通货膨胀率分别为：3.38%、2.83%、1.59%、2.27%、3.39%、2.68%、3.24%、2.85%、3.85%、－0.34%、1.64%、1.7%、2.8%。英国2000—2011年通货膨胀率分别为：3.0%、1.8%、1.7%、2.9%、3.0%、2.8%、3.2%、4.3%、4.0%、－0.5%、4.6%、5.2%。

世界各发展中国家，大多处于短缺经济状态，物资供不应求，价格受需求拉动。有的国家为了加速经济发展速度，造成经常性纸币超经济发行，使价格总水平大幅度上升。如1986—1988年三年中发展中国家平均的通货膨胀率分别为31.1%、40.5%、67.1%。

综上所述，从价格总水平的变化趋势看，在纸币流通条件下，无论是发达国家，还是发展中国家，价格总水平总是呈缓慢上升的趋势。

三、推动价格总水平上升的原因

影响价格总水平不断上升的原因很多，归纳起来大体有三种类型。

（一）成本推动型

从理论上讲，随着劳动生产率的提高，商品的价值含量减少，价格会随之下降，但在现实中随着社会经济的不断发展，社会劳动生产率的提高，产品的更新换代加快，所含价值量增加；商品和服务的质量水平和技术含量也在不断提高；劳动者素质和福利的增长也要求增加人力资本。这些都会提高商品和服务的价值含量，从而相应提高其价格。总的来说，虽然社会劳动生产率会有较快增长，但基础部门的劳动生产率提高缓慢，成本上升似乎不可扭转，从而使加工工业的降价潜力不断被抵消，再加上国家和企业都要增加积累，工人要调整工资，因此，即使有一点降价的潜力，也没有一个国家愿意奉行普遍降低价格总水平的措施。

再从生产成本的自身发展规律看，生产成本呈不断上升趋势。这是由于资源的有限性、稀缺性，以及由此带来的基础产业的生产条件恶化，资源保护和再生产费用增加等造成产品生产费用不断增加，从而推动价格上升。这一点在农产品和矿产品的生产中表现得最明显，而这些产品又是基础产品，其价格上升会带动其他产品价格的上涨。

推动成本不断上升的另一个重要因素是劳动力价格不断上升。一方面随着社会经济的发展，劳动力的供给日趋紧张；另一方面劳动力的再生产费用不断上升。必须看到劳动力工资问题，不仅是个经济问题，而且还是一个政治问题，还受到社会道德标准的制约。因此，从现实和未来看，工资水平只能上升，不能下降。然而当工资上升幅度一旦高于劳动生产率提高幅度就会引起成本上升。

（二）需求拉上型

当出现社会商品总需求大于总供给时，一部分商品购买力没有相应的物质作保证，就会拉动价格总水平上升来消化这部分多余的购买力。这种情况往往与通货膨胀相伴而发生。出于种种原因，世界上许多国家都自觉不自觉地推行一定幅度的通货膨胀政策，来推动经济增长。然而长期推行这一政策的结果往往使整个国民经济陷入混乱，有时甚至导致政治危机和社会动荡；有时还会造成滞胀局面的出现，经济发展虽然停滞或低速增长，但通货膨胀仍然存在。所以，货币发行过多与通货膨胀往往成为推动价格总水平上涨的重要原因。我国虽然不奉行通货膨胀政策，但货币发行量大于经济增长的现象早就存在，存在现实的通货膨胀，而且在短期内很难消失，这也成为价格总水平不断上升的重要因素。

（三）结构调整型

从理论上讲，结构调整是有升有降，不会引起价格总水平的变化。但在实际中往往会存在以下现象：某些部门产品特别是基础产业部门的产品在一定时期，由于某些原因导致供不应求，价格上涨，进而带动其他产品价格的上涨；各部门劳动生产率发展不平衡，劳动生产率不同的部门，货币工资增长不同，劳动生产率较低部门的工资向劳动生产率较高部门的工资看齐，从而引起成本的增加，产品价格的上升；在市场经济中无论是由政府定价的商品还是由市场决定价格的商品，其价格都要反映价值规律的要求。从我国情况看，实行政府定价的资源环境产品价格偏低，还没有形成反映市场供求、资源稀缺性以及环境损害成本的价格形成机制，这些价格提高不可避免，由此也会带动价格水平的结构性上涨。

第三节　通货膨胀与通货紧缩

通货膨胀和通货紧缩是指价格水平在一定时期内持续上升或下降的现象，是价格水平运动的特殊现象，说明其成因并进行有效的治理是价格学的任务之一。

一、通货膨胀

（一）通货膨胀的含义与成因

西方经济学中对通货膨胀的一般表述是价格水平在一定时期内持续上涨的现象。这一解释将价格水平是否持续上涨作为衡量通货膨胀的标准，并将通货膨胀产生的原因归纳为以下几方面：

1. 需求拉动型通货膨胀。总需求过度增长超过了现有价格水平下的商品总供给，引起了价格普遍上涨。总需求的过度增长表现为由于投资膨胀和消费膨胀所导致的持续的货币供应量超过社会商品可供量的增长，因而又称过量需求通货膨胀，即“过多的货币追求过少的商品”。

2. 成本推进型通货膨胀。即在社会需求不变的情况下，由于生产成本上升所引起的价格普遍上涨。一是工资增加超过了劳动生产率的提高，提高工资就会导致成本增加，从而导致一般价格总水平上涨，即形成工资推进的通货膨胀。二是指企业为谋求更大的利润，操纵价格，导致的一般价格总水平的上涨，即形成利润推进的通货膨胀。

3. 结构型通货膨胀。由于社会经济部门结构失衡而引起的价格普遍上涨。这种类型的通货膨胀一般在发展中国家较为突出。主要表现为三种情况：一是国内某些部门，甚至某些大宗关键产品需求过多而供给不足，导致价格猛涨，并且只涨不跌，进而扩散到其他部门产品的价格，从而使一般价格水平持续上涨；二是国内各部门劳动生产率发展不平衡，导致劳动生产率提高较快的部门货币工资增长后，其他部门的货币工资也随之增长，引起价格上涨，从而使一般价格水平普遍上涨；三是开放型经济部门的产品价格，受国际市场价格水平影响而趋于提高时，会波及到非开放型经济部门，从而导致一般价格水平的上涨。

马克思的政治经济学原理则认为，在金属货币流通的条件下，金属货币作为商品，具有价值，能够自动调节货币量以适应流通的需求，不会产生通货膨胀。在纸币流通的条件下，它作为价值的法定符号，不具有自动调节货币量的职能，在其他情况不变的情况下，当纸币发行量超过流通实际需要量，就会出现纸币贬值，价格水平普遍上涨的现象，即通货膨胀。可见，当纸币发行量超过流通实际需要量，单位纸币贬值是通货膨胀产生的原因。理解通货膨胀要注意以下几个方面：

1. 通货膨胀以纸币流通为前提，纸币发行过量、单位纸币贬值是本质，价格普遍上涨是外在表现。

2. 通货膨胀所表现的价格上涨不是几种商品价格的上涨，而是价格总水平的上涨。表现为社会商品和服务（不是股票、债券等金融资产）价格的全面上涨。

3. 通货膨胀不是价格总水平偶然的暂时的上涨，而是一个时期的持续价格总水平的上涨过程。但是通货膨胀所表现的价格上涨也有其最低的数量界限，从西方市场经济国家的实践上看，价格水平年上涨率低于3%不算通货膨胀，有的西方经济学家则把价格水平年上涨率2.5%作为衡量是否发生通货膨胀的最低界限。

（二）通货膨胀与价格上涨的关系

通货膨胀与价格上涨的关系既有相互联系的一方面，又有相互区别的一方面。通货膨胀是指纸币发行量超过流通实际需求量，单位纸币贬值引起价格水平普遍上涨的现象，两者之间的联系是通货膨胀必然引起价格水平的上涨。但不能反过来说凡是价格上涨都是通货膨胀，如果不是纸币超量发行、单位纸币贬值引起的价格水平上涨，就不能认为是通货膨胀。因为影响价格上涨的因素是多方面的。在现实中影响价格上涨的因素除了货币（纸币）因素外，还有许多非货币（纸币）因素也会引起价格的上涨。比如，随着社会经济的不断发展，社会生产力水平的不断提高，虽然会导致部分商品价格有所下降，但是商品和服务质量处在不断提高的过程中，而且一些重要的经济资源，特别是不可再生或再生周期较长的重要经济资源供给日趋紧张，其生产成本和社会成本不断提高，其结果会推动价格水平的上涨，这种情况造成的价格水平上涨，是经济运行的内在要求，不能认为是通货膨胀。再比如，当某些生产过剩的商品价格有所下降时，某些基础性部门的产品价格如农产品价格，由于自然灾害的影响而供不应求，其价格上涨也会带动价格总水平的上涨，而这种价格水平的上涨带有明显的结构性特征，也不能认为是通货膨胀。此外，政府有计划地调整政府管制价格，理顺价格关系以及商品流通不畅，市场管理不善，乱收费、乱罚款等因素，也会引起商品和服务价格水平的上涨。上述情况的价格水平上涨引起了纸币的增加，而不是纸币过量引起价格水平上涨。因此，严格区分通货膨胀和价格上涨，对于有效治理通货膨胀，调控价格水平具有重要意义。

（三）通货膨胀的类型

对通货膨胀的认识不同，对通货膨胀类型的区分也有不同的角度，概括起来有以下几种分类。

1. 按照价格水平上涨的幅度划分，通货膨胀有四种类型。（1）爬行的通货膨胀。即年价格水平上涨率在3%～5%之间，但有进一步上升的趋势。（2）温和的通货膨胀。即年价格水平上涨率在5%～8%之间。（3）急速的通货膨胀率。即年价格水平上涨率经常在10%以上，并在短期内有超过20%的趋势。（4）恶性通货膨胀。表现为价格水平无限制地上涨，其特点是价格水平持续上升，导致正常的经济关系被破坏，货币大幅度贬值和货币体系最后崩溃。

2. 按照通货膨胀发生的原因划分，通货膨胀有六种类型。(1) 需求拉动型通货膨胀。(2) 成本推进型通货膨胀。(3) 结构型通货膨胀。(4) 混合型通货膨胀。即由需求因素、供给因素和结构因素共同作用引发的通货膨胀。(5) 体制型通货膨胀。即由于价格体制、金融体制等社会经济体制不合理而引发的通货膨胀。(6) 输入型通货膨胀。由于输入品价格上涨而引起国内价格水平普遍上涨的现象，这种类型的通货膨胀主要通过国际贸易、国际资本流动、开放型经济部门等途径在国家间传播。

3. 按照价格的市场化程度划分，通货膨胀有二种类型。(1) 公开的通货膨胀。即在市场机制充分运行和政府管制经济不严的条件下，通货膨胀表现为公开的价格水平上涨。(2) 隐蔽的通货膨胀。即当政府运用价格工资管制、票证配售、定量配给等行政或法律措施限制价格波动的情况下，通货膨胀并不表现为价格水平的上涨，而是以隐蔽的方式表现出来，即物资短缺、黑市交易盛行。

(四) 通货膨胀的危害与治理

通货膨胀对社会经济增长是否有利，在理论界有不同的看法，有的学者认为，通货膨胀能够促进经济增长，有的学者则认为通货膨胀阻碍经济发展，还有的学者认为人们对通货膨胀的预期会中和其对经济活动的各种影响，对经济活动既无正效应，也无负效应。还有的学者认为高通货膨胀对经济增长有害，而温和的通货膨胀有利于经济增长。但是从根本上讲，长期的严重的通货膨胀对经济发展只有害处，没有任何正效应。其危害主要表现在以下主要方面：(1) 造成市场价格信号失真，对社会资源的配置产生扭曲。(2) 破坏社会经济正常运行秩序，使既定的社会经济规划、合同难以实现，生产经营和消费行为扭曲。(3) 破坏正常的债权和债务关系，使债权人蒙受损失。(4) 造成个人收入分配的不公平，使不同地区、不同收入方式的人员收入差距拉大等等。

因此必须积极预防和有效治理通货膨胀，保持价格水平的基本稳定。治理通货膨胀的措施和手段主要包括以下几方面。

1. 实施紧缩型政策控制需求。紧缩型政策是当前各国治理通货膨胀重要措施之一，具体包括以下政策：(1) 紧缩财政政策。主要是通过削减政府财政支出从而缩减总需求，通过增加税收的办法减少企业与个人收入，从而降低投资水平与消费水平，减少社会总需求，促进其与总供给的平衡。(2) 紧缩货币政策。主要通过中央银行运用相应手段减少流通中货币供应量的办法来实现。如，利用公开市场业务出售政府债券，回笼货币，减少经济体系中的货币存量；通过提高利率、贴现率、再贴现率、法定存款准备金率等手段，吸收存款增加储蓄，减少消费需求，增加融资成本，抑制投资需求。(3) 收入限制政策。主要通过限制提高工资和垄断利润，抑制成本的提高，从而控制价格的上涨。①道义规劝和指导。即政府制定出一个工资增长的指导线，供企业参考，但政府只能规劝、建议，不能直接干预。②协商解决。即在政府干预下使工会和企业就工资问题达成协议。③开征工资税。对增加工资过多的企业征收特别税款。④冻结工资。即政府强制性地将全社会工资或增长率固定，使其不能随便上涨。⑤政府以强制手段对可能获得暴利的企业的利润实行限制措施，包括利润率管制，对超额利润征收较高的所得税或通过制定相应法规限制垄断利润，以及对垄断行业实行价格管制等。

2. 实施增加供给的政策。造成通货膨胀的原因是社会的总需求大于总供给，治理通货膨胀一方面要通过紧缩型政策减少总需求，另一方面要采取措施增加总供给。主要措施有：(1) 减税以提高劳动者的工作意愿和劳动生产率，增加企业的投资愿望，从而带动总供给的增加。(2) 减少政府对企业的限制，让企业更好地扩大商品供给。(3) 鼓励企业采用新技术，更新设备和调整产业结构。(4) 促进产业结构调整，保持各产业部门之间的均衡发展，避免某些基础产业产品因供求结构失调而推动价格上涨。

此外，实现经济发展由粗放式发展向内涵式发展的转变，确定与资源环境和社会需求相适应的经济发展速度，防止经济过热，也是预防和治理通货膨胀的重要措施。当然在出现较为严重的通货膨胀时也可以采取冻结价格等特殊的临时性手段，以控制通货膨胀的发展态势。

二、通货紧缩

(一) 通货紧缩的含义与成因

通货紧缩是与通货膨胀相对应的经济现象。在西方经济理论中一般表述为，价格水平在一定时期内的持续下降。我国理论界对通货紧缩含义的理解存在着争议，但归纳起来主要有三种理解。第一种观点认为，通货紧缩就是价格水平全面持续的下降，称为“单要素论”。第二种观点认为，通货紧缩是一种货币现象，纸币发行量减少，币值上升，表现为货币供给量的连续下降和价格的持续下跌，称为“双要素论”。第三种观点认为，通货紧缩是经济衰退的货币表现，表现为价格水平的普遍持续下降、货币供给量的连续下降和经济的衰退，称为“三要素论”。

对通货紧缩含义的理解不同，不同国家在不同时期发生通货紧缩的具体原因也各不相同，但是归纳起来主要有以下原因：

1. 紧缩性的货币和财政政策。如果一国针对通货膨胀采取紧缩性的货币和财政政策，紧缩银根减少货币供应量，削减财政支持，造成市场上货币流通量相对商品和服务供给减少，出现“过多的商品追求过少的货币”现象，就会导致价格水平的普遍下降，产生政策紧缩性的通货紧缩。

2. 金融体系效率的降低。在经济过热时，银行信贷出现盲目扩张，造成大量坏账，形成大量不良资产，这时金融机构为了降低风险会出现“惜贷”和“慎贷”，加上企业和居民不良预期形成的不想贷、不愿贷行为，必然导致信贷萎缩，同样减少市场货币流通量，减少社会总需求，导致通货紧缩。

3. 投资和消费的有效需求不足。当厂商和消费者预期未来收益下降，经济形势不看好时，就会引起投资和消费需求都减少，而总需求减少在供给总量不变的一定时期内也会迫使价格总水平下降，形成需求拉下性的通货紧缩。

4. 经济周期的变化。当经济到达繁荣的高峰阶段，会由于生产能力大量过剩，商品供过于求，出现价格的持续下降，引发周期性的通货紧缩。同时经济繁荣时期出现的盲目投资，重复建设，形成不合理的产业结构和生产结构，而低水平生产能力的大量过剩，与社会需求结构不相适应，必然造成众多产品供大于求，引起价格水平下降，出现通货紧缩。

5. 体制和制度因素。体制变化（企业体制，保障体制等）会引起人们对未来预期的不稳定性，如果人们预期将来收入会减少，支出将增加，那么人们就会“少花钱，多储蓄”，引起有效需求不足，价格下降，从而出现体制变化性的通货紧缩。

6. 新技术的采用和劳动生产率的提高。由于技术进步以及新技术在生产上的广泛应用，会大幅度地提高劳动生产率，降低生产成本，导致商品价格的下降，从而出现成本压低性的通货紧缩。

7. 汇率制度的缺陷。如果一国实行钉住强币的联系汇率制度，本国货币又被高估，会导致出口下降，国内商品过剩，企业经营困难，引起国内商品价格水平持续下跌，从而形成外部冲击性的通货紧缩。

（二）通货紧缩的类型

按照不同的标准，通货紧缩可以划分为不同的类型，主要有：

1. 根据产生原因的不同，可以分为政策紧缩性的通货紧缩、需求拉下性的通货紧缩、周期性的通货紧缩、外部冲击性的通货紧缩、体制变化性通货紧缩、成本压低性的通货紧缩等等。

分析上述通货紧缩产生的原因可以发现，有些原因导致一定时期内的社会总需求不足，使正常的供给出现过剩，进而使价格水平出现一定时期的持续下降；有些原因导致一定时期内社会供给大大超过正常的社会总需求，进而使价格水平出现一定时期的持续下降；也有可能由于多种因素的相互交叉影响，造成通货紧缩的出现。因此，通货紧缩也可分为需求不足型通货紧缩、供给过剩型通货紧缩和混合型通货紧缩。

2. 根据发生程度的不同，可以分为相对通货紧缩和绝对通货紧缩。相对通货紧缩是指价格水平虽然还是正增长，但已经低于正常经济发展和充分就业所需要的价格水平，货币流通量处于相对不足的状态。绝对通货紧缩是指价格水平出现负增长，表明货币流通量不足，币值在升值。按照其严重程度，又可以分为轻度通货紧缩、中度通货紧缩和严重通货紧缩。随着通货膨胀率的持续下降，价格水平出现负增长，但幅度不大，时间不超过两年即出现转机，称为轻度通货紧缩；价格水平继续下降，超过两年且降幅在两位数以内，称为中度通货紧缩；价格水平下降超过两年并继续发展，且降幅超过两位数，或伴有比较严重的经济衰退，称为严重通货紧缩。

3. 根据表现方式的不同，可以分为显性通货紧缩和隐性通货紧缩。通货紧缩通过市场价格水平的下降表现出来，称为显性通货紧缩。在对市场价格实行管制的条件下，实际产生了通货紧缩，但价格水平仍然维持在原有水平并没有下降，称为隐性通货紧缩。

（三）通货紧缩产生的危害

对通货紧缩的危害有不同的看法，有的人认为其对经济发展有利，有的则认为对经济发展不利。对这个问题的认识，应注意以下几点：

1. 如果把通货紧缩看做是纸币供应量不能满足流通对纸币的实际需要量，纸币供应量减少，纸币升值，价格水平普遍下降的话，那么和通货膨胀一样，非纸币因素引起的价格水平下降，如由于科学技术进步，社会生产率的提高带来的价格水平下降，或者由于产业结构和产品结构不适应消费结构造成产品过剩、价格水平下降，就不能认为是出现了通货紧缩。

2. 如果把通货紧缩理解为价格水平持续下降的现象，那么，适度的通货紧缩对于提高消费者福利，促进竞争，促进企业加强管理，进一步降低生产经营成本，促进产品的更新换代和质量提高有一定的积极作用。比如，社会技术进步、劳动生产率提高引起的价格水平下降，就是经济发展自身规律的反映；再如，由于经济过热，生产盲目扩张以及产业结构调整滞后引起的价格水平下降，是市场机制的表现，是对原有过高价格的纠正，对于促进经济稳定发展，推动产业结构和产品结构调整具有积极作用。但是不论什么原因造成的价格水平持续下降，严重的通货紧缩都会对经济发展产生危害。(1) 通货紧缩导致对价格的预期不佳，因而依靠价格预期难以进行资源的有效配置。(2) 加速经济的衰退。价格的持续下跌，使企业利润减少甚至亏损，生产者减少投资甚至停产，失业率上升，收入减少，消费支出下降。同时，价格的持续下跌使实际利率升高，债权人增加收益而损害债务人的利益，生产者和投资者作为债务人，其负担的加重会使其减少生产与投资活动。(3) 不利于国际收支平衡。通货紧缩，本币升值，出口减少，外汇收支顺差减少或逆差扩大。(4) 造成财政收支状况恶化，诱发银行危机。政府为刺激经济增长，被迫增加财政支出，容易导致财政赤字扩大，政府债务增加。借款人无力偿还银行贷款，银行形成大量不良资产，可能出现银行危机甚至金融体系崩溃。(5) 进一步拉大贫富差距。通货紧缩使高收入阶层财产升值，而低收入阶层失业增加，收入减少。

（四）通货紧缩的治理

由于通货紧缩往往并非是由单一因素引起的，而是多种因素共同作用的结果，因此治理通货紧缩就需要对具体情况进行认真研究，采取相应的措施。治理通货紧缩的措施一般来说与治理通货膨胀的措施相对应，包括实施扩张性的财政政策、货币政策，以增加政府财政支出、增加市场货币供应量，扩大社会总需求；实施提高最低工资标准和增加就业的政策，增加居民的收入，进一步完善社会保障制度，努力减轻居民的后顾之忧，从而促进消费支出；扩大民间资本的投资领域，减少行政审批环节，废除各种不规范收费，减轻企业负担，同时采取减免税收、贴息贷款等政策，鼓励民间资本向基础产业、新兴产业投资，扩大投资需求；实施有利于促进出口的相应措施；在必要时对部分重要的对市场价格水平有影响的产品实行收储，增加储备，促使市场价格回升；充分发挥市场机制的作用和政府调节的作用，加快淘汰落后产能，加快产业结构调整，增加与市场需求结构相适应的有效供给等等。总之，治理通货紧缩要综合运用财政政策、货币政策等各种政策，从多方面扩大国内和国外市场需求，同时，加快市场化改革，消除导致需求增长缓慢的体制因素。反通货紧缩政策措施如何实施，实施的力度如何把握，要根据通货紧缩的轻重程度以及国内外的市场环境做出具体的决策。

第四节 价格总水平调控的目标与方法

一、价格总水平调控的目标

价格总水平是国民经济的综合反映，它是一个国家经济总量是否平衡、经济发展是否健康有序的一个重要标志。从世界各国来看，宏观经济的目标主要包括国民生产总值的稳定增长、充分就业、价格总水平的稳定和国际收支平衡。因此，稳定市场价格总水平是国家重要的宏观经济政策目标。

在市场经济条件下，宏观经济是否稳定，价格总水平是否稳定是一个重要标志。价格总水平不稳定甚至出现较大幅度的波动，尤其是通货膨胀或通货紧缩导致的价格总水平持续上涨或下降，对国民经济的影响甚大，不利于经济健康发展和社会稳定。我国要实现社会经济健康有序地发展，就更要有效地控制价格总水平，努力保持价格总水平的基本稳定。我国的改革开放历程表明，经济发展、改革开放只有在价格总水平基本稳定的条件下，才能取得预期效果，否则会加剧经济失衡，影响社会经济的稳定，而且价格机制难以发挥正常作用，势必阻碍社会主义市场经济体制的不断发展和完善。因此说，对价格总水平进行调控，保持价格总水平的基本稳定，既是保持经济健康发展和社会稳定的需要，也是保证市场机制发挥决定资源配置积极作用的必要条件。

价格总水平调控的目标是实现价格总水平的基本稳定，价格总水平的基本稳定又是经济稳定的关键。经济的稳定主要包括价格稳定、金融和外汇市场稳定，这其中最主要也是最关键的是价格稳定。从当代和未来我国和世界经济、政治不断变革和发展，科学技术飞速发展，自然资源日趋紧张的角度看，影响价格总水平的因素在不断变化，要保持价格总水平的固定不变是不切合实际的。从对我国价格总水平的变化趋势的分析可以看出，价格总水平是在波动中呈上升趋势，也说明了这一点。至于价格总水平波动应控制在什么范围和界限内才算基本稳定，目前理论界的看法不一。有的人认为控制在2%以内；有的认为应控制在5%以内；有的则认为应控制在二位数以内；还有的人认为，只要职工平均工资增长快于价格上涨，劳动生产率提高快于平均工资增长率，就是价格基本稳定；还有人认为，只要价格总水平上涨幅度低于银行存款利息率，也可以看作是价格基本稳定。

在市场经济中，受到经济发展、总供给与总需求以及社会劳动生产率等综合因素的影响，价格总水平是不断波动的，从理论上讲存在一个合理的波动区间，其最高上限是居民的经济承受能力，其最低下限是企业的社会平均成本。价格水平在这个区间内波动，市场机制能够自动调节实现价格与社会总供求关系的均衡。价格水平波动一旦超过最高上限或最低下限，都会对社会经济活动产生消极作用。因此，对价格总水平基本稳定的认识应包括以下方面：

1. 价格总水平的基本稳定是相对稳定，而不是价格总水平绝对不动或价格固定不变，其应包括价格水平的合理波动。

2. 价格总水平基本稳定，从时间上看，是指在一个较长时期内平均每年的变动幅度在一个较合理的范围之内，同时价格总水平基本稳定作为一个总量概念，它并不排斥具体商品在个别年份有升有降甚至幅度较大的波动。

3. 价格总水平基本稳定应有一定的数量界限，尽管这个数量界限还存在争议，但是根据价格总水平的变化规律以及社会经济发展的需要，制定一个符合实际的价格总水平数量控制目标还是非常必要的，这样做有利于保持价格总水平变化与其他经济参数相互协调，使每一个时期的价格宏观调控有一个明确的目标，从而使宏观经济决策更具有预见性和科学性。

如前所述，价格水平合理波动的区间受到最高上限和最低下限的约束。因此，价格调控目标的最大允许值是价格水平的上涨幅度等于社会平均收入上涨幅度，或价格水平下降幅度等于社会平均成本的降低幅度。但是选择这个最大允许值，只能说明价格水平上涨或下降到这一阶段，居民和企业只能维持原有的生活水平和经营水平，还不会对经济活动产生较大的负面作用，不会引起社会问题，但并不能表明它是最佳的选择。因此，价格调控目标的最佳值的选择，应在最大允许值以内。选择的具体目标应根据有利于经济的稳定协调发展，促进资源的合理配置，有利于增加居民收入和生活水平的提高，有利于企业获得合理收益的原则确定。

二、正确处理稳定价格与发展经济的关系

保持价格总水平的基本稳定和国民经济高速发展是任何一国政府都要努力争取实现的宏观经济目标。两者可否兼得？理论界有不同看法，有的人认为二者是矛盾的，要追求经济高速度发展不可避免地会带来价格大幅度上升；但也有的人认为价格的上涨与经济高速发展没有必然联系，只有在宏观调控失控情况下才会引发价格上涨。从理论上分析，两者既有互相促进的一面，也有对立的一面。从价格对经济发展影响的角度来分析，价格稳定可以创造一个良好的社会经济环境，保证企业以稳定的价格购进原料、销售成品，稳定的价格可以为企业提供真实可靠的价格信息，引导企业按市场需求组织生产，从而保障国民经济稳定持续的发展。相反，如果价格水平很不稳定，则会造成资源浪费，产业结构失衡，给生产企业带来困难，甚至造成生产大起大落，人民生活水平下降，最终导致社会动乱，经济发生危机。因此，所有国家的政府都把稳定价格放在重要地位。但反过来讲，如果把稳定价格绝对化，不让价格有适度的波动，那么经济发展中的许多矛盾也就无法解决，同样会导致生产停滞或低速发展，反过来也无法保障价格的稳定。再从经济对价格影响的角度来分析，经济发展状况是价格能否稳定的基础，社会经济快速健康发展、商品供给充盈，才能保证价格平稳。但什么事情都有一个合理的“度”，过了度就会物极必反。如果过分追求高速度，则必然会出现经济过热。这种过热的经济如果超过了资源和资金所能承受的限度，就会导致通货膨胀，价格上涨，最终也会导致经济混乱，社会不稳。

从上述分析可见，经济发展与价格稳定既相互促进，又互相制约，必须通过宏观调控，力争在经济发展中保障价格基本稳定。在这一对矛盾中，起主导作用的是经济发展问题。在国民经济运行中发展是硬道理，综合国力的提高，人民生活的改善，劳动就业，城乡差别等等都要通过发展经济来解决，经济不发展就会出现社会的不稳定。因此，必须要保持一定的经济发展速度，即使在治理通货膨胀时也不能使经济萎缩。当然这样说，并不是说发展速度可以越高越好，可以不管价格上涨到什么程度。相反，应该根据客观条件的许可，把经济发展速度定在一个适当的水平上，既保证国民经济快速发展，又使价格涨幅控制在国民经济和人民生活能承受的范围内。

综观世界各国的情况，价格变动与经济发展的关系有以下几种情况：

1. 低通胀下的高经济增长。某些低收入和宏观调控较好的发展中国家，如20世纪80年代的东亚和太平洋及南亚地区的国家，处于经济发展的初期或经济起飞过程中，没有较为严重的内外债务负担，则实现了低通胀下的高经济增长。

2. 高通胀下的高经济增长。一些处在经济起飞阶段，特别是利用外债推动经济增长的国家，如20世纪70年代的韩国，较好地处理了增长与经济稳定的关系，及时消化或重组了外债，实现了高通胀下的高经济增长。而许多拉美国家由于没有处理好两者的关系，经过20世纪70年代的高通胀和高经济增长后，陷入了80年代低经济增长和高通胀的格局。

3. 高通胀下的低经济增长。在这种情况下，实际上存在着通胀危机，经济增长发生危机。如20世纪80年代的拉美重债务国家，波兰和南斯拉夫，以及1988年后的东欧转轨国家。这种类型的国家如果能够有效地控制通胀，危机之后的经济增长就会呈现出较快的势头，如从二战后通胀危机中恢复过来的日本、亚洲四小龙等就存在过这种情况。

4. 低通胀下的低经济增长。这种情况一般发生在经济高度成熟的国家，这些国家的经济已经完成了起飞，实现了高收入，经济增长被追求综合生活质量的经济发展所代替，如，20世纪80年代以来大部分高收入的发达国家属于这种情况。

我国改革开放以来，先后经历过多次通货膨胀，每次总是和经济迅速增长联系在一起。而当采取反通货膨胀措施以后，随之而来的是经济萎缩、市场疲软，出现通货紧缩，因此如何处理好经济增长与价格水平波动的关系还需要在实践中不断探索。

三、调控价格总水平的手段和方法

价格总水平运动是各种因素综合作用的结果，因此，国家调控价格总水平的手段和方法多种多样。总的说来国家调控价格总水平方式包括直接调控方式、间接调控方式和以间接调控为主，辅之以必要的直接调控相结合的混合调控方式。直接调控是国家通过行政手段直接控制价格水平；间接调控主要是通过经济手段和法律手段，即通过经济政策、法律法规和规章制度，对影响价格总水平的各种因素进行调节，进而达到调控价格总水平的目的；混合调控方式则是上述三种手段的配合使用，以经济手段和法律手段为主，必要时适度采用行政手段。混合调控方式也是目前市场经济国家调控价格总水平的基本方式。在实践中具体应做好以下几个方面的工作：

（一）搞好社会商品供给和需求总量平衡是稳定价格总水平的前提

现实的价格水平运动直接受市场供求关系的影响，因而保持社会商品供求总量的基本平衡是稳定价格的首要问题。要保持供求总量平衡，就要根据国民经济不同发展时期的特点。积极地、稳妥地采用以下手段和方法。

1. 货币政策手段的运用。在社会主义市场经济条件下，在经济运行的不同阶段，运用货币政策，调节市场货币供应量和货币使用方向，从而实现国家对市场货币流通量的调节，达到调节社会总需求和总供给，实现价格总水平的稳定。如：在经济运行高速发展并出现通货膨胀时，可通过提高利息率和中央银行对商业银行的贴现率来吸收存款，减少贷款，减少货币供应量，实现对市场价格的调节。国家的货币政策是依靠中央银行对各金融机构的政策性控制来实现的。中央银行的政策工具包括：（1）一般性的控制工具。包括中央银行运用存款准备金、公开市场业务、贴现率三种手段。（2）选择性的控制工具。包括优惠利率、证券保证金及消费者信用控制等。（3）直接信用管制。即国家以行政命令的方式，直接对银行放款或接受存款的数量进行控制，而不是通过市场供求关系或资产组合的调整途径来控制。（4）道义劝导。即中央银行利用其声望和地位，对商业银行及其他金融机构发出通告、指示或与各金融体系的负责人举行面谈，劝告其遵守政策，针对经济形势或价格形势，采取若干相应措施。

2. 财政政策手段的运用。在经济发展过程中，可以利用国家财政手段调节社会供求总量之间的关系。具体方法有：（1）调节政府行政支出的安排，通过政府预算支出的变化引起相应的对商品及劳务购买数量的变化，从而引起总需求和价格总水平的变化。在市场有效需求不足的情况下，政府可通过增加行政支出，带动对社会商品和劳务的购买，克服市场疲软引起的就业不足和经济衰退。在市场需求过旺引起价格水平不断上升的情况下，可通过减少政府财政支出，减少对社会商品和劳务的需求量，以促进供求平衡，平抑价格。政府支出的缩减主要包括减少国防订货、减少公益性建设支出、减少政府行政费用和基本建设投资等。这种减少在短期内是十分困难的，而且代价较高。因此，一般世界各国不轻易使用这一手段。(2) 调整税率。一般认为税率的变化对社会商品和劳务的需求状态变动有重要影响。对于过热的经济，可以采取政府支出不变而提高税率的办法加以冷却。采用这种办法来控制价格上升，使稳定价格的负担转移到企业和个人，而不像减少政府支出那样，主要由政府部门承担。在面临总需求不足和衰退时，则采取适当削减税率的政策，增加企业的盈利能力和居民的购买力，同样可以刺激经济复苏，促使价格总水平趋于稳定。(3) 通过政府补贴达到稳定经济和平抑价格总水平的目的。在市场经济条件下，在各国的政府支出中，各种失业保险、养老保险医疗补助、住房补助等转移支付占很大比重，因此，削减这部分政府支出，对于减少社会购买力，治理通货膨胀、价格上涨是非常有效的；同样，在市场疲软，经济衰退的情况下，增加补贴类转移支付，增加购买能力对经济复苏有一定的刺激作用，有利于稳定价格总水平，因而也是某些情况下政府调控价格总水平的重要手段。但这类补贴增加容易，减少困难，特别是某些财政补贴销售的商品，扭曲价格信号，增加财政负担，因此不宜轻易使用这种手段。

3. 工资和汇率政策手段的运用。工资水平的普遍上升在一定条件下会导致价格总水平因需求过旺而不断上升。在这种情况下，政府则可以通过干预工资上升率、限制企业增加工资要求，甚至冻结工资等措施，抑制需求膨胀从而达到价格稳定的目标。汇率变动对国内市场价格影响很大。如本币贬值，促使进口商品变得昂贵，使以进口品为原料的工农业品的成本上升。同时按外汇折算的国内价格上升，从而引起国内价格总水平的上升。因此，对汇率的适度干预是价格水平调控的重要内容。

4. 进出口政策手段的运用。在 WTO 框架下，建立进出口商品和服务的有效调节机制，根据国内市场的供求状况和价格波动情况，运用汇率、税收、配额等政策手段，在国内价格上涨时期，实施限制出口、扩大进口的政策手段，相反，实施限制进口、鼓励出口的政策手段，来促进国内市场价格总水平的稳定。

5. 重要商品储备制度的运用。重要商品储备制度是国家为了调控某些重要商品的价格水平，而建立起来的一种可以吞吐商品调控市场价格的库存制度。重要商品储备，由于其职能所涉及的范围不同分为国家级储备和地方性储备。关系全国的重要商品由中央政府进行储备。地方性储备一般建立在省一级，省以下市县也可根据具体情况建立本级政府的重要商品储备。储备重要商品的特点：一是对国计民生有重要影响；二是经常存在交替出现的供求不平衡的矛盾；三是产销量较大，并且长期储存在技术上比较经济。建立重要商品储备制度的目的是调节市场供求，从而调控市场价格。当重要商品市场供过于求，价格下降较大时，及时入市收购进入储备，增加市场需求，抑制价格下滑；反之要适时抛售商品，增加市场供给，平抑市场价格。目前，我国已相继建立了粮食、棉花、食油等重要产品的储备制度，这对于促进生产，保证供给，平抑市场价格，应对突发事件和重大自然灾害，发挥了积极的作用。

6. 价格调节基金制度的运用。价格调节基金是政府为吞吐商品、平衡供求和稳定市场价格而设立的基金。价格调节基金从实践看，主要有副食品价格调节基金和粮食风险调节基金；适用的商品范围是关系民生的且容易发生市场价格波动的商品，主要包括粮、棉、油、肉、蛋、菜等农副产品；主要用途包括三个方面：(1) 对于流通企业接受政府的委托执行平抑市场价格任务，高价购进，而低于正常经营成本加合理利润的价格水平销售，由此产生的政策性亏损，由价格调节基金支付；(2) 用于对政府调控商品的生产基地建设的资金支持或补贴；(3) 对有利于政府价格调控而建立的某些批发市场、直销市场给予资金支持。

7. 对粮食、棉花等重要农产品必要时实行收购保护价或目标支持价格政策。农产品价格特别是粮食等重要农产品收购价格制约着价格总水平，影响着市场价格的稳定，也关系到国民经济的发展和社会稳定的大局。一般情况下，粮食收购价格由市场供求决定，为了防止谷贱伤农现象，当粮食等重要农产品的收购价格过低时，规定最低收购价格并在粮食主产区实施，当市场价低于最低收购价时，国家委托符合一定资质条件的粮食企业，按最低收购价收购粮食。最低收购保护价格的确定既要有利于补偿生产成本并有适当利润，又要有利于优化品种结构，并考虑国家财政承受能力。

棉花价格在正常情况下由市场供求决定，但为了防止棉花价格下降对其产业以及经济发展的不良影响，国家通过制定反映生产成本和合理收益的目标价格，保护生产者利益，促进棉花生产。当棉花市场价格高于目标价格时，生产者按市场价格出售棉花，当市场价格低于目标价格时，政府根据目标价格与市场价格的差价以及种植面积、产量或销售量等因素，对棉花生产者给予补贴，政府不再进行棉花收储。

（二）加强“瓶颈”产业发展，促进产业结构合理化，也是国家调控市场价格总水平的重要手段和方法

在国民经济的发展过程中，相对于其他产业的发展总有一些产业的发展相对落后。这些产业往往集中在农业、采掘业等基础产业部门。基础产业由于受到自然条件、投资规模等因素的影响，劳动生产率增长缓慢，由此在国民经济快速发展过程中相对落后，形成瓶颈制约。然而，基础产业的产品大都是国民经济各部门的生产要素，其价格变化直接影响各部门生产成本的变化，又由于其他产业特别是加工工业发展过快，对其产品的需求迅速增加，而基础产业的生产供应能力虽有所增加但不能满足需求，而导致基础产业产品价格大幅度上涨，进而推动价格总水平上涨。仅以农业为例，我国是农业大国，农业的好坏对国民经济的影响举足轻重。由于工业增长速度加快，而农业增长速度相对较慢，形成工业和消费者对农产品的大量需求得不到满足，出现农产品价格全面上涨，而带动价格总水平上涨。由此可见，在加快国民经济发展的同时，不仅要注意总量增长，而且要注意调整产业结构，推动基础产业有效的增长，增强经济发展的后劲，实现社会供求总量平衡与结构平衡的统一。做到这一点不仅要求国家在财力、物力、技术等方面要长期给予支持，而且要求选择合理的经济增长速度。

（三）完善市场体系，坚持对价格实行必要的行政管理，也是保证价格总水平基本稳定的重要手段和方法

1. 建立统一开放、竞争有序、国内国际市场有效衔接的市场体系是保证价格合理运行的重要外部环境。构建主要由市场决定价格的机制，绝大多数商品和服务价格实行市场

调节价格，少数商品和服务价格实行政府定价和政府指导价，是社会主义市场经济的内在要求。在这种价格形成机制和管理体制下，就必须不断完善各类商品服务市场以及生产要素市场、期货市场，规范其运行机制，加强市场监管，清理和废除妨碍统一市场和公平竞争的各种规定和做法，反对地方保护，打破地区封锁、部门分割，严禁和制止垄断和不正当竞争行为，消除各种形式的市场壁垒，保证价格运动的合理性和竞争性，发挥市场在资源配置中的决定性作用，从而促进社会经济再生产各环节的良性循环，为实现价格总水平的基本稳定提供有利条件。

2. 正确处理价格形成中市场调节与政府管制的关系，凡是能够由市场形成价格的都由市场来决定，政府管制定价的范围主要限制在重要公用事业、公益服务和网络型自然垄断环节。进一步提高政府和政府指导价决策的科学性和合理性，以达到对其他商品价格的平抑作用。

在某些特殊时期，如突发公共事件、严重自然灾害、战争、严重通货膨胀等，容易造成重要的商品和服务价格出现显著波动或市场价格总水平出现剧烈波动，在这种情况下应首先运用经济手段和法律手段来调节商品和服务的供求关系，严厉打击违法和不规范价格，并在必要时依照法律实行临时性价格干预措施，以实现政府调控价格水平的目标。临时性价格干预措施只适用于特殊时期，当实施临时性价格干预措施的情况消除后，应及时予以解除。临时性价格干预措施包括价格干预措施和价格紧急措施。

只有在商品和服务价格出现显著上涨或者有可能显著上涨，而且采取其他措施不能保证价格稳定时，政府才可以启动价格干预措施。这项措施的权限属于国务院和省级人民政府，而且省级人民政府采取价格干预措施需报国务院备案。价格干预措施包括：

（1）价格约谈。价格约谈就是在重要商品和服务价格出现明显上涨或有可能上涨，造成或可能造成价格水平波动时，价格主管部门通过与重要商品和服务的经营者进行谈话，对其价格行为进行调整与约束，从而维持市场价格稳定的活动。

（2）限定差价率或者利润率。当某些商品和服务价格显著上涨或者有可能上涨时，规定经营者的进销差价率或者利润率，以控制价格上涨。

（3）规定限价。当某些商品和服务价格显著上涨或者有可能上涨时，对出售或者购买某些商品或服务规定价格限度。限价有最高限价与最低限价。

（4）实行提价申报制度和备案制度。对于实行市场调节价的重要商品及服务，为控制价格过高或者频繁上涨，维护市场价格秩序，在实施临时价格干预措施期间，对达到一定规模的生产经营企业实行提价申报；对达到一定规模的批发、零售企业实行调价备案。实施这一制度商品和服务范围包括：成品粮及粮食制品、食用植物油、猪肉和牛羊肉及其制品、乳品、鸡蛋、液化石油气、其他重要商品及服务。

价格主管部门受理提价申报后，应当在规定时间内进行答复，逾期不答复的，视为同意生产经营者的申报内容。生产经营者申请提价的商品及服务单位提价额不得高于单位成本增加额，如无正当理由，价格主管部门不得要求生产经营者亏损经营。价格主管部门受理经营者调价备案后，有异议的，应当在3个工作日内告知，并责令有关经营者恢复原价或者降低调价幅度；逾期未告知的，视同对经营者调价无异议。

在发生战争、严重自然灾害和恶性通货膨胀，价格总水平出现剧烈波动时，为了确保群众生活安定和国民经济顺利进行，政府需要采取价格紧急措施，这也是市场经济国家通行的做法。只有国务院拥有在全国或者部分行政区域内采取紧急措施的权限，地方各级人民政府则没有这一权限。价格紧急措施种类包括临时集中定价权限、部分或者全面冻结价格。价格紧急措施适用于实行市场调节价、政府指导价和政府定价的商品和服务。

（四）加强价格信息监测，合理设置价格总水平调控警戒线和预警线，制定价格异动防治预案

1. 加强价格信息监测。价格监测包括对重要商品和服务价格、成本、市场供求变化等情况的跟踪、采集、分析、预测、公布以及提出政策建议等方面的工作。一方面，及时把握市场价格变动情况，特别是重要商品和服务价格的变动情况，是价格主管部门做好价格调控工作的前提，它有利于为政府分析价格和经济形势，进行宏观经济决策提供可靠依据。因此，进一步加强价格主管部门对重要商品和服务价格监测十分必要。另一方面，运用价格信息监测网络，定期发布价格法律法规政策信息和重要商品和服务市场价格信息，也有利于企业及时把握市场价格和价格法律法规政策动态，及时引导企业价格行为。

2. 合理设置价格总水平调控警戒线和预警线。在价格总水平调控目标确定后，需要进一步确定价格总水平调控的警戒线和预警线。价格总水平调控的警戒线是这样一条界线，其所反映的价格水平上涨幅度低于或接近调控目标所反映的价格水平上涨幅度，这样才能起到警告的作用。价格总水平调控的预警线则是要求价格总水平上涨幅度应低于价格总水平调控的警戒线。当价格总水平上涨幅度在预警线以内时，价格水平运动相对合理，已实施的价格调控措施得力；当价格总水平上涨幅度超过预警线时，价格水平波动应引起重视，并采取适当的措施；当价格总水平上涨幅度进一步发展超过警戒线时，价格水平波动应引起高度重视，并采取有力的措施加以制止。当然实际工作中两者也有统一的情况，因此，如何来确定预警线和警戒线的高低以及两者的水平，要根据社会经济发展的环境、价格体系合理与否以及历史上的两者关系等因素具体确定。从西方发达市场经济国家看，经济增长一般在1.5%～3%的区间内，相应的价格总水平上涨率控制在0.93%～1.86%的区间内，这个预警价格总水平上涨率作为政府长期执行的政策。我国也应根据国情合理设置价格总水平的预警线和警戒线，以增强对价格总水平调控的预见性和科学性。

3. 制定价格异动防治预案。制定价格异动防治预案有利于增强价格工作的主动性，防患未然，提高价格调控水平。价格异动防治预案主要包括以下内容：（1）明确应急机构和职能，一般由价格主管部门牵头，财政、工商、交通、经贸等有关部门参加，各司其责，统筹协调。（2）建立价格应急监测制度。当市场价格出现异常波动时，第一时间向应急工作小组报告，并发出预警。（3）建立应急处置机制。根据价格波动程度、范围等，确定工作程序和要求，提出不同情况下应采取的具体措施和手段，并由政府相关管理部门负责落实。（4）明确应急工作纪律。对在工作中表现突出的单位和个人，给予表彰和鼓励；对于麻痹大意、推诿扯皮不作为的单位和个人进行批评、处罚，违反法律的追究法律责任。

（五）强化国家对价格总水平调控的法律手段

一方面根据社会主义市场经济发展的要求，不断完善市场法规和价格法规；另一方面在价格总水平发生剧烈波动时，进一步加强价格监督检查，坚决严厉打击价格违法和不正当价格行为，维护国家法律、法规、政策的严肃性，同时，广泛运用社会力量进行社会监督，增强全社会对价格水平的监督意识。

主要术语

价格总水平　居民消费价格指数　通货膨胀　通货紧缩　重要商品储备制度　价格调节基金制度

思考问题

1. 如何理解价格总水平的含义?
2. 影响价格总水平的因素有哪些?
3. 通货膨胀产生的原因有哪些?如何治理通货膨胀?
4. 通货紧缩产生的原因有哪些?如何治理通货紧缩?
5. 价格总水平调控的方式有哪几种?
6. 价格总水平调控的手段和方法有哪些?

第七章

价格预警与监测

学习目的与要求

本章主要介绍价格监测与预警的基本理论和方法。通过本章的教学与学习，要求学生掌握价格预警的基本框架，价格指数与价格预警的关系，价格预警的基本方法，价格预警系统警兆指标的选择与分类，价格预警系统的警界分析等内容。

第一节　价格预警的基本框架与系统的构建

一、价格预警的基本框架

（一）确定警情

明确警情是监测预警研究的基础，明确警情也就是明确监测预警的对象。警情一般可以从两个角度考察：第一个是从警素的角度，第二个是从警度的角度。警素是指什么指标构成了警情，警度主要是考察警情变化的程度。价格警素与自然景素相比，有自己的特点。自然预警的警素，在一般情况下，使用单指标来测量。比如：洪涝灾害的警素可以用降雨量来测度，火患的警素可以用火势来测度，地震灾害的警素可以用震波来测度。而价格预警的警素一般不能用单项指标来刻画，需要在深入分析的基础上确定需要使用什么指标。价格警度等级的划分，按照比较成熟的划分方法，可以划分为无警警度、轻警警度、中警警度、重警警度、区警警度五个等次。警度的五个等次，在一般情况下，需要与警素各项指标的变动区间一一对应。与此相适应，价格警限同样可以划分为五个等次，即无警警限、轻警警限、中警警限、重警警限、区警警限。在这个五个等次的警限里，无警警限是确定其他警限的基础。无警警限一般可以划分三种状态：有上限又有下限、有上限而无下限、有下限而无上限。在本书中，价格预警主要讨论第二种形式。在确定了警素和警度这两个基础要素之后，我们就可以以此为基础，对市场价格变动趋势进行警情监测，为政府有关部门的宏观调控提供决策依据。

（二）确定警源

警源是指引起警情发生的原因。按照警源的形成机制，比较成熟的观点是把警源分成三类。第一种是自然性警源，即警源由自然界的因素引发；第二种是外生性警源，即警源由国外与国内交流的因素引发；第三种是内生性警源，即警源由本国经济运行的因素引发。

1. 自然性警源。在自然界中，有许多因素会导致自然灾害的发生，人类已经有过深刻的教训。这些自然灾害，不仅会使人民的生命财产受到巨大损失，而且还会影响到经济的正常运行，也会诱发价格的异常波动。这些因素主要包括：资源因素、地质因素、海洋因素和气象因素。

2. 外生性警源。主要是指对外经济关系与非经济关系的恶化。比如某些国家为了本国利益，采取贸易保护主义，对进出口采取限制措施（关税与非关税壁垒），导致国际市场商品和劳务价格发生动荡等。据海关统计，2013 年，我国进出口总值 25.83 万亿人民币元（折合 4.16 万亿美元），扣除汇率因素同比增长 7.6%，比 2012 年提高 1.4 个百分点，年度进出口总值首次突破 4 万亿美元的关口。目前，我国对外开放程度越来越大，外汇储备不断增加。在这种情况下，我们必须加强外生性警源的研究。

3. 内生性警源。内生性警源分为内生性生产警源和内生性分配警源两类。前者主要是指由于资本投入、劳动投入、土地资源因素以及制度因素的短缺和缺失，使经济发展受到阻碍，从而影响经济的发展。后者是指在经济发展过程中，由于分配因素导致的一系列经济发展不平衡的问题。这些问题主要有区域间发展不平衡的问题，产业之间发展不平衡的问题，长期发展和短期发展的不平衡问题等。具体表现为：南北方经济发展总量、经济发展速度的问题；劳动密集型企业、落后产业在国民经济中占得比重过高的问题等等。

（三）分析警兆

警兆分析在预警中具有基础性地位，是指对警情进行定性分析和定量分析。总的看来，警素与警兆存在着一一对应关系。在引发警情的因素发生变动时，一般会出现某些先兆，也就是说警情与警兆相比具有一定的时滞期。警兆和警源之间的关系，有的是直接的，也有的是间接的；有的是明显的，也有的是混沌的。

所以，我们在分析警兆的时候，既要从数量关系入手，也要借助经验的作用，坚持定量分析与定性分析相结合。

（四）确定警度

确定警度是指在进行警兆分析之后，明确警兆，并在此基础上，厘清警兆和警素之间的定量关系，刻画警素与警限一一对应的五种等次。警度的预报是预警的根本目的，是政府有关部门决策的依据。因此，科学的预报警度非常关键。目前，确定警度有两种比较成熟的方法：第一，建立警素模型，以此为基础进行预测，在警限的基础上确定警度。第二，利用等级回归方法，建立基于警素的警度模型，由警级来预测警度。

二、价格预警系统的构建

（一）价格预警信号的构成

参照地面交通管制信号，我们可以采用类似的方法来表示国民经济运行中价格的变动状况和变动趋势。一般的做法是：以价格的预警指标为基础，划分价格变动的红、黄、绿三个区域。第一，如果价格变动处于绿灯范围内，表明国民经济运行平稳，价格变动正常；第二，如果价格变动处于黄灯范围内，表明国民经济运行存在一定的隐患，价格会发生异常波动。具体表现是：在国民经济运行过程中，一些重要商品由于某些原因突然上涨，短时期内会影响到人民生活和国民经济平稳运行，如果不采取稳妥可行的措施，可能会对国民经济的长期平稳运行造成不利影响。在这种情况下，政府价格主管部门应在实地调研的基础上，对价格波动原因全面了解。如果政府价格主管部门不能自行解决，就必须向政府其他部门发出黄色预警信号，提请政府相关部门采取必要的措施，实施宏观调控政策，以保证国民经济平稳运行，消除价格的异常波动。第三，如果价格变动处于红灯范围内，表明国民经济运行存在极大隐患，价格大面积发生异常波动。具体表现是：由于综合因素的影响，国民经济运行出现了严重问题，重要商品供不应求，价格总水平大幅上涨，消费者价格预期不稳定。在这种情况下，政府价格主管部门在广泛调查研究的基础上，向政府相关部门发出红色预警信号，并与政府相关部门积极协调，启动应急预案，以保持国民经济平稳运行，保证国民经济健康发展。

（二）价格预警指标的选择

价格预警是一个系统工程，单一的指标不可能完成价格预警，它需要一系列自洽的指标。指标体系选择不同，预警的结果也就不同。从这个意义来讲，预警指标体系的选择是预警系统建立的基础。关于价格预警指标体系的选择，一方面要依据经济学相关理论，发现影响价格的相关因素，另一方面，要依据相关历史资料，发现影响价格的特殊因素。在综合两者的基础上，选取科学、合理、自洽的价格预警指标体系。

具体来讲，选择价格预警指标应遵循以下原则：

1. 重要性。

指标的重要性主要表现在两个方面：第一，指标能全面反映在经济发展过程中某个方面的重要成果；第二，在国民经济总量中，该指标所反映的数量应该占有较大的比重。以此为基准，我们在选取指标时，一定要有动态的眼光，根据当时、当地的具体情况，选取那些在经济发展过程中具有代表性的指标。对于那些没有代表性的指标，要尽量舍弃，因为没有代表性的指标，会对价格预警系统造成干扰。

2. 操作性。这一原则要求指标的设置，必须在最近统计资料的基础上，既要考虑到计算的科学性，又要考虑到获得资料的渠道与可能性，即每项指标都可以从现存的数据中直接得到或计算出来。在量化指标的基础上，应补充一些重要的定性指标。同时，针对指标量化分析的结果，政府部门可以通过管理工具或技术手段进行调控。

3. 代表性。指标的代表性，主要体现在以下几个方面：第一，各项指标能够涵盖和反映经济发展过程中的主要方面；第二，指标的每次波动在时间间隔和幅度两个方面比较均匀；第三，各个指标之间的波动能够较好地一一对应；第四，每个变量之间从静态和动态来看都是自洽的。按照代表性选择的指标，才能够全方位、全视角、多层次地监测价格波动的迹象。

4. 灵敏性。指标的灵敏性，主要体现在两个方面：第一，及时。及时是指所选取的指标能够随时反映经济运行过程中出现的任何问题，发挥晴雨表的作用。第二，预警。是指在经济发展出现重大问题时，能够马上发出预警信号，提醒有关部门采取措施。灵敏性要求选择的指标应具有高度的灵敏性，指标的细微变化能够直接映射价格状况的变化，过于稳定的指标不宜选入。

5. 统计的稳定性、完整性与及时性。

统计的稳定性、完整性与及时性是建立在实现预警指标体系功能的基础上的。它要求选取的各项指标必须具有相对稳定的先行性、同步性和滞后性三个特征。具体表现为：与基期相对应的各个指标的波动倾向，在每一个周期中都能够相对稳定地在先行、基本同步、滞后的时间三个方面相应发生变化。要想相对精确地对经济发展进行预警，必须保证统计资料的完备性、及时性和稳定性。

6. 针对性。指标的针对性是指指标要根据当时、当地的具体情况来选取。只有这样，预警系统的作用才能充分地体现出来。在不同地区、不同省份，自然条件、经济成分和管理体制千差万别，预警指标体系自然也会不同。如果不根据当时、当地的具体情况来选取指标，不仅不会达到预警的目的，而且可能适得其反。

7. 可靠性与充分性。可靠性是指作为预警指标选取基础的统计数据，要具备两个方面的特性：第一，统计数据要准确；第二，统计数据的统计口径要保持一致。充分性是指作为预警指标选取基础的统计数据，必须在样本区间上具备足够的长度。唯有如此，我们才能从数据的历史轨迹中总结出经济变动的相关规律。

8. 一致性与协调性。预警指标即期波动和基准循环中的波动的一致性和协调性是判别该指标是否能成为预警指标的关键。指标的一致性是指指标的波动倾向和基准循环中的波动倾向大致一致。指标的协调性是指指标在经济周期中波动倾向发生变化时，它的波动倾向预先或者滞后体现出一一对应的变化。

9. 平滑性。指标的平滑性是指指标波动的幅度比较小。在一般情况下，不规则波动比重比较少的平滑波动与不规则变动比重比较大的不平滑波动相比，预警的意义和准确性比较大。

（三）价格预警指标的编制

有一些预警方法对指标要求严格，结果由于指标体系编制不精确，降低了预警功能。因此，要对价格指标进行严格的编制。恰当地选择指标并编制指标体系不仅能正确评价当前市场价格运行的状态，而且还能准确预测未来的发展趋势并及时反映宏观经济调控的效果。

根据预警系统本身的目标，以及统计系统可提供的数据而言，价格预警指标可以分类如下：第一类，综合性指标。该类指标是反映价格变动的综合性指数。在一般情况下，这些指标具有明显的先导性，即能够预先反映价格的变动趋势。综合性指标主要包括：居民消费价格指数、零售商品价格指数、货币购买力比价指数、固定资产投资额价格指数、国民生产总值价格指数、国民收入价格指数等。总的看来，这些指标在总体上反映了综合价格变动情况以及价格总水平的变动程度。我们可以通过监测综合价格指数，及时把握市场运行的总体情况，为政府有关部门调控经济运行服务。第二，分类指标。该类指标是指反映某一类商品价格变动趋势和变动程度的价格指数。这些分类指数从不同的侧面反映了市场价格的变动趋势，是政府有关部门进行调控的基础所在。分类指标主要包括：工业品出厂价格指数、进出口商品价格指数、农产品收购价格指数、生产资料价格指数等。第三，单项指标。该项指标是指反映某一种商品或者服务市场价格变动趋势的价格指数。比如：

药品价格指数、粮食价格指数、油品价格指数等。我们可以通过对单项商品价格指数的分析，了解市场供给与需求的变化，把握某类商品价格的变动趋势，为政府有关部门决策提供可靠的依据。这三项指标的确立，必须服务和服从价格预警的需要。在具体运用时，通常的做法是把三项指标综合观测，不单纯依靠某类指标。

第二节　价格指数与价格预警

使用定量的方法来确定警情，要借助于相关的统计指标。一般情况下，可以把统计指标按照确定警情的需要分为两种。第一，统计指标必须是所在领域基本的、重要的指标。这些指标的选取一方面要看它们对国计民生的影响。另一方面取决于它们在宏观经济系统的重要程度；第二，统计指标在一个较长的历史阶段的变动状况，之所以考察在历史阶段的变动状况，是因为我们可以考察该指标的变动规律和特点，明确警情指标的变化区间。变化区间为我们确定警情出现与否提供了一个参考的范围。价格预警是对价格在运行中的正常波动和不正常波动进行预测，从这个意义上来讲，各种类别的价格指数就是价格预警所需要的基础性指标。

一、价格指数的含义、分类及作用

（一）价格指数的含义和分类

价格指数是反映不同时期商品和服务项目价格水平的变化方向、趋势和程度的经济指标，通常以报告期与基准期相对比的相对数值来表示。它是研究价格动态变化的一种工具，它为制定、调整和检查各项经济政策，特别是价格政策提供依据。价格指数是一个相对数，而价格水平是个绝对数。

价格指数按照所涵盖的范围可以分为以下几类：单项指数、类指数和总指数。单项指数是指反映某种商品或服务价格水平变动程度的指数；类指数是反映某种商品或者服务价格水平变动程度的指数；总指数是反映全部商品或者服务价格总水平变动程度的指数。

价格指数按照计算的基期来划分，可以划分为以下三类：第一，定基价格指数。该指数是以某固定时期为基期计算的价格指数；第二，环比价格指数。该指数是以上期为基期计算的价格指数；第三，年距环比价格指数。该指数是指以上一年同期为基期计算的价格指数。

国家统计局发布的价格指数，一般包括如下几种：居民消费价格指数、商品零售价格指数、工业品出厂价格指数和企业商品交易价格指数。

（二）价格指数的作用

价格变动受多种因素的影响，既可能上升，也可能下降。某种商品或服务的价格变动幅度，可以直接计算出来，但是要从宏观的角度了解价格变动对价格总水平的影响，一般要通过价格指数的方式来表达。

常见的价格指数含义和作用如下：

1. 居民消费价格指数（Consumer Price Index，CPI）。居民消费价格指数也称为消费者价格指数，它主要反映在一定时期内，城乡居民所购买的生活消费品价格和服务项目价格的变动趋势和程度，CPI一般被当作价格变化水平的重要指标。通过CPI，我们可以直观地看到消费品价格变动对城乡居民消费的实际影响程度。在我国，CPI的计算包含以下八类消费品：食品、衣着、医疗保健和个人用品、交通及通信、娱乐教育文化用品及服务、居住、杂项商品与服务等。由于我国存在较大的城乡差别，所以为了更好地反映居民消费价格水平，城市居民和农村居民的消费价格指数是分开计算的，而国家公布的CPI，是在二者基础上按照一定的权重综合、汇总计算的结果。按照主流的经济学理论，0＜CPI＜3%表示经济发生了轻度的通货膨胀；CPI＞3%表示经济已经发生了通货膨胀；CPI＞5%表示经济已经发生了严重的通货膨胀。一般来说，主流的看法是：轻度的通货膨胀对于经济发展有一定的促进作用，可以不采取调控措施。而恶性通货膨胀，会严重影响经济的发展，政府必须采取紧缩政策来治理恶性通货膨胀。

2. 商品零售价格指数（Commodity Retail Price Index）。是反映城乡商品零售价格变动趋势的一种经济指数。零售物价的调整变动直接影响到城乡居民的生活支出和国家的财政收入，影响居民购买力和市场供需平衡，影响消费与积累的比例。因此，计算零售价格指数，可以从一个侧面对上述经济活动进行观察和分析。需要特别说明的是，从1994年起，商品零售价格指数不再包括农业生产资料。

3. 工业品出厂价格指数（Producer Price Index，PPI）。工业品出厂价格指数也称为生产者价格指数，它主要反映全部工业产品出厂价格总水平的变动趋势和程度，工业品主要包括工业企业售给本企业以外所有单位的各种产品和直接售给居民用于生活消费的产品。通过PPI能观察出厂价格变动对工业总产值的影响。PPI是从生产者方面考虑的价格指数，测量在初级市场上出售的货物（即在非零售市场上首次购买某种商品时）的价格变动的一种价格指数，反映与厂商购买、销售商品和劳务价格的变动情况。在一般情况下，PPI的提高是由于厂商生产成本的增加而导致的生产者价格的上涨，与此相适应，这一增加额会由消费者来负担。在这种情况下，CPI会相应上涨。

4. 企业商品交易价格指数（Corporate Goods Price Index，CGPI）。该指标主要反映国内企业与企业之间物质商品集中交易价格的变动情况，比较全面地反映了经济波动情况和通货膨胀水平。根据监测的需要，企业商品交易价格指数划分为三类。第一类为基本分类。主要是按照国家制定的产业标准划分为五个层次，主要是：部门、行业、商品群、商品、规格品；第二类和第三类统称为特殊分类。这两类主要是在企业商品交易价格基本分类的基础上，按照物质商品的生产过程以及需求等因素做了特殊分类。按照物质商品的生产过程可以划分为三个层次：初级产品、中间产品、特殊产品；按照需求可以划分为两个层次：投资品和消费品。

二、价格指数是反映价格预警的核心指标

当出现警情，经济运行过程中出现通货膨胀或通货紧缩时，刻画通货膨胀与通货紧缩程度并反映价格总水平的价格指数，就成为了政府有关部门进行分析以及实施调控政策的重要指标之一。国家对通货膨胀或通货紧缩变动状态的观察与调控，就是以价格指数为基本依据进行的。因此，价格指数是分析经济运行状况的重要指标。

价格指数有两种特性。第一，价格指数可以反映经济运行和变化的结果；第二，价格指数可以预示经济运行下一步的发展趋势，属于先行指标。在一般情况下，价格指数发生

变动，反映宏观经济状况的其他指标也会相应发生变化。如果各种价格指数同时上升，就预示着未来会出现宏观经济过热、通货膨胀加剧的严峻局面。从这个意义来讲，价格指数在价格预警中起着非常重要的作用。

为了使价格指数更好地反映宏观经济的运行情况，自 2000 年 1 月份起，国家统计局对原来的价格指数的公布和使用作了两项调整。第一，以居民消费价格指数取代原来公布的商品零售价格指数；第二，以上月价格为基期的月环比价格指数取代以上年同期价格为基期的同比价格指数。

随着信息技术的发展，经济运行的机制和模式与传统的经济运行机制和模式相比，发生了很大变化。按照主流经济学的宏观经济理论，通货膨胀与经济增长、就业、国际收支、经济波动并列为要解决的基本问题，因此，价格水平作为反映经济运行状态的信号，必然被政府经济管理部门重视并被作为宏观决策的重要依据。在这种情况下，要想做好价格预警工作，使之成为政府决策的可靠依据，必须根据新模式下价格机制的特点，做好价格指数的编制工作，并根据当时、当地具体情况加以调整。

第三节　价格预警的方法

预警方法是预警系统的组成部分之一，是预警系统的核心，直接影响着预警系统的可靠性与实用性。用于经济预警的方法很多，我们在比较多种方法优缺点的基础上，同时考虑到统计资料的来源、经济管理体制、硬件环境、人员素质等情况，根据实际选择合适的价格预警方法，即定性分析与定量分析相结合的方法。定性分析是定量分析的前提，该方法能够确定价格运动本质的规定性，因此，定量分析并不能取代定性分析。定性分析方法主要包括专家咨询法、主观概率法、领先指标法等方法。定量分析对指标进行量化分析，主要包括模拟法、定时分析法、景气指数法、ARCH 预警方法、判别分析法、基于概率的分类判别法等方法。

一、定性分析方法

（一）专家咨询法

专家咨询法是借助于一批具有专业知识和经验丰富的专家进行咨询，专家根据个人经验、知识和所掌握的警兆信息来对警情作出判断或预测的预警方法。这种方法的优点是不受警兆信息规范程度的限制，可采纳所有与警情变动有关的警兆信息，并可跟随新的信息逐步修正预警结果，比较灵活实用。

（二）主观概率法

主观概率法是根据萨维里原理，对无法用数据直接进行统计的事物，按其有关条目的操作定义，主观地对事物的程度进行等级评价，然后将等级折算为数值，再进行一定程序统计的方法。进行主观概率统计时可分三级与四级程度评价，其方法是一样的，而数值略有区别。三级程度评价一般分 A、B、C 三等，四级程度评价则为 A、B、C、D 四等。如学生对教师教学整体满意程度，在三级程度评价时可分为非常满意、满意、不满意三等，其赋值就是 4、2、1 分；在四级程度评价时可分为非常满意、满意、基本满意、不满意四等，其赋值就是 5、3、2、1 分。

（三）领先指标法

由于各种经济现象或经济指标之间存在着各种各样的联系，所以，彼此之间会产生一定的制约关系。但是在经济周期的演变过程中，它们在时间序列上是有先有后的。例如，原材料价格的变动，先于制成品价格的变动。领先指标法就是把各种时间序列分为三种类型：①领先指标型，②同步指标型，③滞后指标型。按照上述分类，我们可以使用领先指标来预测同步指标或者滞后指标。该方法不仅能够对经济发展趋势进行预测，而且还可以预测经济发展的转折点。预测步骤如下：

第一步：根据预测指标找出领先指标。

第二步：画出领先指标、同步指标、滞后指标的时间序列图，如图 7—1 所示。

t_1——领先指标出现最高点的时间

t_2——同步指标出现最高点的时间

t_3——领先指标出现最低点的时间

t_4——同步指标出现最低点的时间

$t_2-t_1=\tau$ 称为领先时间

第三步：进行预测。

通过领先时间的估算，得到领先时间 τ，若领先指标于 $t=t_3$ 时达到最低点，则可预测同步指标将于 $t=t_3+\tau$ 时达到最低点。见图 7—1。

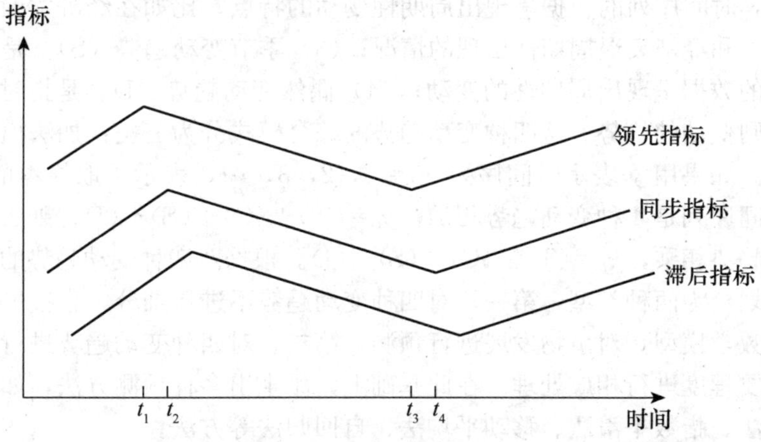

图 7—1　指标时间序列图

二、定量分析方法

（一）模拟法

模拟法也叫统计试验法或蒙特卡罗模拟法（Monte Carlo simulation）。它是一种利用重复的统计实验来求解那些可以直接或间接地利用随机过程来描述的方法。模拟法利用数学方法来正确描述和模拟待求解问题的随机过程，是一种数字模拟随机过程的方法，它不是依靠对过程的实际观测来求解，而是以对随机过程的模拟为基础。对于非确定性事件组成的系统的概率问题，只要事件发生的概率已知，就可以设计一种试验来模拟事件的发生和发展，经多次反复的随机模拟试验，就可获得该系统近似于解析精确解的计算结果。其基本思想是：将能反映价格运行特征的多个指标综合成一个或若干个综合指标，并分别用图像表示出来。单个指标或综合而成的总体指标，以一定的标尺予以衡量，就能判断价格运行的合理与否及程度。

模拟法有五个操作步骤

1. 明确模拟目标。
2. 目标分解选择指标。
3. 评价各项指标。
4. 确定权重综合成各级目标。
5. 预测各项指标或各级别指标，综合预警。

（二）定时分析法

时间序列分析是一种常用的定时分析法。

时间序列法（time series method）是指以按时间顺序排列的数据为基础，利用一定的数学技术来预测未来经济发展的一种方法。该方法基本的假定是：事物的变化发展趋势会延伸到未来。在随机过程理论中，时间序列的这种性质就表现为平稳性或者准平稳性。准平稳性指的是在时间序列中，某些不平稳的数据经过一次或者差分处理后表现出平稳的性质。时间序列的数据包含着四种变动趋势：（1）长期变动趋势（T）。在预测期内，时间序列的数据呈现出逐步增加或者逐步减少的总趋势；（2）周期变动趋势（C）。以一定的时间间隔为周期，时间序列的数据呈现出周期性变动的特点。比如在经济发展过程中，经常会出现经济复苏和经济衰退周期性出现的情况；（3）季节变动趋势（S）。是指以一年为周期，时间序列的数据呈现出周期性的变动；（4）偶然变动趋势（I）。是指时间序列中的数据呈现出不规则变动的趋势。这四种变动趋势的综合模式分为三类：加法模式、乘法模式以及混合模式。如果用 y_t 表示时间序列（t＝1，2，3，…，表示采取样本的时间），那么加法模式的时间序列是 4 种变动趋势相加，$y_t=(T)+(C)+(S)+(I)$；乘法模式的时间序列是 4 种变动趋势相乘，$y_t=(T)\times(C)\times(S)\times(I)$。根据对四种变动趋势的处理方式，时间序列法可以划分为两种类型：第一，对四种变动趋势不进行细分，直接采用时间数列中的数据，建立数学模型，对事物发展进行预测；第二，对四种变动趋势进行细分，并根据各个趋势的重要程度进行相应处理。在此基础上，派生出多种预测方法，如时间函数拟合法、季节指数法、指数平滑法、移动平均法、自回归法等方法。

（三）景气指数法

景气是描述经济处于高涨阶段活跃程度的一个经济概念，它是指在生产周期的高涨阶段中出现的生产增长、商业活跃、市场繁荣等现象；与景气对应的是不景气，指在生产周期阶段出现生产停滞、市场萧条现象。

景气指数法是指标类预警方法之一。景气指数法有较长的历史，它是景气预警实践中历史最为悠久的一种方法，在国外已得到广泛的运用，最早的景气指数是哈佛景气指数。在景气指数中，最具代表性的是扩散指数（DI）和合成指数（CI）。两种指数的相同点是都采用了多个对于景气非常敏感的时间序列，二者的区别是：扩散指数是通过把采用的经济序列经过合成得出，合成指数是通过把采用的经济序列的变化率合成得出。总的看来，这两种方法有较强的实用性，因为这两种指数反映了多个经济变量的共同变动趋势。随着研究的进一步深入，近年来，又出现了以主成分分析作为分析景气指数的方法。其核心是对多个对景气敏感的经济变量进行主成分分析。出现这种方法的原因在观测中不易观察到的主成分，是决定经济发展变动的根本因素。日本经济学家井上胜雄在分析日本景气指数的时候，选择了六个最敏感的变量。在进行主成分分析之后，分析表明：第一，主成分反映了经济景气与否的趋势变动；第二，主成分反映了经济的景气的循环变动趋势。景气指数法的核心目的是通过利用相关经济变量之间的时差关系来表达景气的变动，然后在建立合成指数和扩散指数的基础上，对国民经济的运行状况进行监测，以达到预警的目的。该方法分为四个步骤：第一，确定基准循环，它是该方法最基础的一个步骤，因为基准循环是确定时差关系的参照系；第二，选择合理的构成指标；第三，把指标进行细分，划分为先行指标、同步指标和滞后指标；第四，把三类指标分别按照一定的规则编制扩散和合成指数。

（四）ARCH 预警方法

ARCH 预警模型又称为自回归条件异方差模型（autoregresive conditional heteroscedasticity model）。该模型是美国经济学家 Robert Engle 教授的研究成果，20 年后，Robert Engle 教授获得了诺贝尔经济学奖。ARCH 预警模型的特点是把目前所有可能利用的信息作为条件，运用某一种自回归形式来描述方差的变异程度。在一般情况下，对于某一个时间序列来说，信息的利用有区别，与此相对应的条件方差也会不同。运用 ARCH 预警模型，我们就可以描述某一时间序列随着时间变动而变动的条件方差，在统计的意义上提供了一种可行的用过去误差解释未来误差的基本方法。此后，许多经济学家在此基础上，对 ARCH 预警模型做了补充和发展。

将 ARCH 模型应用于经济预警具有这样一些特点①：

1. 精确测度经济循环波动的误差。ARCH 预警方法扩大了等方差假设的范围，用直接的方式来描述随着时间变异而变异的条件方差，因此，可以比较精确地测度理性经济人对预期的误差。

2. 提供比较合理的警限。ARCH 预警方法引入了随着时间变异而变异的条件方差，从而使景气预报的置信区间能够与时间序列的波动幅度互相适应，反映了在不同的时期预测误差的大小，使得确定的警限能够近似地反映经济的运行状况。

3. 能够改进一般的预测模型。在一个一般的预测模型中，假定 ε_t 是该模型的残差。如果由于某些原因或者是由于舍弃了某些重要变量，导致该模型应用效果不佳，就需要进一步改进这个模型。比较可行的办法是，用 ARCH 模型对该模型进行改进。

4. 解决非线性预警系统的预警问题。由于 ARCH 模型的特性，该模型可以较好地处理非线性经济系统的预警问题。使用 ARCH 预警方法可以较好地处理存在非线性结构的时间经济序列，得到近似实际的预警结果，较好地弥补使用线性预警方法进行非线性系统预警所带来的预警误差。

（五）判别分析法

在已知所有可能预测结果的情况下，预测问题可以归结为模式识别问题，价格变化趋势无非是上涨、下跌和持平三种结果或类别，那么预测未来价格变化趋势的问题，就是识

---

① 王慧敏：《我国宏观经济预警方法研究》，中国矿业大学博士论文，1997。

别价格趋势是属于哪一种变化类别。

判别分析法是对我们所要研究的对象的类别进行归属判定的一种分析方法。该方法的前提是：第一，观测对象必须有明确的分类；第二，必须有若干个明确观测对象特征的变量值。判别分析的实质是在众多的变量中筛选出信息量较大的变量，并在此基础上确立判别函数，使得判别函数的错判率最小。其一般形式是：

$$Z=\alpha_1 X_1+\alpha_2 X_2+\cdots+\alpha_n X_n$$

其中：Z 为判别值，X_1，X_2，…，X_n是描述研究对象的特征变量，α_1，α_2，…，α_n为各个变量的判别系数。

要监测预警价格波动的类型，还必须建立价格波动形态的识别函数。

（六）基于概率的分类判别法

对归属不同类别集群中的条件概率进行比较，是判定某一特征点类别归属的一般途径，这是一种行之有效的方法。这个特征点属于哪一个类别集群取决于条件概率的大小。因此，从这个意义上来说，决定某一特征点归属哪一个类别集群的条件概率就是所谓的成分类判决函数。但是，概率是统计意义上的，所以，概率判决函数在实际的运用过程中，不可避免地会出现错误的情况。为了避免这种风险，就需要建立贝叶斯判别准则。

这一方法从模式识别的视角对价格变动进行预警。预警模式集由具有同样警度的预警样本构成，每一个预警样本构成一个预警模式。预警指标选择的子系统类似于模式识别系统中的模式特征选择部分，而预警方法子系统就类似于模式识别系统中模式分类过程部分，报警子系统类似于模式识别系统中的识别错误检查过程部分。

第四节　价格预警系统警兆指标的选择与分类

警兆就是指在警情发生之前所显现出来的先导现象，是以警源为基础而选定的具体的预见性因素。反映警兆的基本统计指标即为警兆指标。警兆根据是否直接表现为外部现象特征指标，分为景气警兆与动向警兆两种。景气警兆是指警兆描述的是经济景气的状况和程度，反映的是萌芽状态的警情或正在成长发展的警情，此时，警情和警兆之间并未构成某种因果关系。而动向警兆是一个与警情在逻辑上存在关联、在时间上存在先后顺序、在因果上存在关系的先行变量。在一般情况下，动向警兆与警源密切相关，并且存在较强的因果关系。

一、价格预警系统警兆指标的选择

（一）价格预警系统警兆指标选择的基本原则

价格预警的主要目的是根据警兆的变动研究警情的大小，实现价格的预警，选择合理的警兆指标是关键。警兆指标选择思路大致有两种：第一是根据事物现象间的表面联系来寻找；第二是根据事物间的因果联系来选择。

警兆指标的选择遵循以下具体原则：

1. 指标的代表性要比较强，并且要具有较为重要的意义。价格预警指标的选择，不仅需要被选择的指标具有明确的经济意义，而且要求该指标能够近似反映总体价格现象的变动规律以及数量特征。

2. 指标所反映的价格变动必须有基本的规律可以遵循，并且在一个较长的时间之内，这种规律显示出基本稳定的状态。要做到这一点，我们所要选取的指标必须要有较好的代表性。代表性好的指标的特征是：第一，这种指标具备一定的稳定性、综合性以及可行性；第二，这种指标不规则变动少，从而它的运动轨迹就比较平滑，从现象来看，它的变动比较平稳。

3. 指标必须能够对警情的变动及时地作出反映。警兆指标要能对警情的变动作出及时的反映，这要求警兆指标具有高度的灵敏性，同时这也是预警对先行指标选择的要求。这种灵敏性是指警兆指标对于价格的细微变化都能及时地做出反映。一般来说，当价格变动处于正常的波动区间时，警兆指标能够做出明显的反映；当价格变动超出正常的波动区间时，警兆指标能够及时地发出明确的信号。总的看来，警兆指标必须具备高度的灵敏性，只有这样，才能体现价格预警的目的：超前性、预见性和及时性。

4. 指标的选择，不仅时间的跨度要比较长，而且还要包括比较大的经济范围。

之所以选择时间跨度比较长的指标，主要是因为我们可以从一个比较长的时间序列里，发现价格运行的变动规律以及不规则变动的情况，而在一个跨度比较短的时间序列里，很难发现价格运行的变动规律和不规则变动情况。同时，之所以选择涵盖经济范围比较广的指标，主要是因为我们可以从不同的视角来观察价格变动的情况，全方位、多层次地了解价格运动的各个方面和各种变化。

（二）价格预警系统警兆指标选择的步骤

根据警兆指标的经济意义和选择原则，我们在选择警兆指标时应该注重指标经济上的先行性和因果性，在方法上必须同时注重经济意义上的定性分析和数据的定量分析，选择时一般应遵循以下两个步骤。

1. 确定基础指标。基础指标的确定，可以根据经济周期波动理论的研究。利用我国相关统计年鉴的价格统计资料，尽量选择长序列数据的指标。由于我国的价格统计数据无论是类别还是时序都不是特别完整，有时只能选择整体年度数据进行分析计算。另外，也可以根据理论研究者对警兆指标的研究成果，先在较大的范围内确定一些基础性的警兆指标作为选择的基础。

2. 通过经济分析与数学统计方法确定警兆指标。初步筛选出来的警兆指标，只是分析的基础。因为从表面上看，这些指标都存在与价格的波动密切相关的可能性，但在国民经济实际运行中，情况未必如此。同时，有一些数据存在重复的可能性，也有些数据从理论上可能不适合用于价格预警的指标，而有些数据在实践中也不适合用于价格警兆指标。所以，需要通过合理的定性分析和较为准确的定量计算，才能找出适合充当预警指标的各种经济变量。从理论上分析，警兆指标一般可以分为两类，一部分指标属于外生因素，另一部分反映价格波动的内生因素。外生因素和内生因素指标对预警作用的方式和程度是不相同的。

所以，对于价格预警系统警兆指标的选择，首先应该通过理论分析，找出理论上适合做预警指标的相关变量，在对指标进行初步筛选后确定可用指标的基础上，经过定量计算之后，确定驱动性与先导性较强的指标。

（三）价格预警系统警兆指标的基本分类

按照不同的划分方法，警兆指标可以划分为不同的种类。根据对宏观经济运行情况反应的快慢及先后程度，可分为以下三类指标。

1. 先行指标。先行指标也称为超前指标或领先指标。该类指标变化在时间上先于市场整体的波动，与经济活动之间具有因果关系，并且具有相对于经济活动的领先性。可以利用此类指标在短期内的变动特征，即利用其先行性，推断下一阶段的价格趋势，预测价格在运行过程中可能出现的警情及其程度。

2. 一致指标。一致指标也称同步指标。该类指标变化在时间上同步于市场整体价格的波动，这类指标有两个明显的作用：一是利用这类指标可以描述当时、当地经济的变动状况；二是在分析包含一致指标与先行指标的时间序列的基础上，估计价格在一定时间内波动的幅度大小。由此可见，这类指标是对价格波动态势分析的重要变量。但是在实际上，一致指标的转折点与基准转折点时间完全一致的情况是很少见的，总会存在短时间的偏差，因此，所谓的一致指标只是基本上一致，而非完全一致。

3. 滞后指标。滞后指标也称落后指标。这类指标落后于市场价格，其波动落后于总体经济的变化。滞后指标可用于分析上一轮的经济波动是否已经结束以及对经济领域其他方面的影响。在一般情况下，滞后指标的作用主要体现在两个方面：第一，确定警情；第二，考察经济周期循环是否已达到转折点并进入到另外的一个状态。

还必须注意，在一般情况下，先行指标、一致指标与滞后指标转折点的顺序应该分明，即滞后指标转折点的时间不会先于一致指标；一致指标的转折时间不会先于先行指标；某个先行指标的转折时间不会先于上个循环的滞后指标。但实际上，由于受到某些因素影响，先行指标有时会在某个循环中表现为滞后，而滞后指标也可能在某个循环中表现为先行，一致指标也会偶尔出现先行或滞后的现象。因此，在选择预警指标之后，还需要不断地对这些指标进行跟踪，并适时进行调整，以保证其先行性、一致性及滞后性的特征。

（四）价格预警系统警兆指标的基本体系

价格预警系统的警兆指标反映了宏观经济运行状况的先兆。警兆指标先发生异常变化，然后才导致价格发生变化。因此，警兆的异常变化是价格变化的原因，价格变化是警兆变化的结果。所以，警兆指标的选择至关重要，它决定着价格预警系统的成败与否。

为了选择对宏观经济运行状况预警准确又易于监测的警兆指标。在综合价格预警系统相关研究的基础上，再根据数据的可得性，选择了21个指标，它们分别是：财政支出、工商业贷款、城乡居民储蓄余额、消费者价格指数、城镇居民可支配收入、固定资产投资完成额发展速度、工业生产指数、社会消费品零售总额、海关进出口总额、各项税收、工业企业利润总额、工业从业人员数、沪市A股月成交额、工业产品产销率、消费者预期指数、社会货运量、沿海主要港口货物吞吐量、固定资产投资新开工项目数、FDI合同金额、国债利率差、货币供应M2等。

上述的这些警兆指标虽然涵盖了宏观经济运行的各个方面，但它们看起来杂乱无章，也不容易发现它们彼此之间的规律和内在的联系。同时，它们还受时间及季节先后的影响，这些影响造成了一些偶然因素的出现，最终将影响预警的准确性。这些警兆指标的单位也互不相同，分别由不同的量纲来表示，由于量纲的不同，警兆指标之间也缺乏可比性。因此，必须对警兆指标进行分类和季节调整去除季节因素的影响。

二、警兆指标的聚类分析和时间序列分析

对于警兆指标的分析，仅仅停留在定性分析的层面上仍然是不够的，还应该进行定量的分析。我们可以利用多元统计中的聚类分折和时间序列分析来确定各单项指标的权重以及反映市场价格变化的情况，来确定指标的取舍，从而为构建合理实用的价格预警指标体系打下基础。

（一）警兆指标的聚类分析

聚类分析是研究分类问题的一种多元统计方法，国内有人称它为群分析、点群分析、簇群分析等。下面简单介绍一下聚类分析的基本方法。

1. 聚类分析的基本思路与分析方法。

聚类分析的基本思路是：由于我们所要研究的样本之间存在着差别的相似性，所以，我们可以以此为前提设置多个观测指标，并以此为基础，设计出能够测度它们之间相似程度的统计量，用来划分样本的类别。基本的做法是：相似程度较大的样品归为一类，和这一类关系相似程度不大但是和另外一些样本相似程度较大的归为另外一类，直至划分完毕；同时，在相同的类别中，样本之间也同样存在关系亲疏的问题。关系紧密的归为一小类，直至划分完毕。这样就形成了聚类系统谱系图，能够把样本之间的关系全部表现出来。

在系统聚类分析中，常用的方法有 Nearest neighbor（最短距离法），Furthest neighbor（最长距离法），Centroid clustering（重心法），Between-groups linkage（类平均法）等。其中样品（或指标、因素）间定义的距离有：Minkowski 距离、Mahalanobis 距离、Euclidean 距离、Lance 距离等。

为了学习的方便，本书采用最短距离法（Nearest neighbor），样本间的距离采用 Euclidean 距离，即欧氏距离。欧氏距离可用数学表示为：

$$d_{ij}(2)=\left[\sum_{k=1}^{p}(x_{ik}-x_{jk})^2\right]^{1/2}$$

2. 聚类分析的步骤。

系统聚类法（Hierarchical Clustering Method）是目前国内外使用的最多的一种方法，有关它的研究极为丰富。它包含以下步骤：（1）计算 n 个样品两两间的距离 $\{d_{ij}\}$，记作 $D=\{d_{ij}\}$。（2）构造 n 个类，每个类只包含一个样品。（3）合并距离最近的两类为一新类。（4）计算新类与当前各类的距离。若类的个数等于 1，转到步骤（5），否则回到步骤（3）。（5）画聚类图。（6）决定类的个数和类。

3. 警兆指标聚类分析的结果。

在采用聚类分析时，可以用聚类分析的定义及计算公式，按照上述聚类分析的步骤人工计算逐个指标，但计算量太大，计算过程也太复杂，计算起来几乎不可能。但是，用于聚类分析的相关软件很多，用这些软件来进行计算和分析就很简单，可以直接得到结果。本书采用 SPSS 11.5 来进行聚类分析，下面简单地给出 SPSS 软件聚类分析的过程。

由于数据的可得性，以某地 2001 年 9 月到 2004 年 8 月的数据演示计算过程。各个警兆指标的数据如表 7—1 所示，下面就以表中这四年的数据来进行聚类分析，把警兆指标进行简单的分类。

表 7—1 **警兆指标数据表**

year	财政支出（不含税务）	工商业贷款	城乡居民储蓄余额	消费者价格指数	工业生产指数	工业从业人员数	固定资产投资完成额发展速度	社会消费品零售总额	海关进出口总额	各项税收	工业企业利润总额	城镇居民可支配收入	沪市A股月成交额	工业产品产销率	消费者预期指数	社会货运量	沿海主要港口货物吞吐量	固定资产投资新开工项目数	FDI合同金额	国债利率差	货币供应M2
2001.09	1 603.94	3 6010.04	71 252.64	99.90	109.5	5 393.82	1.182	3 136.90	458.40	1 203.75	3 088.98	572.56	969.48	98.28	97.8	11.29	1.19	59 944	494.12	1.145 80	151 919.22
2001.10	1 223.45	36 033.96	71 818.81	100.20	108.8	5 407.03	1.174	3 347.30	416.92	1 422.53	3 467.79	581.62	1 167.11	97.55	97.6	11.43	1.21	67 152	552.01	0.937 10	151 590.22
2001.11	1 801.41	36 414.54	72 323.82	99.70	107.9	5 409.23	1.163	3 421.70	448.45	1 218.89	3 883.59	556.37	1 279.95	97.16	97.2	11.85	1.22	74 091	604.06	0.720 70	154 185.92
2001.12	2 754.19	37 200.90	73 762.43	99.70	108.7	5 431.12	1.137	4 033.60	468.93	1 771.3	4 440.51	613.68	1 177.44	101.75	97.4	15.03	1.23	101 445	691.95	0.812 90	158 419.41
2002.01	1 040.57	35 886.09	74 953.71	99.00	118.6	5 318.43	1.245	3 596.10	406.74	1 443.60	106.77	665.97	1 164.46	95.73	97.1	11.23	1.23	1 025	71.88	0.974 90	159 668.62
2002.02	1 124.20	36 044.62	78 114.38	100.00	102.7	5 205.73	1.245	3 324.40	350.56	933.00	309.97	886.05	756.34	96.42	97.5	10.24	1.12	3 107	115.90	1.061 40	160 935.59
2002.03	1 346.58	36 772.22	78 728.30	99.20	110.9	5 274.45	1.261	3 114.80	463.30	1 246.21	681.83	573.55	2 696.38	97.48	97.2	11.30	1.33	10 482	178.55	1.021 40	164 064.57
2002.04	1 488.05	36 434.29	79 728.20	98.70	112.1	5 318.18	1.271	3 052.20	524.80	1 676.13	1 115.06	584.65	1 742.66	97.27	97.0	11.63	1.39	18 023	217.60	0.925 90	164 570.56
2002.05	1 334.99	36 557.69	80 394.30	98.90	112.9	5 348.35	1.258	3 202.10	470.80	1 366.86	1 623.10	601.00	1 051.06	97.18	97.3	12.00	1.41	26 917	278.64	0.859 50	166 061.00
2002.06	1 962.97	37 050.51	81 711.79	99.20	112.4	5 363.50	1.244	3 158.80	491.20	1 416.58	2142.31	597.50	2 306.10	98.19	97.4	11.62	1.40	42 066	439.90	0.858 50	169 601.00
2002.07	1 682.22	37 015.69	82 527.90	99.10	112.8	5 372.81	1.241	3 096.60	561.98	1 618.11	2 618.64	604.85	1 905.31	98.61	97.3	11.56	1.42	51 163	543.53	0.873 70	170 851.00
2002.08	1 607.45	37 050.08	83 275.97	99.30	112.7	5 398.85	1.242	3 144.00	566.42	1 253.84	3 102.78	601.75	1 097.67	98.30	97.1	11.77	1.45	58 952	623.07	0.815 20	173 250.92
2002.09	1 910.52	37 479.22	84 139.05	99.30	113.8	5 414.55	1.243	3 422.40	617.05	1 396.48	3 649.30	643.49	823.82	98.59	97.2	11.79	1.46	69 209	683.75	1.258 20	176 982.00
2002.10	1 513.86	37 452.54	84 725.13	99.20	114.2	5 453.24	1.241	3 662.00	551.43	1 728.57	4 214.19	626.65	711.40	97.96	97.4	12.10	1.49	76 852	749.89	1.073 00	177 294.00
2002.11	1 900.02	37 661.74	85 693.49	99.30	114.5	5 438.84	1.234	3 733.10	599.44	1 386.19	4 837.79	621.53	1 146.66	97.63	97.8	12.23	1.44	84 925	769.47	1.127 30	179 736.00
2002.12	3 037.96	38 163.57	86 910.65	99.60	114.9	5 472.49	1.174	4 404.40	606.22	1 977.85	5 502.19	695.81	1 039.85	101.16	97.6	12.32	1.49	109 971	827.68	1.028 30	185 007.29
2003.01	1 295.25	38 581.85	90 677.63	100.40	114.8	5 442.40	1.375	3 907.40	607.92	1 903.93	514.94	728.29	1 872.88	95.85	98.0	11.84	1.50	1 446	92.41	1.007 10	190 108.41
2003.02	1 097.10	38 562.80	92 824.21	100.20	119.8	5 412.31	1.328	3 706.40	482.35	1 436.32	980.04	990.62	999.17	97.41	98.1	10.95	1.35	4 383	142.23	1.002 10	190 488.30
2003.03	1 500.03	38 965.26	94 567.84	100.90	116.9	5 387.04	1.316	3 494.80	646.40	1 587.80	1 591.10	635.05	1 294.32	96.63	97.7	11.74	1.57	12 671	229.82	1.055 80	194 487.30

续前表

year	财政支出（不含税务）	工商业贷款	城乡居民储蓄余额	消费者价格指数	工业生产指数	工业从业人员数	固定资产投资完成额发展速度	社会消费品零售总额	海关进出口总额	各项税收	工业企业利润总额	城镇居民可支配收入	沪市A股月成交额	工业产品产销率	消费者预期指数	社会货运量	沿海主要港口货物吞吐量	固定资产投资新开工项目数	FDI合同金额	国债利率差	货币供应M2
2003.04	1 734.50	38 751.71	95 194.12	101.00	114.9	5 424.73	1.305	3 406.90	702.20	1 946.93	2 255.50	642.03	3 638.23	97.27	87.3	11.62	1.64	21 440	305.28	0.816 20	196 130.10
2003.05	1 688.71	38 900.95	96 351.67	100.70	113.7	5 464.37	1.317	3 463.30	654.50	1 592.41	2 918.20	650.41	1 895.06	97.23	83.7	10.18	1.60	34 343	382.23	0.969 20	199 505.20
2003.06	2 350.25	39 544.23	97 674.57	100.30	116.9	5 532.99	1.328	3 576.90	668.12	1 720.36	3 638.37	651.57	1 543.58	98.20	86.8	11.13	1.67	51 876	509.58	1.645 80	204 931.42
2003.07	1 815.59	39 103.8	98 590.90	100.50	116.5	5 537.63	1.327	3 562.00	746.23	1 838.70	4 303.30	660.37	1 477.82	98.49	90.6	11.83	1.67	62 956	591.71	0.856 10	206 193.10
2003.08	1 703.67	39 751.04	99 255.58	100.90	117.1	5 576.29	1.324	3 609.60	720.36	1 297.07	5015.30	672.37	927.67	98.74	92.2	12.24	1.73	71 532	675.32	0.837 50	210 591.90
2003.09	2 079.77	40 163.99	100 888.60	101.10	116.3	5 619.35	1.314	3 971.80	835.90	1 641.55	5 727.70	712.51	1 126.43	98.74	92.2	12.34	1.73	82 256	792.07	0.675 40	213 567.10
2003.10	1 683.01	40 347.63	101 381.89	101.80	117.2	5 638.87	1.302	4 204.40	761.18	1 866.10	6 472.78	693.01	1 037.20	98.71	93.5	12.87	1.71	91 312	886.83	0.646 60	214 469.40
2003.11	1 984.11	40 470.46	102 235.44	103.00	117.9	5 652.41	1.296	4 202.70	786.55	1 505.90	7 251.70	685.29	1 826.94	97.94	93.8	13.25	1.70	100 133	1 005.02	0.694 50	216 351.73
2003.12	3 402.52	40 750.41	103 617.65	103.20	118.1	5 707.80	1.284	4 735.70	904.00	2 345.07	8 152.40	747.42	2 901.95	100.47	94.7	20.06	1.73	121 127	1 150.70	0.477 20	221 222.82
2004.01	1 369	41 153.38	109 250.08	103.20	107.2	5 770.33	1.500	4 569.0	714.50	2 429.20	648.492 9	963.04	2 438.83	96.30	94.3	12.53	1.79	2 606	102.01	0.876 40	225 076.00
2004.02	1 362.00	41 327.08	110 646.38	102.10	123.2	5 832.86	1.530	4 211.00	762.00	1 996.57	1 437.90	963.43	4 431.02	96.95	94.0	12.14	1.33	7 816	191.36	0.535 80	227 051.00
2004.03	1 771.50	4 1827.97	111 872.18	103.00	119.4	5 817.73	1.478	4 049.80	922.40	2 121.25	2 347.50	712.08	3 493.25	97.34	94.1	12.89	1.98	19 234	342.78	0.484 30	231 754.00
2004.04	2 100.00	41 656.98	112 175.44	103.80	119.1	5 847.23	1.428	4 002.00	956.00	2 679.43	3 342.10	716.50	3 209.18	97.24	93.6	13.29	1.99	32 887	470.01	0.829 20	233 628.00
2004.05	1 721.00	41 654.31	112 610.18	104.40	117.5	5 886.53	1.348	4 166.00	876.00	2 024.47	4 257.98	734.41	1 141.46	97.60	90.3	13.39	2.02	45 779	572.41	0.570 00	234 842.00
2004.06	2 490.30	40 424.32	113 792.47	105.00	116.2	5 886.41	1.310	4 250.70	991.50	2 106.42	5 199.39	724.34	1 669.68	97.84	88.7	13.28	2.01	67 971	726.97	0.940 00	238 427.00
2004.07	1 935.33	40 033.50	114 253.24	105.30	115.5	5 905.52	1.311	4 209.20	999.80	2 312.13	6 085.00	737.66	1 534.18	98.70	89.9	12.48	2.00	8 0851	826.56	1.090 00	238 126.97
2004.08	1 976.00	40 127.59	114 489.63	105.30	115.9	5 938.02	1.303	4 263.00	983.10	1 483.50	7 045.00	742.79	1 131.63	98.22	89.4	13.33	2.06	93 981	937.92	1.460 00	239 729.00

启动 SPSS 11.5 for Windows，将上述数据输入到 SPSS 软件的表格中，并更换变量名，与题中的变量名相符，特别需要注意的是，因为是对警兆指标进行聚类分析，即是研究警兆指标随着时间的变化而显示出来的特征，所以警兆指标是因变量，时间是自变量。对于这个问题，很多对预警的研究都没有注意到，因而所进行的聚类分析是不正确的。数据输入完毕后，然后依次选择：Analyze→Classify→Hierarchical Cluster Analysis，进入到系统聚类框条中。将所有变量选入 Variable（s）中，在 Cluster 中选择 Cases。在下方的 Method 中，Cluster Method 中选择 Nearest neighbor（最短距离法）；在 Measure 中的 Interval 中选择 Euclidean distance（欧氏距离），点击 Continue；在 Plots 框条中选择 Dendrogram，点击 Continue，再点击 OK 即可得到聚类分析的结果如图 7—2。

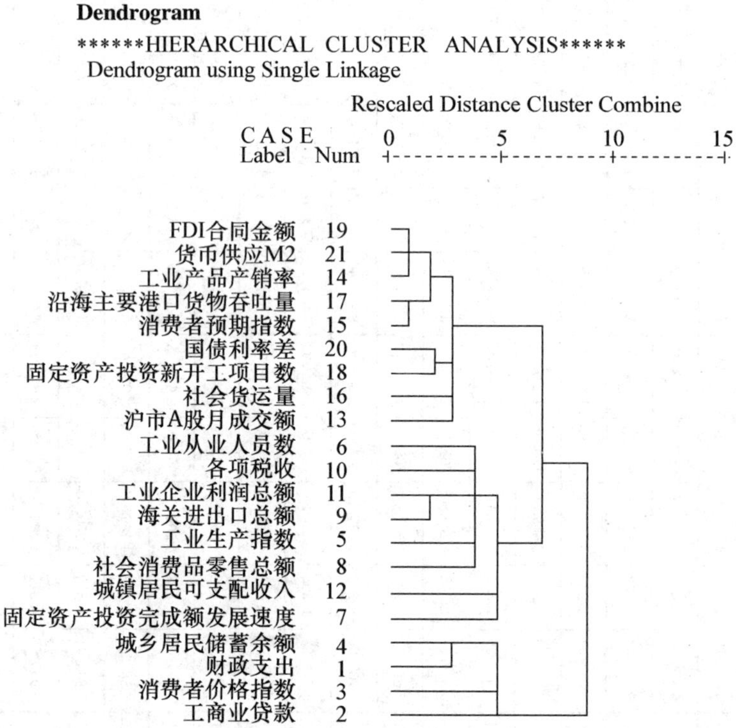

图 7—2　聚类分析结果图

从图中可以看出，上述警兆指标可以分为三类，第一类为：沪市 A 股月成交额、工业产品产销率、消费者预期指数、社会货运量、沿海主要港口货物吞吐量、固定资产投资新开工项目数、FDI 合同金额、国债利率差、货币供应 M2。第二类为：固定资产投资完成额发展速度、工业生产指数、社会消费品零售总额、工业从业人员数、海关进出口总额、工业企业利润总额、各项税收、城镇居民可支配收入。第三类为：财政支出、工商业贷款、城乡居民储蓄余额、消费者价格指数。根据它们对宏观经济运行状况的反应的快慢及先后程度，第一类为先行指标，第二类为一致指标，第三类为滞后指标，如表 7—2 所示。

表 7—2 指标内容分类表

分类	所属类别	指标
第一类	先行性指标	沪市A股月成交额、工业产品产销率、消费者预期指数、社会货运量、沿海主要港口货物吞吐量、固定资产投资新开工项目数、FDI合同金额、国债利率差、货币供应M2
第二类	一致性指标	工业生产指数、工业从业人员数、固定资产投资完成额发展速度、社会消费品零售总额、海关进出口总额、各项税收、工业企业利润总额、城镇居民可支配收入
第三类	滞后性指标	财政支出、工商业贷款、城乡居民储蓄余额、消费者价格指数

(二) 警兆指标的时间序列分析

1. 基本概念。警兆指标的时间序列分析指的是在经济系统中，某变量的观测值按照时间的先后顺序（间隔相同）排成一个有序的数值序列。这一个时间序列展示了在一定的时间内，研究对象的变动过程。我们可以利用一定的数学方法分析该变量的变动规律和发展趋势。在一般情况下，警兆指标的时间序列分析只研究某变量在其他因素影响下的总的结果，而不研究事物之间互相依存的因果关系。

警兆指标的时间序列分析和其他分析一样，也是建立在一定的假设基础上。本方法的假设是惯性原则假设。惯性原则是指被预测事物过去的变化趋势会不间断地延续到未来，其实质是过去数据包含着一些可以利用的信息，通过挖掘这些数据的信息，我们可以利用这些信息解释时间序列现在的状态与未来的发展趋势。在一般情况下，时间序列具有远小近大的特性，也就是说离现期越近的数据影响力越大，离现期越远的数据影响力越小。在现实的经济活动中，大部分的经济活动都可以用时间序列数据表示出来。比如农业、商业、工业、服务业等行业的数据都是时间序列数据。由于时间序列研究方法相对成熟，因此，在现实的预警中，我们应该主要关注数据的质量与数量以及时间序列的跨度问题。

2. 变动的特点。(1) 趋势性。某一变量会随着自变量或者时间的变化而变化。在长期来看，会呈现三种变动趋势：第一，缓慢的、渐进的持续上升趋势；第二，缓慢的、渐进的下降趋势；第三，平稳的变动趋势。(2) 周期性。某一变量在外部因素的影响下，伴随着季节的往复而出现的高峰与低谷相互交替的规律。(3) 随机性。某一变量随机变动的情况，虽然是个别现象，但在总体上符合统计规律。(4) 综合性。综合性是指上述几种变动性的组合或者叠加。在以时间序列为基础进行预测时，要采用一定的数学方法消除随机变动，尽量使时间序列的周期性和长期趋势表现出来。

3. 特征的识别。为了在预测时选择合适的、具有针对性的预测方法，必须要对时间序列的变动特征进行识别。时间序列具有以下变动特征：第一，随机性。无规则分布以及均匀分布，或许能满足某些统计分布。第二，平稳性。平稳性是指样本序列的自相关函数围绕某一水平线上下小幅绕动，从数学意义上来讲，数学期望和方差为一个常数。样本序列的自相关函数与序列时间的起点没有关系，它只是时间间隔的映射。样本序列的自相关函数之所以能反映平稳序列周期性的变化，是由于它具有对称性的特性。特征识别可以利用自相关函数 ACF：$\rho_k=\gamma_k/\gamma_0$，其中 γ_k 是 y_t 的 k 阶自协方差，且 $\rho_0=1$，$-1<\rho_k<1$。

平稳过程的偏自相关系数和自相关系数都会以一定的方式进行衰减并趋近于 0。偏自相关系数是在消除其他的以前序列影响的基础上，度量某一个以前序列与当前序列的相关联程度。自相关系数是度量以前序列与当前序列之间的相关联程度。

4. 预测的类型。(1) 点预测。点预测是指经过预测会产生一个最优的数值。这种预测的优点是直接、直观、简单。但是这种预测往往会产生不为零的预测误差，它的不确定性的范围就是预测值的置信区间。(2) 区间预测。区间预测是指预测的实际值以一定的概率落入某一个区间，也就是确定预测的实际值可能的变动范围。在一般的情况下，预测值是区间的中点，区间的长短反映了预测的准确程度，区间比较短，预测精度就比较高，区间比较长，预测精度就比较低。(3) 密度预测。密度预测是关于预测值的完整概率分布。按照密度预测的原则，我们可以在一定的假设基础上，运用一定的数学方法，在任意置信水平上进行区间预测。

5. 基本步骤。第一，对序列的变化特征进行分析；第二，选择合理的、有针对性的模型以及检验参数的方式；第三，在以上两个步骤的基础上进行预测；第四，对预测结果进行评估并在此基础上修正模型。

进行时间序列分析有很多的模型，常用的有自回归 AR(p) 模型、移动平均 MA(q) 模型、自回归移动平均 ARMA(p, q) 模型和自回归综合移动平均 ARIMA(p, d, q) 模型，用 SPSS 软件也可以进行时间序列分析，具体的过程虽然简单，但比较烦琐，这里就不再一一介绍了。

第五节　价格预警系统的警界分析

当预警的警情和警兆指标确定之后，按照程序就必须确定预警系统的警界。预警系统的警界可以从指标数据的统计特性出发，根据数理统计的各种分析理论，提出控制界限的分析原理。然后，再根据预警系统的实际并结合相关的统计数据，按照经济预警理论确定价格预警系统的控制界限。

一、价格预警系统的警界控制原理

(一) 价格预警系统预警控制原理

坚实的理论基础是分析方法应用的基本前提，只有建立坚实的理论基础之上，分析方法才具备科学性、可行性。下面，我们以美国贝尔电话实验所的休哈特（W. A. Shewhart）博士的控制图来说明价格预警系统警界界限的控制原理。

控制图由美国的休哈特博士于 1924 年提出，从此，该图就成为质量管理方面的一个重要工具。控制图主要是用来分析造成产品质量出现问题的原因是由于系统性原因引起的，还是由偶然性因素引起的。在此基础上，我们就可以判断生产过程是不是在正常运转的范围之内。

控制图按照使用用途分为两类：第一，分析产品质量的控制图。这种控制图主要是观察和分析生产过程中质量特征值的变动情况，了解生产工序是否正常。第二，日常管理的控制图。这种控制图主要是观察和分析整个生产过程，预防残次品的产生。

控制图按照控制对象的变动情况也可以划分为两类：第一，稳值控制图。在一般情况下，该图的目的是对产品质量恒久不变的生产过程进行控制。第二，变值控制图。该图的目的是对产品质量随着时间的变化而变化的生产过程进行控制。

现在，控制图正在被用到各种各样的预警领域中，在价格预警系统中，采用稳值控制图，其原理设计如图7—3。

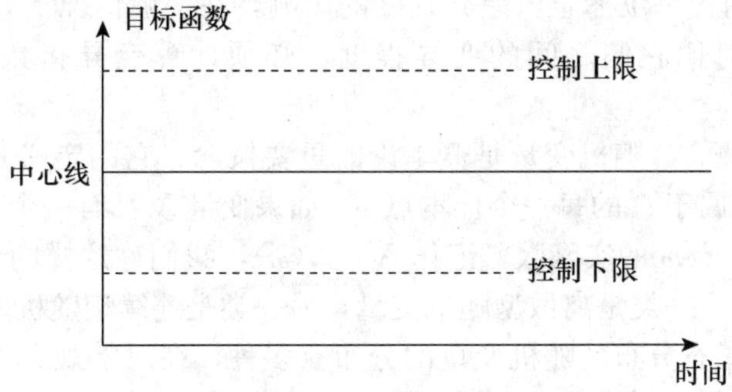

图7—3　稳值控制图

在图7—3中，横坐标表示时间，纵坐标表示目标特征值。图中中心线表示正常的价格，虚线表示控制上下限，在控制上下限之间变化的价格是正常波动，偶尔偏离控制界限的波动是偶然波动，不发出预警信号。如果价格波动频频出界，一直超出这个范围之外，表明价格正在异常波动，说明价格发生了不正常的变动，就发出预警信号。应用控制图对价格波动不断监控，当异常因素刚刚出现，甚至在没有造成任何威胁之前就能够及时发现，采取措施加以消除，起到预警的作用。更多的情况是价格波动时，表明异常原因已经发生，这时就可以将其立即查出，进而采取措施，消除波动的原因，使价格趋于正常。

（二）价格预警系统的警兆指标数据统计特征

经济波动是现实经济运动中的一种常态，这是市场经济条件下宏观经济运行的基本规律。经济系统的这种波动直接反映在各项统计数据的波动上，波动是价格预警系统警兆指标数据最基本的统计特征。研究价格预警系统的预警界限，必须首先明确价格预警指标数据的波动性。

经济的波动一般有周期性波动、季节性波动与随机性波动。经济的周期性波动是指在经济发展过程中，某一经济变量在一个较长的时间之内（通常是一年以上）由于某些因素的影响所导致的循环的运动。这些因素既有内生性因素，又有外生性因素。内生性因素主要是指经济体系内部的因素，如市场的供求状况等；外生性因素主要是经济体系外部的因素，如突发的自然灾害等。季节性波动主要是指在短时期内（通常是一年）由于季节性因素所导致的经济变量的周期性变动情况。这种情况一般和农产品有关。随机性波动是由于经济发展过程中的随机因素引起的，这种波动往往不可预期，但是在现实中我们必须要考虑到。在三种上述波动中，周期性波动和季节性波动属于有规律的变动，随机性波动属于无规律的变动。

（三）价格预警系统指标的变异规律

1. 变异指标的概念。变异指标是反映现象总体在一定的时空条件下，各个总体单位在某一个数量标志上表现出的差异性的综合性指标，它表明现象总体分布特征的离散趋势，即总体中各总体单位的个性差异，说明现象总体内或均衡或稳定或协调的程度，衡量平均指标对现象总体一般水平代表性的强弱。各变异指标是总体各单位标志值变异的绝对指标，在一般情况下，与平均指标的计量单位相同。变异指标数值的大小，由标志值间离差的大小决定，同时要考虑标志值水平的高低。计算变异指数的目的，就是为了分析不同水平的变量数列之间的标志变异程度。由于水平高低不同的对比序列是绝对指标，它们数值的大小受到各单位标志值差异程度的影响，在一般情况下，不能采用标准差进行对比分析。为了对比它们之间的变异程度，必须计算变异指数，消除水平高低的影响。

2. 随机变量的概念。随机变量是概率论的重要概念，它的定义是：假设随机试验的样本空间为 Ω，对于属于 Ω 的每一个样本点 ω，如果变量 X 都有一个确定的实数值与之对应，则变量 X 是样本点 ω 的实函数，记作 $X=X(\omega)$，我们称这样的变量 X 为随机变量。随机变量可分为两类，一类是离散型随机变量，另一类是连续型随机变量。

3. 随机变量的正态分布。随机变量的分布有多种，在对宏观、微观的经济活动中的指标数据进行分析时，正态分布是应用得最为广泛的一种方法。当预警指标具有一定的统计特性时，我们就可以运用正态分布去分析和研究警情以及各项预警指标数据的变化规律性。

(1) 正态分布的定义。如果连续型随机变量 X 的概率密度为：

$$f(x)=\frac{1}{\sqrt{2\pi\sigma}}e^{-\frac{(x-\mu)^2}{2\sigma^2}}(-\infty<x<\infty)$$

则称 X 服从期望为 μ，方差为 σ 的正态分布，记为 $X\sim N(\mu,\sigma^2)$，其中 μ，σ（$\sigma>0$）是正态分布的参数。正态分布也称为高斯分布。对于一般的正态分布 $X\sim N$（μ，σ^2）来说，有两个参数，即均数 μ 和标准差 σ。从数学上可知，$x=\mu$ 是正态分布图像的对称轴，所以正态分布的平均值 μ 是分布的中心，它决定了正态曲线的中心位置，描述了随机变量 X 分布的集中性，图 7—4 表示了 $\mu=2$ 时的正态分布的图像。

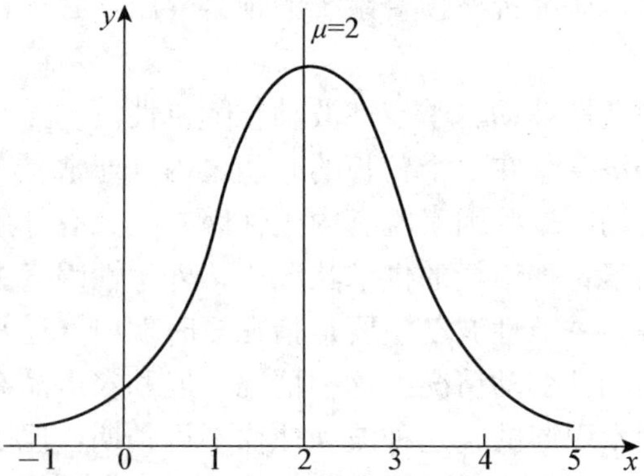

图 7—4　正态分布图（$\mu=2$）

标准差 σ 决定正态曲线的陡峭或扁平程度。σ 越大，曲线越扁平，最大值越小，拐点越偏离 μ。σ 越小，曲线越陡峭；标准差 σ 描述了指标特性值 X 分布的分散情况。图 7—5 给出了 $\mu=0$，σ 分别等于 0.5、1.0 和 1.5 时的三条正态曲线，对比三条曲线，可以清楚地看到参数 σ 的意义。

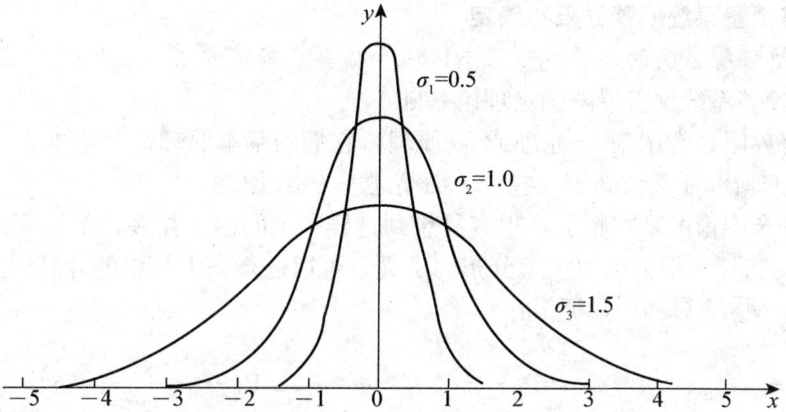

图 7—5　σ 数值不同时的正态分布图

（2）标准正态分布密度函数的定义及图像。在正态分布中，对于 $\mu=0$，$\sigma=1$ 的特殊情况，即如果 $X\sim N$（0，1），则称 X 服从标准正态分布，它的概率密度记为 $\varphi(x)$，那么 $\varphi(x)=\frac{1}{\sqrt{2\pi}}e^{-\frac{x^2}{2}}$，分布函数为 $\Phi(x)=\frac{1}{\sqrt{2\pi}}\int_{-\infty}^{x}e^{-\frac{t^2}{2}}\mathrm{d}t$。因为下文预警警界的控制要使用控制图原理，而标准正态分布的图形特征正是设计控制界限的依据，所以下面再用数学方法来研究一下标准正态分布函数 $\varphi(x)=\frac{1}{\sqrt{2\pi}}e^{-\frac{x^2}{2}}$ 的图像的特点：令 $\varphi'(x)=\frac{-x}{\sqrt{2\pi}}e^{-\frac{x^2}{2}}=0$，得驻点 $x=0$。根据 $\varphi'(x)$ 的正负性可知，$x=0$ 是 $\varphi(x)$ 的极大值点，该点坐标为 $\left(0,\frac{1}{\sqrt{2\pi}}\right)$。再令 $\varphi''(x)=\frac{(x^2-1)}{\sqrt{2\pi}}e^{-\frac{x^2}{2}}=0$，得 $x=\pm1$，根据 $\varphi''(x)$ 的正负性可知，函数 $\varphi(x)$ 在 $(-\infty,-1)$ 和 $(1,+\infty)$ 内是凹的，在 $(-1,1)$ 内是凸的，$\left(-1,\frac{1}{\sqrt{2\pi}}e^{-\frac{1}{2}}\right)$ 和 $\left(1,\frac{1}{\sqrt{2\pi}}e^{-\frac{1}{2}}\right)$ 是拐点。因为 $\lim\limits_{x\to\infty}\frac{1}{\sqrt{2\pi}}e^{-\frac{x^2}{2}}=0$，所以 x 轴是该曲线的渐近线。根据 $\varphi(x)$ 的偶函数性质，函数 $\varphi(x)$ 的图像关于 y 轴对称。根据上述特点做出 $\varphi(x)$ 的曲线如图 7—6。

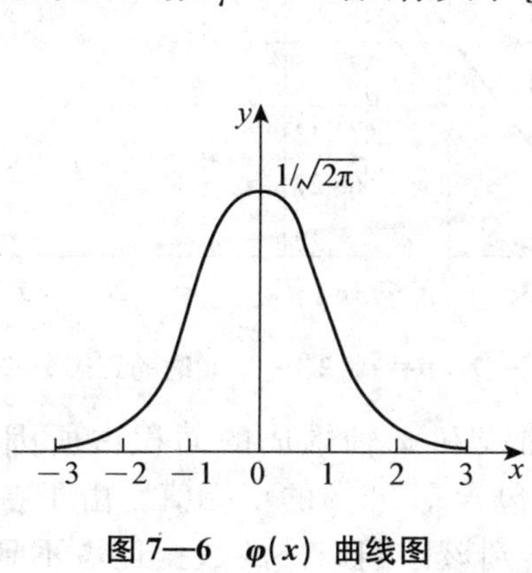

图 7—6　φ(x) 曲线图

用标准正态分布研究预警中的警界设立是非常方便的，我们已经知道，正态分布的平均值描述了随机变量 X 分布的集中情况，而正态分布的标准差描述了 X 分布的分散情况。所以，两者一旦决定下来，就可以依据正态分布的规律建立相应的预警的警界。

二、价格预警系统预警界限的确定

（一）价格预警系统的预警界限状态区域和临界点确定方法

1. 价格预警系统预警界限确定理论基础。

确定预警界限经常用到 3σ 原理或 6σ 原理，它们的基本原理都是依据正态分布图像的集中性，6σ 原理比 3σ 又精确了一些，下面简述一下 3σ 原理。

从正态分布图像的基本特征，很容易想到这样一个问题：在多大的区间内，样本包含了 95％以上的指标？根据上面正态分布的定义，可以进行一下简单的计算。

假设 $X \sim N[\mu, (n\sigma)^2]$，那么：

$$P(\mu - n\sigma < X < \mu + n\sigma) = P(-n\sigma < X - \mu < n\sigma) = P\left(-n < \frac{x-\mu}{\sigma} < n\right)$$
$$= \Phi(n) - \Phi(-n) = 2\Phi(n) - 1$$

可以看出，经过变换后，指标分布的概率与 μ 和 σ 无关，只与 n 有关。

当 $n=1$ 时，$P(\mu-\sigma<X<\mu+\sigma) = 2\Phi(1)-1 = 2\times 0.841\,3-1 = 68.26\%$

当 $n=1.96$ 时，$P(\mu-1.96\sigma<X<\mu+1.96\sigma) = 2\Phi(1.96)-1 = 95\%$

当 $n=2$ 时，$P(\mu-2\sigma<X<\mu+2\sigma) = 2\Phi(2)-1 = 95.46\%$

当 $n=3$ 时，$P(\mu-3\sigma<X<\mu+3\sigma) = 2\Phi\ (3)-1 = 99.73\%$

……

当 $n=6$ 时，$P(\mu-6\sigma<X<\mu+6\sigma) = 2\Phi(6)-1 = 99.999\,999\,8\%$

上面的计算可以用图 7—7 清楚地表示出来。

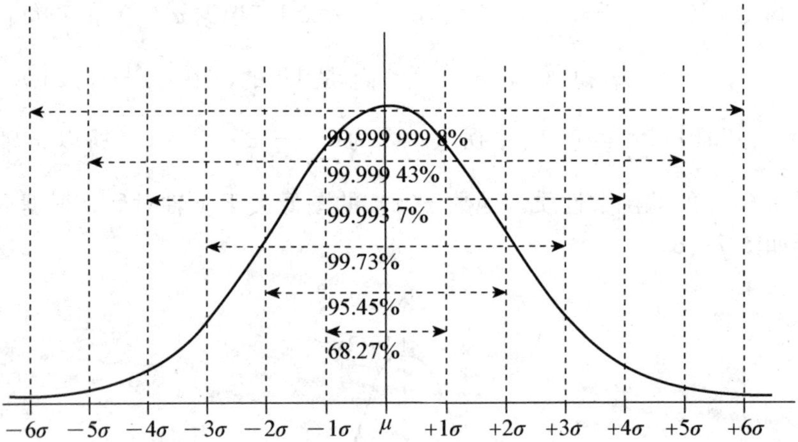

图 7—7　$n=1, 2, \cdots, n$ 时的正态分布图

在区间 $[-\sigma, \sigma]$ 上，曲线和 x 轴围成的面积占所围总面积的 68.26％，在区间 $[-1.96\sigma, 1.96\sigma]$ 上就已经包含了 95％的指标值。由于在 $[-3\sigma, 3\sigma]$ 范围内已经包含了 99.73％的指标值，而落到该区间以外的数据还占不到全部数据的 0.3％，这就是在实际中大量使用的 3σ 原理。对于价格预警系统来说，由于 3σ 原理的精确性就已经很高了，没有必要再使用 6σ 原理。

由 3σ 原理可知，在 $[-3\sigma, 3\sigma]$ 的区间上几乎百分之百地描述了预警系统中各项警兆指标特性值的随机分布规律。所以，在实际中完全没有必要对全部指标进行分析，只要着重分析［-3σ，3σ］的区间范围就可以了，因为这个范围几乎百分之百地代表了总体。

2. 价格预警系统的警界状态区域。

划分警界状态区域就是把经济的波动状况划分为几个区间。临界点是确定警兆指标与综合状态的基本标准。确定临界点和划分状态区域是判断警兆指标体系是否科学的重要依据。

指标体系是由反映警情变化和发展趋势的各种重要指标组成的，经济的波动最终就通过这些指标体现出来。大量的研究表明，经济运行中的波动有如下几种类型：周期性波动、稳定平衡、随机的不规则涨落、不稳定发散以及以上四种变动的组合。主流经济学对经济运行中波动原因的看法是：第一，经济运行的长期变化趋势是由经济体系内部的因素决定的；第二，经济运行中的、短期的不规则变动，常常是由外在因素引起的。为了深入地刻画经济运行的长期趋势和短期不规则变动，在建立数学模型时，我们往往采用线性方程加上随机项或者对数线性方程加上随机项的方法。根据波动的类型对经济运行所造成的影响，可以把价格预警系统的警界状态区域分为五个区域：经济正常运行区、经济偏冷区、经济过冷区、经济偏热区、经济过热区。

3. 价格预警系统的警界点的确定方法。

临界点的确定除了采用上述的分析方法之外，在实际的操作中，还使用历史经验确定法与经济数学确定法。经济数学确定法包括：模糊统计确定法、集值估计统计法、经济系统分析法和目标规划法等。

（二）价格预警系统预警界限中μ和σ的确定

对于价格预警系统的警兆指标，如果指标之间独立同分布，当每个指标所采集的样本点足够多时，那么该指标就满足中心极限定理，预警界限μ和σ的值，就可以通过中心极限定理来确定。下面从数学上来说明怎样用中心极限定理来确定μ和σ的值。

1. 中心极限定理的定义。

设随机变量X_1，X_2，…，X_n相互独立，服从同一分布，且具有如下的数学期望和方差

$$E(X_k)=\mu, D(X_k)=\sigma^2>0(k=1,2,\cdots)$$

则随机变量之和$\sum_{k=1}^{n}X_k$的标准化变量：$Y_n=\dfrac{\sum_{k=1}^{n}X_k-E(\sum_{k=1}^{n}X_k)}{\sqrt{D(\sum_{k=1}^{n}X_k)}}=\dfrac{\sum_{k=1}^{n}X_k-n\mu}{\sqrt{n}\sigma}$的分布

函数$F_n(x)$对于任意x满足：

$$\lim_{n\to\infty}F_n(x)=\lim_{n\to\infty}p\left\{\frac{\sum_{k=1}^{n}X_K-n\mu}{\sqrt{n}\sigma}\leqslant x\right\}=\int_{-\infty}^{x}\frac{1}{\sqrt{2\pi}}e^{-\frac{t^2}{2}}\mathrm{d}t=\varphi(x) \qquad ①$$

这就是说，对于均值为μ，方差为$\sigma^2>0$的独立同分布的随机变量X_1，X_2，…，X_n

和 $\sum_{k=1}^{n} X_k$ 的标准化变量，当 n 充分大时，有：

$$\frac{\sum_{k=1}^{n} X_k}{\sqrt{n}\sigma} \text{ 近似服从 } N(0,1) \qquad ②$$

2. 预警界限 μ 和 σ 的确定。

在一般情况下，很难求出 n 个随机变量之和 $\sum_{k=1}^{n} X_k$ 的分布函数，但②表明，当 n 充分大时，可以通过式①中的 $\varphi(x)$ 给出其近似的分布。这样，就可以利用正态分布对 $\sum_{k=1}^{n} X_k$ 作理论分析或作实际计算。

将式②左端改写成 $\dfrac{\frac{1}{n}\sum_{k=1}^{n} X_k-\mu}{\frac{\sigma}{\sqrt{n}}}=\dfrac{\overline{X}-\mu}{\frac{\sigma}{\sqrt{n}}}$，这样，上述结果可写成：当 n 充分大时，$\dfrac{\overline{X}-\mu}{\frac{\sigma}{\sqrt{n}}}$ 近似地服从 $N(0,\ 1)$ 或 $\overline{X}$ 近似地服从 $N\left(\mu,\ \frac{\sigma^2}{n}\right)$。

这是中心极限定理结果的另一个形式。这就是说，均值为 μ，方差为 $\sigma^2>0$ 的独立同分布的随机变量 X_1，X_2，…，X_n 的算术平均 $\overline{X}=\frac{1}{n}\sum_{k=1}^{n} X_k$，当 n 充分大时近似地服从均值为 μ，方差为 $\frac{\sigma^2}{n}$ 的正态分布。这样就确定了预警界限中 μ 和 σ 的值。

（三）价格预警系统的各警兆指标预警界限的确定与调整

1. 各警兆指标预警界限的初步确定。

要对经济的波动进行预警，建立科学的价格指标体系后，就要确定预警态势状况的状态区域和临界点，这是在依据理论分析和结合大量的实际观察中，根据各项警兆指标的统计规律、经济稳定增长的要求及市场运行的内在规律性确定的。按照上文给出的控制图原理及所做的理论分析，以各指标的均值作为中心线，可以把各警兆指标预警区域界限划分如表7—3。

表 7—3　　警兆指标预警区域界限表

区间	信号	经济状态
$[-3\sigma,\ -2\sigma]$	蓝灯区	过冷区
$[-2\sigma,\ -\sigma]$	浅蓝灯区	偏冷区
$[-\sigma,\ \sigma]$	绿灯区	正常区
$[\sigma,\ 2\sigma]$	黄灯区	偏热区
$[2\sigma,\ 3\sigma]$	红灯区	过热区

上述经济运行状态的情况和预警区域用控制图表示如图 7—8。

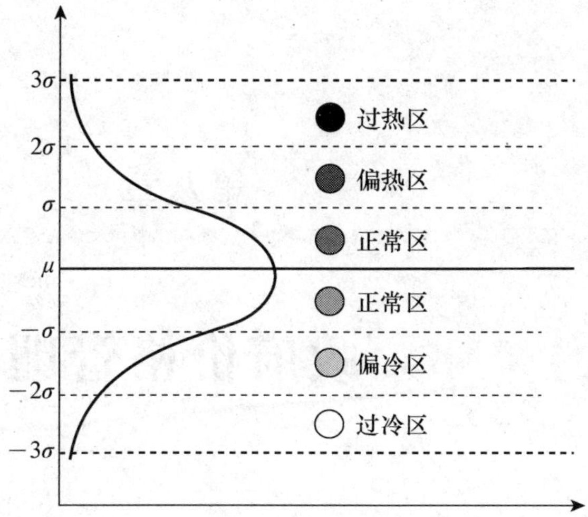

图 7—8　预警区域控制图

从控制图中可以看出，根据各项警兆指标的不同运行态势，分别可以确定 4 个临界点和 5 个判断区间。

2. 预警区间的调整

价格指标体系是一个复杂的系统工程，又处于不断的发展变化中。即期的价格变化不仅对即期的经济运行状况产生影响，而且还会对未来产生影响。警情预报的基础是通过分析警兆指标所处的区间，然后综合评价总体的警情警度。但是在实际运作过程中，不能简单地把警兆指标的变化与预警界限相比较。确定预警区间，还必须考虑指标累积的影响。考虑当期的整体警情情况的同时，还应该考虑当期和前期的综合影响。

为了消除价格指标体系的累积影响，增加警情预报的准确性和可靠性，必须对警兆指标的预警区间进行调整。进行调整时，先根据时间序列分析的结果来确定指标的先行期，然后计算出当期指标所受到的累积影响的大小，最后再进行预警区间的调整。

主要术语

价格预警　价格指数　警兆指标　警界

思考问题

1. 价格预警的基本框架是什么?
2. 价格预警系统包括的主要内容有哪些?
3. 如何理解价格指数与价格预警的关系?
4. 价格预警有哪些基本方法?
5. 价格预警系统警兆指标选择应遵循哪些原则?
6. 价格预警系统的警界分析包括哪些主要内容?

第八章

政府价格管理

学习目的与要求

本章主要介绍在社会主义市场经济下，政府如何管理价格的有关基本理论。通过本章的教学和学习，要求学生掌握价格管理的必要性、我国价格管理体制、价格管理的原则和方法，把握政府管制定价的范围界限、决策程序与制度、定价方法等内容。

第一节 政府价格管理的必要性与任务

一、政府价格管理的必要性

现代市场经济并不是完全自由放任的市场经济，而是受到国家适度干预和调控的市场经济。政府适度干预和调节经济活动的职能源于“市场失灵”，价格管理则是政府适度干预和调节经济活动职能的具体表现。政府对价格的管理并非替代价格机制的作用，而是弥补其不足或缺陷，使之能更有效地发挥作用。

（一）发挥政府调节经济活动的职能需要加强对价格的管理

政府调节经济活动的目的是弥补或纠正“市场缺陷”，保证国民经济稳定、可持续发展。在社会主义市场经济中，发挥市场在资源配置中的决定作用，也就决定了价格成为调节配置资源和经济活动的核心手段或杠杆，而且调控宏观经济所采取的政策如财政、货币、外汇、贸易、收入和产业政策以及相应的经济手段或杠杆，也都是围绕着既定的价格水平展开的。合理的价格水平和价格体系是保证社会经济既充满活力又健康发展的重要条件，而事实上，在市场调节的自发性和盲目性作用下，价格的剧烈波动和不规范价格行为的存在，导致价格信号失真、资源配置错位、市场波动、经济失衡。此外，价格的剧烈波动、价格欺诈、垄断等不正当价格行为会导致收入分配不公平，关系民生的重要农产品价格的剧烈波动还会对广大民众的生活水平产生影响，直接影响到社会稳定。正是因为价格在社会主义市场经济中具有的地位和作用决定了政府对价格必须进行管理，保证价格发挥合理配置资源、促进经济增长的作用。

（二）价格自身缺陷需要加强政府对价格的管理

在市场经济条件下，价格完全由市场调节自身存在着一定缺陷。首先，在自然垄断、信息不对称、经济活动存在外部性的条件下，价格的形成被扭曲，价格难以发挥正常作用；其次，对于社会需要的公共产品特别是准公共产品，市场主体往往不愿意投资，而愿意“搭便车”，市场价格难以在此领域发挥调节作用；再次，市场价格的盲目波动和大起大落，造成价格信号紊乱失真，干扰和破坏微观经济和宏观经济的正常运行；最后，不正当价格行为的存在，破坏正常的市场秩序，危害正常的生产经营，损害消费者利益。正是因为价格在市场经济中存在着种种缺陷以及产生的消极作用，因此，需要政府对价格进行管理。

二、政府价格管理的任务

在市场经济体制中，政府价格管理是指政府对价格的形成和运行及其所发生的价格关系所进行的协调、监管、调控的行为。首先，政府价格管理是对广义商品价格的管理，不仅包括农产品、工业消费品、生产资料、服务业价格等一般商品和服务价格，还包括资金、土地、技术等生产要素价格；其次，价格管理的内容包括两个方面：一是对价格形成及其运行的管理，二是对价格行为主体的价格行为的管理。因此，政府价格管理的任务不仅仅局限于制定和调整政府定价，还应该包括健全价格以及相关法律法规、出台价格政策规范和约束政府定价和市场定价行为；确立基本价格制度和价格管理体制；加强市场价格监测，运用综合手段调控价格水平；加强价格监督检查，对违反政策和法规的价格行为给予制裁；提供价格信息和价格咨询服务等。

在社会主义市场经济条件下，政府对价格管理的任务主要有以下方面：

（一）明确价格形成机制目标模式、完善价格管理体制

根据社会主义市场经济的要求，建立与之相适应的价格形成机制目标模式和价格管理体制是政府价格管理的重要任务。经过30多年改革开放的探索，与我国社会主义市场经济相适应的价格形成机制的目标模式是：国家宏观调控下主要由市场决定价格的机制，形成大多数商品和服务价格实行市场定价，极少数商品和服务价格实行政府管制定价的基本格局。为了实现上述目标模式，需要根据我国市场体系的发育程度，合理界定政府定价和市场定价的界限，建立和不断完善与之相匹配的价格管理体制，明确政府价格管理机构、价格管理原则、价格管理方式、价格管理手段、政府定价行为、企业定价行为以及价格水平调控和价格行为监管等问题，为更好地发挥政府对价格的作用提供制度保证。

（二）规范价格行为、创造良好的价格运行秩序和环境

在市场经济中，规范的价格行为，平等、有序和充分竞争的价格运行秩序和环境，是充分发挥价格机制积极作用的基本前提，也是政府价格管理的基本任务。价格行为的规范，包括价格管理者行为、价格制定者与接受者行为。规范价格运行秩序和环境，则是对影响合理价格形成的种种因素和行为进行限制、惩戒和纠正，为此，市场经济国家都制定了相应的法律法规和政策，对各种价格行为进行规范和约束，并进行监督检查，以维护各方面的合法经济利益。规范的内容包括：在规范政府管理价格行为方面，有管理权限、基

本原则、采取的手段和启动程序等；在规范政府定价行为方面，有定价的范围、定价基本原则和定价程序等；在规范市场价格行为方面，有反价格以及市场垄断行为，反不正当价格行为，反价格歧视、价格欺诈、哄抬价格、变相涨价等行为。

（三）调控价格总水平、科学制定政府管制定价

对市场价格总水平进行调控，并使之保持相对稳定是市场经济下国家重要的宏观经济政策目标，是政府价格管理的主要内容。市场经济国家的实践证明，经济稳定和市场价格的相对稳定是相辅相成的关系，从一定意义上讲，只有市场价格的相对稳定，才能保证经济社会的稳定增长。一般情况下市场经济发达的国家力争把市场价格总水平上涨幅度控制在3%～5%以内，虽然我国经济总量已进入世界前列，但经济社会发展还处在经济转型时期，市场体系和市场机制还不够完善，市场主体的自我约束能力还不强，价格总水平和主要商品价格的波动偏离正常水平的现象时有发生，因此，调控价格总水平并使之保持相对稳定，为经济增长创造良好的宏观环境，更应成为政府价格管理的重要任务。

在合理界定政府管制定价的基础上，建立公开透明的政府管制定价形成机制和合理确定价格水平，也是政府价格管理的重要任务。

实施政府价格管理工作以把握充分价格相关信息为前提。这些信息既包括经济总量、总供给与总需求、就业、国民收入、价格水平、进出口等宏观信息，也包括产业结构、商品市场供求与价格、企业运行状况等中观和微观信息。因此完善价格相关信息搜集和发布制度，加强市场价格监测预警制度建设也是政府价格管理工作的重要内容，它有利于为政府调控价格水平、制定政府管制定价提供科学决策的依据。

此外，运用全国价格信息系统及时发布价格法规、政策以及主要商品市场价格信息，有利于提高政府价格管理的透明度、接受社会监督，为生产经营者和消费者决策提供服务，引导市场主体定价行为，这也是政府价格管理的任务。

第二节　价格管理体制、原则、形式和手段

一、价格管理体制

价格管理体制是国家对价格实行管理的基本制度。它是国家管理价格的基本原则、价格管理形式、价格调控和管理手段，价格管理机构设置、职责权限划分以及监督检查等制度的总称。核心是价格管理形式结构、价格形成机制和价格管理权限问题。

（一）价格管理体制的类型

价格管理体制取决于一国的经济管理体制，概括起来可以分为三种类型：

1. 高度集中型价格管理体制。这种价格管理体制实行于高度集中的计划经济体制国家。特点是政府价格管理以行政手段为主，商品和服务价格的决策权集中于政府，实行单一的政府计划定价。优点是有利于保持价格的基本稳定和人民生活的安定；其缺点是生产经营者没有定价权，不利于发挥价格的调节作用，经济机制运行缺乏生机和活力，是一种比较僵化的价格管理体制。

2. 分散型价格管理体制。这种价格管理体制实行于市场经济国家。特点是绝大部分商品价格和服务价格由市场主体竞争决定，少数商品和服务的价格由国家管制定价，政府

主要采取经济和法律手段对价格实行间接调控。优点是价格在市场竞争中形成，由市场供求关系自发调节，有利于充分发挥价格的调节作用，有利于促进市场经济的发展；缺点是价格变动的自发性，容易造成社会劳动的浪费，给经济带来损失。

3. 混合型价格管理体制。这种价格管理体制介于高度集中型和分散型价格管理体制之间，是目前市场经济国家普遍采取的一种价格管理体制。特点是多种价格形式并存，既有政府定价，又有市场主体自主定价，还有介于两者之间的价格形式，实行直接管理和间接调控相结合的方法，并采取多样化手段对价格进行管理。这种管理体制既保证了国家宏观调控措施的贯彻执行，又能充分发挥价格的杠杆作用，同时，发挥了上述两种价格管理体制的优点，克服了弊端。

（二）我国的价格管理体制

从新中国成立到1978年以前，我国的价格管理体制属于高度集中型价格管理体制。随着改革开放的不断深入，逐步构建和不断完善与社会主义市场经济要求相适应的价格管理体制。一是价格形成机制由计划制定价格机制，转换为主要由市场决定价格的机制；二是由单一的政府定价，转换为政府定价、政府指导价、市场调节价三种价格形式，大部分商品和服务价格实行市场调节价，极少数商品和服务实现政府定价或政府指导价；三是政府价格的管理由直接管理为主，转变为以间接管理为主、直接管理为辅相结合的管理方式，管理手段由行政手段为主，转变为以经济、法律手段为主，行政手段为辅，多种手段配合使用。

目前，我国价格管理的组织体系可分为二个层面三个层次：

1. 政府价格管理组织。国务院对全国价格管理进行统一领导，具体价格职能管理工作由国家发展改革委负责组织实施；国务院各业务主管部门、地方各级人民政府及其价格主管部门，按照职责分工，承担相应的价格管理职能：

（1）国家发展改革委的价格管理职责。国家发展改革委承担着国家对价格的管理工作，主要职责包括：第一，研究拟定国家的价格方针、政策、计划和改革方案，经国务院批准后组织实施。第二，研究拟定价格法规草案。第三，负责全国的价格管理和综合平衡工作。指导、监督国务院各业务主管部门和省、自治区、直辖市人民政府的价格工作，检查、处理违反价格法规和政策的行为。协调、处理国务院业务主管部门之间，省、自治区、直辖市之间，国务院业务主管部门与省、自治区、直辖市之间的价格争议。第四，按照价格管理权限，制定政府定价目录，制定、调整涉及全国的重要商品价格及收费标准或作价原则、作价方法。部分重要的商品价格和收费标准的制定与调整，需与国务院业务主管部门协商，并报国务院批准。第五，建立全国价格信息网络，开展价格信息服务。第六，落实国务院赋予的其他职责。

（2）国务院各业务主管部门的价格管理职责。第一，负责组织、监督本系统、本行业贯彻执行国家的价格法规、方针和政策；第二，按照价格管理权限，制定、调整本部门分管的重要商品价格和收费标准或作价原则、作价办法，并监督检查落实情况；第三，指导本系统、本行业价格工作，协商、处理本系统、本行业内的价格争议，协助价格检查机构查处价格违法行为；第四，为国家发展改革委提供政府定价的有关资料，提出价格调整方案；第五，建立本系统、本行业的价格信息网络，开展价格信息服务工作。

（3）省、自治区、直辖市人民政府价格主管部门的价格管理职责。第一，贯彻执行国家的价格方针、政策和法规。第二，组织、监督有关部门落实国家发展改革委和国务院业务主管部门制定的重要商品价格和收费标准。第三，负责本地区的价格管理和综合平衡工作，会同有关部门拟定本地区价格规章、制度和政策草案，经人民政府批准后组织实施。指导、监督同级业务主管部门、下级人民政府以及本地区内企业、事业单位的价格工作，检查、处理价格违法行为。协调、处理本地区内的价格争议。第四，按照价格管理权限，制定省级政府定价目录，制定、调整涉及本地区的重要商品价格和收费标准或作价原则、作价办法。重要的商品价格和收费标准应当报省、自治区、直辖市人民政府批准，并报国家发改委和国务院有关业务主管部门备案。第五，建立本地区价格信息网络，开展价格信息服务工作。第六，落实省、自治区、直辖市人民政府赋予的其他职责。

省、自治区、直辖市人民政府业务主管部门和市、县人民政府的价格主管部门、业务主管部门的价格管理职责，由省、自治区、直辖市人民政府按照上述有关条款做出规定。

2. 行业和企业价格管理组织。首先是企业内部的价格管理，企业内部通过设立价格决策机构和执行检查机构，贯彻国家的有关价格法规、政策，根据市场供求、竞争情况制定、调整、监督企业自身定价行为。其次是介于政府和企业之间的、经过国家批准成立的民间社团组织，主要包括各种协会、行会和价格研究会，其主要职责是：（1）遵守价格法律、法规，负责指导所属会员的价格行为；（2）加强价格自律，鼓励价格竞争，禁止通过行业协议等形式实行价格垄断、低价倾销、牟取暴利，兼顾国家、消费者和其他经营者的利益；（3）接受政府价格主管部门的工作指导，进行行业内部价格协调工作，积极主动配合政府价格主管部门做好本行业的价格管理工作。

二、价格管理的基本原则

在社会主义市场经济下，政府价格管理以保证价格机制合理运行、发挥价格合理配置资源的作用为基本原则。正确处理中央集权与地方分权、国家决策与企业决策、直接与间接控制等方面的关系，调动各方面的积极性。具体原则是：

（一）统一领导、分级管理的原则

"统一领导"就是凡属全国性的价格方针、政策、法令，以及关系国计民生的少数重要商品和服务价格的制定和调整，均由国务院及国家发展改革委综合平衡，统筹安排。价格问题是社会的敏感点之一，政策性强，牵动面广，只有各级地方政府、业务主管部门以及企事业单位和个人都必须认真贯彻执行国家的价格政策、法规和规定，才能保证国民经济持续发展。"分级管理"就是各级地方政府及其价格主管部门、业务主管部门，结合本地区的实际情况贯彻落实国家的价格方针、政策、法令，做好本地区的价格调控和管理工作，并按照价格管理权限的划分，对某些重要的商品和服务价格进行因地制宜的管理，促进本地区经济社会的发展。政府管制定价以外的绝大多数商品和服务价格由企业自主定价。"统一领导，分级管理"是相互联系的有机整体，这样才能充分发挥各级政府、企业的积极性，真正把价格管理工作做好。

（二）间接管理为主和直接管理为辅相结合的原则

完善在国家宏观调控下主要由市场决定价格的机制，要求在整个社会商品交换中，大部分商品和服务价格由市场来决定，极少数商品和服务价格由政府决定，这样才能最大限度地发挥市场配置资源的作用，才能更好地发挥政府弥补市场失灵的作用。因此，对于大部分商品和服务来说，其价格形成和运动主要依靠市场来调节，政府的主要职责是运用经济手段、法律手段对影响价格形成和运动的因素和环境进行规范、调节，为市场价格运行创造良好的市场环境，从而实现对价格的间接管理；同时，对于少数不宜实行市场定价的商品和服务进行直接管理，实行政府管制定价，或者根据价格的波动情况对市场价格实行临时性价格干预，甚至冻结价格等直接管理手段也是必要的。可见，实行间接管理与直接管理相结合，以间接管理为主、直接管理为必要补充的原则是社会主义市场经济下价格形成机制的必然要求，也是现代市场经济正确处理政府与市场关系的必然要求。

（三）保护公平合理竞争、禁止垄断的原则

维持正常价格秩序，创造公平有序的市场竞争环境，是价格工作的重要原则。政府应通过法制建设和价格监督检查，保护生产经营者开展正当竞争，实行等价交换、公平交易，倡导诚实信用原则，遵守商业道德，坚决打击价格欺诈、价格垄断、价格歧视和牟取暴利等不正当价格竞争行为，这样才能通过价格竞争实现鼓励先进，鞭策落后，优胜劣汰，提高经济效益，促进资源优化配置的作用。

（四）保证社会整体利益，维护生产经营者和消费者合法利益的原则

价格的变化涉及社会整体、生产者、经营者和消费者之间的利益关系。在社会主义市场经济条件下，国家是社会整体利益的代表者，是全体人民整体利益、长远利益的代表，与生产者、经营者和消费者之间的利益关系从根本上讲是一致的，但它们之间又存在矛盾。因此，国家对价格的管理，一方面要有利于社会资源的有效配置、保证国民经济的平稳运行，促进整个社会的福利增长；另一方面通过相关法律法规和制度明确生产者、经营者和消费者在价格竞争中的权利和义务，保证他们在市场竞争中应获得的合理合法利益，增强市场主体自我积累、自我发展和自我约束的能力，从而使市场经济充满活力和生机，为社会创造更多的财富。

三、价格管理的形式

国家对价格的管理通过一定的价格形式来实现，价格形式是指价格根据形成方式不同所形成的价格类别。总体上看，价格形式可分为两类：一是市场形成价格，即由市场力量通过市场竞争来决定和调节的价格；二是政府管制形成的价格，即由政府决定的价格。为适应社会主义市场经济的要求，我国采取三种价格形式，即市场调节价、政府指导价和政府定价。

（一）市场调节价

它是指经营者自主制定，通过市场竞争形成的商品和服务价格。经营者是指从事生产、经营商品或者提供有偿服务的法人、其他组织和个人。市场调节价的定价主体是经营者，形成途径是市场竞争，并反映市场供求变化和资源的稀缺性。市场调节价与政府定价和政府指导价相比具有较大的自由度，但是经营者自主定价并非随意定价，一方面，经营者定价必须遵守公平、合法和诚实信用的行为准则，遵守国家的法律法规，服从国家的价格干预措施和紧急措施；另一方面，经营者定价是市场价格形成的前提，而市场价格的形成最终是由市场供求关系和竞争来决定的，从这个意义上讲经营者又是市场价格的接受者。市场调节价的核心是通过市场竞争形成价格。目前，我国绝大多数商品和服务价格实行市场调节价，市场调节价在三种价格管理形式中占据主体地位。

（二）政府指导价

它是指由政府价格主管部门或者其他有关部门，按照定价权限和范围规定基准价格和浮动幅度，指导经营者制定的商品和服务价格。政府通过制定基准价（中准价）和浮动幅度，为经营者制定具体价格水平确定了区间范围。可见，政府指导价是一种具有双重定价主体的价格形式，既有利于政府实现控制价格水平的目的，又有利于经营者在规定的浮动幅度内灵活地制定调整价格。这是目前政府实施间接价格管制中较为常用的一种价格管理形式。

（三）政府定价

它是指由政府价格主管部门或者其他有关部门，按照定价权限和范围制定的商品和服务价格。政府定价的主体是政府，具体价格由政府价格主管部门或者有关部门制定。政府定价属于行政性定价，具有明显的强制性，凡是实行政府定价的商品和服务价格，不经政府价格主管部门批准，任何单位和个人均无权变动。

按照我国价格法律规定，政府在必要时可对以下商品和服务实行政府定价和政府指导价：（1）关系国民经济发展和人民生活的极少数关键商品价格；（2）资源稀缺的少数商品价格；（3）自然垄断经营的商品价格；（4）重要的公用事业价格；（5）重要的公益性服务价格。

四、价格管理的手段

政府对价格的管理需要借助一定的管理手段，在市场经济体制中，价格管理的手段包括经济手段、法律手段、行政手段等。

（一）价格管理的经济手段

价格管理的经济手段，是指政府为影响价格的形成和运行、控制价格水平的变动而采取的一系列经济政策和措施。这些经济政策和措施既包括国家为了影响和控制价格总水平，调节社会需求和供给总量的财政、货币等宏观经济政策，也包括为影响和控制某些重要商品和服务的价格水平所采取的一些具体的经济措施和政策工具，比如政府掌握必要物资储备等经济资源，积极参与市场吞吐调剂和平抑价格的办法。

价格运动是经济运行中各种经济力量和因素以及非经济因素综合作用的结果，是国民经济运行的综合反映。能否有效地控制价格，关键的问题并不在于对价格本身进行管理，而是要消除影响价格变动的各种因素，通过对经济过程中经济变量的调控，使整个经济能够达到相对均衡，稳定价格的目标就不难实现，由此决定了经济手段成为价格管理的重要手段。

在市场经济体制下，运用经济手段管理价格的目的是保持市场价格的合理运动，而价格总水平或重要商品和服务价格波动以及波动幅度的大小，实际上取决于市场供求关系平衡与否及其程度，因此，运用经济手段管理价格，实际上就是通过调控供求关系，促进供求总量和结构的平衡。从实践看，管理价格的经济手段可分为两大类：

1. 供给管理型的经济手段，也称结构性的经济管理手段。运用这一手段，目的在于对供给方进行结构调整，以促进短缺商品和服务的供给，限制过剩商品和服务供给。在我国，主要是大力发展农业和能源、交通、原材料等“瓶颈”产业以及现代新兴产业和节能环保产业，限制产能过剩产业、高耗能污染产业的发展。一方面政府运用财政支出或补贴、税收、信贷等政策手段，促进产业结构调整，调节市场供给结构，改善供求关系；另一方面，通过重要商品储备制度和价格调节基金制度以及商品和服务进出口的调节，掌握重要商品资源，用于平抑市场价格波动。

2. 需求管理型的经济手段。通过宏观财政政策和货币政策，调节社会总需求，使之与社会总供给趋于一致，进而达到控制物价上涨的目的。具体包括：一是对投资规模的调节，其政策工具主要有税收、政府的各项支出包括基本建设投资、存款准备金、贴现率、利率和信贷；二是对消费基金的调节，主要是调控工资水平和奖金的发放。

运用经济手段管理价格，政府不直接干预企业的定价行为，对价格的调节是间接的、超前的，也是行之有效的，而且所起到的作用往往具有全局性，因而经济手段是市场经济体制下价格管理的基本手段。但是，这种手段也存在缺点，如主要用吞吐商品来调节市场价格，受到政府财力的影响，所以可调节的商品只能是少数品种，调控的时间也不可能太长，而且这种调节经常是价格已经不合理或造成了严重问题时才进行调控，属于事后补救的性质。另外，经济政策和手段的启动到产生作用存在时间差，这也是需要十分注意的问题。

（二）价格管理的法律手段

价格管理的法律手段就是国家制定有关的价格法律规范来实现对价格的管理。法律规范包括价格法律、价格行政法规和规章、地方性法规和规章以及具有法律效力的其他规范性文件。

社会主义市场经济法律体系是保证社会主义市场经济有效运行的基本制度，价格法律体系是社会主义市场经济法律体系的重要组成部分。改革开放以来，适应社会主义市场经济的要求，初步形成了以《价格法》为核心，包括价格行政法规、地方性法规、政府和部门规章等形式在内的价格法律体系，这一体系随着社会主义市场经济不断完善，还在不断的完善之中。目前我国的价格法律体系由以下法律、法规和规章等构成：

1. 价格管理的基本法——《价格法》。它是调整各领域商品交换中价格关系和行为的基本准则和规范，是制定相关价格法规、规章的依据。制定《价格法》的目的是规范价格行为，维护市场竞争秩序，发挥价格合理配置资源的作用，稳定价格总水平，保护消费者和经营者的合法权益，促进社会主义市场经济健康发展。《价格法》共分七章四十八条。第一章总则，规定了《价格法》的立法目的、适用范围、基本价格制度即价格管理形式、价格工作的基本原则和价格管理机构等；第二章经营者的价格行为，规定了市场调节价的主导地位、经营者的价格权利和义务以及禁止的不正当价格行为；第三章政府定价行为，规定了政府指导价和政府定价的范围、定价目录制定与调整权限、政府制定具体商品和服务价格的定价依据、程序等；第四章价格总水平调控，规定了价格总水平调控目标以及调控措施和手段；第五章价格监督检查，对价格监督检查和行政处罚主体以及职权、价格社会监督主体以及价格举报制度进行了规定；第六章法律责任，规定了经营者、价格工作人员、地方人民政府或各级人民政府有关部门以及主管人员和其他直接责任人违反《价格法》的法律责任；第七章附则，规定了国家行政机关收费问题、不适用《价格法》的内容以及《价格法》的实施时间。具体有关内容可研读《价格法》，这里不再重复。

2. 规范经营者价格行为的法规和规章。即通过规范经营者价格行为，禁止不正当价格行为，促进等价交换和公平有序竞争，维护市场价格秩序，保护消费者和经营者的价格权益。这些法规和规章主要有明码标价制度，制止牟取暴利，禁止价格垄断、价格欺诈与歧视、低价倾销等规章制度。

3. 规范政府定价行为的法规和规章。即通过规定政府制定价格的范围、程序、权力与责任，提高政府价格决策的透明度、民主化和科学性。这些法规和规章主要有政府制定价格目录、定价程序、价格听证会等等。

4. 政府价格管理与宏观调控的法规和规章。即规范政府价格管理与宏观调控的经济手段、行政手段，明确其权力、职责。这些法规和规章主要有价格干预措施与紧急措施、价格监测制度、重要商品储备制度、价格调节基金制度等。

5. 价格监督检查的法规和规章。即规定价格检查主体、程序、职权，社会监督主体，违反价格法律法规和有关规定的法律责任以及处罚的种类等。这些法规和规章主要有价格违法行为行政处罚规定、价格行政处罚程序、价格监督检查管辖权划分等。

价格管理中的法律手段具有普遍性、稳定性、强制性的特点，正因为如此在现实经济生活中也会存在某些合理而不合法的问题，因此，价格法律法规以及政策规章也应根据市场的发展不断完善和补充。

（三）价格管理的行政手段

价格管理的行政手段是指国家根据经济社会发展的要求，通过国家行政机关依法采用行政强制的方式来直接管理价格和协调各种价格关系所使用的措施、方法和管理制度的总称。具体包括行政法规、行政措施、行政监督和行政处罚等一系列行政管理方法和管理制度。

运用行政手段管理价格的内容主要有：

1. 发布价格方针、政策以及价格规范性文件，通过政府行政机关对生产经营者、消费者以及行业组织进行教育、劝导工作。

2. 开展价格监督检查，对价格违法案件进行审理查处。

3. 对商品和服务价格的管理。一是根据政府价格管理目录和价格管理权限，各级政府价格主管部门或其他有关业务部门直接制定、调整有关商品和服务价格水平或规定价格水平的活动区间；二是根据市场价格波动程度，对部分商品和服务价格采取限定差率或利润率、规定最高限价或最低保护价、实行提价申报制度和调价备案制度等干预措施或采取临时集中定价权限、部分或全面冻结价格的紧急措施，以实现调控价格的目的。

运用行政手段管理价格具有直接性、强制性和即时性等特点，这些特点使其在市场经济中具有了特殊作用，一方面，通过政府对某些商品和服务的管制定价解决“市场失灵”问题，通过对不正当价格行为的约束，规范市场价格秩序等等，另一方面，当经济发生波动，特别是经济发生剧烈波动或较严重的通货膨胀时，往往需要采用较为严厉的行政措施，在短期内能够收到政策效果以控制局面。因此，行政手段是市场经济特别是社会主义市场经济下价格管理的必要手段。当然，运用行政手段管理价格也有一定的局限性。一方面，政府管制定价的商品和服务的品种和数量在整个市场中只占很小的一部分，因而在市场价格的形成中，政府的直接影响力非常有限，而且政府管制价格的相对稳定性难以灵活地反映市场变化，从而影响到经济运行效率；另一方面，在某些情况下对市场价格的直接干预虽然必要，但容易破坏市场正常的价格信号，造成市场扭曲，暂时的价格稳定可能带来随后长时间供求的无序，所以不是特殊情况时不宜使用强制性干预措施。

第三节 价格的监督与检查

一、价格监督检查

（一）价格监督检查的必要性和任务

价格监督检查，是指政府价格主管部门依法对价格管理相对人遵守价格法律、法规、规章、政策情况所进行的监督检查活动。价格监督检查主体是政府价格主管部门；价格监督检查的对象是价格管理相对人即作为价格管理对象的公民、法人、其他组织和国家机关；价格监督检查的目的是防止和纠正价格管理相对人的违法行为，保证价格法律、法规、规章和政策的实施和执行，实现国家管理价格的职能。

价格监督检查作为政府价格主管部门的一种行政职责，是国家价格管理不可分割的重要组成部分，是保证价格法律、法规、规章和政策得以贯彻落实的重要手段，通过价格监督检查，并对价格违法行为进行行政处罚，对于维护市场价格秩序、规范价格行为，保护国家、生产者、经营者、消费者在商品交换中的合法经济利益，贯彻执行价格法律法规和规章政策，保证社会稳定、经济社会健康发展，都具有十分重要的作用。

价格监督检查的主要内容是监督检查价格法律、法规、规章以及价格政策的执行情况，查处价格违法行为，即公民、法人以及其他组织等价格管理相对人，违反价格法律、法规、规章和价格政策规定，侵害了合法价格关系和价格秩序，给社会造成了某种危害的行为。价格监督检查的内容包括：

1. 根据价格分工管理权限，监督检查有无越权定价行为；对于重要商品和服务的政府定价和政府指导价的定价程序进行监督检查。

2. 对政府定价、政府指导价以及法定价格干预措施、紧急措施的执行情况进行监督检查；监督检查国家规定的作价原则、作价办法的执行情况。

3. 监督检查和纠正经营者的价格垄断、价格欺诈、有无违反明码标价等不正当价格行为。

4. 监督检查企业内部价格管理制度的落实情况。

（二）价格监督检查机构

价格监督检查工作由各级人民政府价格主管部门的价格监督检查机构负责，依法行使价格监督检查和处理价格违法行为的职权。

国家发展改革委的价格监督检查机构的主要职责是：指导全国价格监督检查工作，拟定价格监督检查方针、政策、任务、工作计划及实施意见；监督检查价格改革方案和价格调控政策措施的贯彻落实情况，提出加强和改进价格调控的建议；组织实施全国性商品价格、服务价格、国家机关收费、事业性收费监督检查，明确实施检查的法律法规依据和政策界限，协调解决检查中出现的政策问题；查处中央各部门、省级人民政府及部门、中央企事业单位、社会组织的价格、收费违法案件；协调处理省际间的价格、收费违法案件，查处重大价格、收费违法案件；负责反价格垄断执法工作，调查、认定和处理重大的价格垄断行为和案件；组织开展市场价格行为监管工作，调查、认定和处理重大的不正当价格行为和案件；负责市场价格异常波动监督检查应急工作；起草有关价格监督检查法规草案和规章，依法界定各类价格违法行为、价格垄断行为；受理不服省级政府价格主管部门行政处罚的复议案件和申诉案件；指导全国价格社会监督、信用建设和价格举报工作等。

省（自治区、直辖市）、市、县等地方各级价格主管部门价格监督检查机构的职责是：负责本行政区的价格监督检查工作，提出价格监督检查的任务、政策、工作计划及实施意见；监督检查价格改革方案和价格调控措施的贯彻落实情况；组织实施本行政区价格检查，制定检查方案，明确政策界限，协调解决检查中出现的政策问题，提出加强和改进价格调控的建议；起草价格监督检查法规、规章和规范性文件；根据各级价格监督检查机构权限，查处区域内价格违法案件或受上一级价格检查机构委托查处价格违法案件，参与认定和处理价格垄断、低价倾销案件，协调处理跨区域的价格违法案件；受理不服价格主管部门处罚的申请复议和申诉案件；复查、纠正下级价格主管部门处理不当的案件，接受上一级价格监督检查机构的指导；落实价格举报制度，指导价格社会监督工作等。

政府其他行政管理部门，如工商、审计、税务、公安、教育等部门根据各自职责协助价格监督检查机构做好价格监督检查工作。

（三）价格监督检查的种类

价格监督检查可根据不同的标准进行分类，主要由以下种类。

1. 一般和特定价格监督检查。主要根据价格监督检查的对象进行划分：一般价格监督检查是价格主管部门针对非特定的价格管理相对人实施的监督检查，具有巡查、普查性质；特定价格监督检查是价格主管部门针对特定的价格管理相对人实施的监督检查。两者可同时使用。

2. 全面和专项价格监督检查。主要根据价格监督检查的内容进行划分：全面价格监督检查是价格主管部门在一定时期内对价格管理相对人遵守价格法律法规、规章政策情况进行全面的集中检查；专项价格监督检查是价格主管部门对某一行业、某种重要商品和服务价格进行的监督检查。

3. 经常和临时价格监督检查。主要根据价格监督检查的时间是否连续进行划分：经常价格监督检查是价格主管部门对价格管理相对人日常实施的监督检查；临时价格监督检查是价格主管部门对价格管理相对人的突然性监督检查，如重要节日的市场价格监督检查。

4. 联合和单独价格监督检查。主要根据行政监督检查主体的多少进行划分：单独价格监督检查是价格主管部门单独开展的价格监督检查；联合监督检查是指两个以上的行政主体对行政管理相对人某一方面的情况进行的监督检查，如物价财政税收大检查。

价格主管部门通过上述方式开展监督检查的同时，建立对价格违法行为的举报制度，发挥社会监督的作用，公布举报电话，设置投诉信箱，鼓励任何单位和个人对价格违法行为进行举报，对举报的价格违法行为进行登记，依法查处，及时回复，并对举报者保密。

（四）价格行政处罚、价格行政复议和行政诉讼

1. 价格违法行为和行政处罚。（1）各级人民政府或各级人民政府有关部门价格违法行为和处罚。各级人民政府或各级人民政府有关部门价格违法行为的表现形式是：超越定价权限和范围擅自定价、调价或不执行法定的价格干预措施和紧急措施等行为。对上述违法行为责令改正，并可通报批评，对直接负责的主要人员和其他直接责任人员，依法给予

行政处分。(2) 价格工作人员的价格违法行为和处罚。价格工作人员的价格违法行为主要表现是：泄露国家机密、商业秘密、以及滥用职权、徇私舞弊、玩忽职守、索贿受贿等行为。对上述违法行为，构成犯罪的，依法追究刑事责任；不构成犯罪的，依法给予处分。(3) 经营者的价格违法行为和处罚。经营者的价格违法行为包括：第一，不执行政府定价、政府指导价以及法定的价格干预措施、紧急措施的；第二，违反明码标价的；第三，相互串通，操纵市场价格，损害其他经营者或消费者的利益的；第四，为排挤竞争对手或独占市场，以低于成本的价格倾销，扰乱市场秩序的；第五，捏造、散布涨价信息，哄抬价格，或采取欺诈手段，诱骗消费者或其他经营者进行交易的；第六，提供相同商品和服务，对具有同等交易条件的其他经营者实行价格歧视的；第七，采取抬高或压低等级等手段进行收购、销售商品和服务，变相提高和压低价格的；第八，违法牟取暴利的，以及法律、法规禁止的其他不正当价格行为。对经营者价格违法行为的处罚，可根据情节采取以下方式：警告；通报批评；没收违法所得；罚款；责令停业整顿；吊销营业执照。

2. 价格行政复议。价格行政复议是指公民、法人或者其他组织认为价格具体行政行为侵犯其合法权益，按照规定程序和要求向价格主管部门提出行政复议申请，价格主管部门受理行政复议申请，并作出行政复议决定的一种法律制度。价格行政复议是保证和监督价格主管部门依法行使职权，防止和纠正违法或不当价格行政行为，保护公民、法人和其他组织合法权益的重要手段。行政复议的范围主要包括：(1) 对价格主管部门作出的行政处罚不服的，可向上级价格主管部门提出行政复议申请，由上一级价格主管部门作出行政复议决定；(2) 对价格主管部门的具体行政行为不服的，如对价格主管部门采取的有关行政强制措施决定不服的、认为价格主管部门侵犯经营者自主定价权、处罚依据不合法等具体价格行政行为，申请人可向本级人民政府，也可向上一级价格主管部门提出行政复议申请，并由上一级价格主管部门作出行政复议决定。

3. 价格行政诉讼。价格行政诉讼是指公民、法人或者其他组织认为行政机关涉及价格的具体行政行为侵犯其合法权益，按照法律规定向人民法院起诉并由人民法院审理和作出裁决的一种诉讼活动。价格行政诉讼是对价格主管部门具体行政行为是否合法和适当的司法监督，是解决涉及价格的具体行政行为引起的行政纠纷的重要途径。价格行政诉讼的范围包括：(1) 对行政复议决定不服的，可依法向人民法院提起诉讼；(2) 认为符合法定条件向价格主管部门申请颁发收费许可证，而被拒绝颁发或不予答复的；(3) 认为价格主管部门在调整和制定与自身相关的价格时，侵犯其合法权益的；(4) 认为价格主管部门未能在法定期限内依法履行其法定职责和义务的，或违法要求管理相对人履行义务的，或侵犯管理相对人自主定价权的等等。

二、价格的社会监督

(一) 价格社会监督的必要性和特点

价格的社会监督，是指运用社会各种力量而非国家权力机构对价格的监督。实现对价格形成和运动的有效管理，发挥社会监督的作用是非常重要的一个方面，价格的社会监督，是一种民间性质的监督，虽然不直接发生法律效力，但是，它是社会主义制度下，人民当家做主、参与国家管理的一种形式，是价格监督检查的必要补充。

价格监督检查与价格社会监督的主要区别是：（1）主体不同。价格监督检查的主体是政府的价格主管部门，而价格的社会监督的主体广泛，包括消费者组织、职工价格监督组织、居民委员会、村民委员会等组织以及消费者和新闻单位。（2）权限不同。价格监督检查的主体，履行职能时享有特定职权，如询问权、复制资料和核对银行资料权、责令暂停相关营业权等，这种职权具有强制性，当事人不得抗拒；价格的社会监督主体未经价格主管部门的委托没有上述权利，但具有批评、建议、检举、控告等权利。（3）性质不同。价格监督检查是政府价格主管部门依照法定职权实施的，并能够对价格管理相对人的权利和义务产生影响的行政行为，具有法律效力；而价格的社会监督是一种社会监督，不具有法律效力，其监督行为只有通过价格监督检查机构才能发生法律效力。

（二）价格社会监督的内容和方法

价格社会监督的主要内容有：对经营者的价格行为提出意见、建议或者检举、控告；对政府价格主管部门和有关部门及其工作人员的价格行为提出批评、建议，并对其违法失职行为提出申诉、控告或者检举；对经营者、政府的价格行为进行舆论监督等。

价格社会监督的主要方法：

1. 价格主管部门定期发布与民生关系密切的主要副食品和日用消费品销售价格；实行政府定价和政府指导价服务项目公示制度。通过广大消费者对经营者和行政事业单位的价格行为进行监督。

2. 通过价格听证会制度进行监督。通过重要商品和服务的价格听证会制度，听取社会各界代表的意见，论证价格方案的可行性，这个过程也是社会各界对价格主管部门价格决策以及企业价格行为的监督过程。

3. 通过消费者组织、职工价格监督组织、居民委员会、村民委员会等组织以及消费者和新闻单位，对市场价格行为进行社会监督。

三、价格的内部监督检查

价格内部监督检查是指行政事业单位、生产经营者以及其他组织和个人，对本单位在经济活动中执行价格法律、法规、规章和政策情况进行监督检查。其主要任务是建立必要的价格管理制度；开展价格法律、法规、规章和政策的培训教育；定期开展价格的自我监督和检查，纠正不规范价格行为；开展价格公平、合法和诚实信用活动；协助和配合价格监督检查机构进行价格监督检查工作。实践证明，积极开展价格内部监督检查，对于增强自我约束能力，提高企业、行政事业单位和个人在价格关系中的良好形象，维护正常市场价格秩序、抑制不规范价格行为等方面具有积极的作用。

第四节　政府管制定价

一、政府管制定价的目的与范围

（一）政府管制定价的目的

政府管制定价是政府价格管理的重要内容之一，是指在市场经济环境中，政府根据法律法规，运用行政权力制定和调整商品和服务价格的活动和行为。包括政府确定商品和服务的价格水平及其浮动范围、实行价格结构管制等。政府管制价格的目的是弥补和纠正价格在自然垄断、准公共物品、信息不对称以及某些特殊产业（如农业）等方面的“失灵”问题，保证企业的正常经营，维护消费者利益，促进社会资源的有效配置，满足社会需求，实现公平和效率的统一。因此，对部分商品和服务价格实行政府管制是现代市场经济国家的普遍做法。

（二）政府管制定价的范围

在市场经济条件下，政府管制定价的范围不是全部社会商品和服务，而是部分商品和服务。政府管制定价范围的理论依据概括起来有以下方面：一是限制自然垄断行业或某个领域的价格垄断行为，维护经营者和消费者的正常合法权益，促进资源的合理配置；二是实现外部效应内部化，限制负外部性活动，激励正外部性活动，促进社会进步和经济的可持续；三是限制“搭便车”和缓解“拥挤”问题，增加社会需要的“有益品”供给；四是通过价格管制限制信息不对称交易活动，向经营者和消费者传递价格信息，维护公平交易；五是对某些关系国计民生的少数关键商品，其价格波动容易对生产经营者和消费者产生不利影响的，实行政府管制定价以保护生产者和消费者的利益。

在实践中，实行市场经济的国家由于市场发育程度、政府对“价格失灵”的认识以及政府的调控能力等不同，政府管制定价的范围也有所不同。

美国的政府管制定价包括：农产品价格；军用品价格；公用事业价格。

法国的政府管制定价包括：带有垄断性质的公共服务业，如铁路、城市公交、自来水、邮政、电讯以及律师收费等；能源产品，如煤炭、电力、煤气等；国家专营产品，如烟草、酒精等；社会保险，如医疗保险、老年保险等；教科书和各类书籍；没有竞争的行业，如出租车等；房租以及农产品收购价格。

日本的政府管制定价包括：政府直接决定的价格，如电力、煤等能源价格；国营和私营铁路、公共汽车、空运、高速公路等交通运输价格；邮政、电报、电话等邮电通讯价格；国家医院的门诊和住院、国立大学授课、电视节目播送等服务价格；水道、公房、公用浴池等公用设施使用价格；米价、香烟价格、盐价等。政府控制幅度的价格：大多数农产品，以及对日本进出口贸易有影响的产品价格。

意大利的政府管制定价包括：铁路和城市交通票价和运费、汽油柴油价格、汽车保险费、电费、煤气和电话费等。

20世纪70年代以来，伴随着二战以后美国、英国、日本等市场经济发达的国家对公用事业等方面管制的放松、减少甚至取消不必要管制，政府管制定价的范围有不断缩小的趋势，如不少国家放松了对通讯和电力价格的管制，取消了铁路、公路、民用航空等交通业的价格管制。但是总有少数部分商品和服务价格由市场调节是缺乏效率的，需要政府管制和干预。

在我国社会主义市场经济体制下，按照正确处理政府与市场的关系和建立主要由市场决定价格的机制要求，我国的政府管制价格范围在实践上主要有三个判断标准：

1. 自然垄断程度。凡是适合也能形成竞争的商品和服务，应实行市场定价；具有自然垄断经营特征的、不宜或难以形成竞争的商品和服务，应实行政府管制定价，如自来水、燃气、集中供热、供电网络、有线电视等。

2. 资源稀缺程度。资源约束相对较小，供给价格弹性相对较大的商品，应实行市场定价。资源稀缺，供给价格弹性较小的商品，应实行政府管制定价，因为这类商品放开价格后供给难以有效增加或根本难以增加，结果可能是价格持续上涨，造成资源掠夺性开发，或者是形成寡头垄断市场，而联合控制市场价格，导致资源配置效率下降。通过实行政府管制定价，合理反映资源的稀缺性，保证资源可持续开发和利用，如工程供水、石油、天然气等属于这类商品。

3. 重要程度。商品和服务的重要程度体现在：（1）关系国计民生的极少数关键商品。在现实经济生活中，关系国计民生的商品为数不少，但这些商品价格并不是都需要政府管制，只要市场调节能够实现自我均衡的，应由市场决定价格。因此，政府管制定价在一定的时期内，只能是对其中最基本的、其价格变动对生产和生活关系重大的极少数商品，如粮食收购价、食盐销售价、重要药品价格等。（2）重要的公用事业价格。公用事业是指为满足社会生产和人民生活需要而经营的具有公共用途的服务行业，重要的公用事业主要有公共交通、邮政、电力、电信、自来水、热力、污水处理等，这些服务对日常生产和生活的重要程度较高，而且具有自然垄断的特征，应实行政府管制定价。（3）重要的公益性服务价格。公益性服务主要是指与公众利益密切相关的行业所提供的服务，重要的公益性服务包括教育、文化、医疗、环境保护等等，这些行业提供的服务具有正外部性或社会效益，对人们的身心健康、文化素质、生活质量以及生态环境和经济社会发展产生重大影响，带有一定的福利性质，不同于私人产品，需要政府管制定价来保证社会公众对基本的公益性服务的需求。

按照我国价格法律的规定，实行政府定价和政府指导价的具体商品和服务项目，以中央的和地方的定价目录为依据。中央定价目录由国务院价格主管部门制定、修订，报国务院批准后公布，规定了国务院价格主管部门和有关部门的定价权限、定价范围、定价方式和定价内容。在2001年发布的中央定价目录中，国务院价格主管部门以及有关部门定价的商品和服务项目由1992年的141种（类）减少为13种（类），主要包括：粮食、食用植物油、棉花、食糖、石油、化肥等重要的中央储备物资价格；国家专营的烟叶、食盐和民爆器材价格；部分化肥、部分重要药品和教材价格；天然气、电力、中央直属及跨省水利工程供水价格；军品价格；管道、港口、民航、铁路等重要交通运输运费和杂费；邮政、电信基本业务资费；金融结算和交易服务、工程勘察设计服务、部分中介服务等重要服务收费。具体内容详见《国家计委和国务院有关部门定价目录》（简称中央定价目录）。地方定价目录由各省、自治区、直辖市人民政府价格主管部门根据中央定价目录规定的权限和具体适用范围制定，经本级人民政府批准后，报国务院价格主管部门审定后公布，省、自治区、直辖市人民政府以下各级人民政府没有制定定价目录的权限，但经省级人民政府授权的市、县人民政府，其价格主管部门可依法制定或者调整实行政府指导价、政府定价的商品和服务价格。

定价目录规定的政府指导价和政府定价的商品和服务项目不是一成不变的，随着经济社会的发展、技术的进步，商品和服务垄断程度、资源稀缺程度和重要程度的变化，也要适时进行调整，随着我国社会主义市场经济制度的不断完善，应进一步完善主要由市场决定价格的机制，凡是能由市场决定的价格由市场来决定，政府不进行不当干预，政府定价范围主要限定在重要公用事业、公益性服务、网络型自然垄断环节，逐步减少政府定价的范围，使政府定价限制在合理的范围之内。

二、政府管制定价的决策制度

为规范政府管制定价行为，提高政府定价的科学性、公正性和透明度，保护消费者和经营者的合法权益，根据《价格法》，国家发展改革委 2006 年制定并实施了《政府制定价格行为规则》，明确了政府管制定价行为规范。

（一）政府管制价格的原则和依据

政府制定和调整有关商品和服务价格，应当遵循公平、公开、公正和效率的原则。制定和调整有关商品和服务价格遵循的基本依据是：根据有关商品或者服务的社会平均成本和市场供求状况、国民经济与社会发展要求以及社会承受能力等因素合理确定价格和收费。在现实经济生活中，政府管制定价的各种商品和服务，其生产和经营的行业特点不同，以营利为目的的公用事业，定价时要保持合理的利润水平；以非营利为目的的公益性服务，定价时重点考虑其社会属性，价格水平只是补偿或部分补偿成本的耗费；与环境和生态密切相关资源及产品关系，定价时不仅要反映供求关系，还要反映资源稀缺性、生态资源的损害成本和修复效益等因素；与国际市场价格联系紧密的商品或者服务价格，还要参考国际市场价格等等。因此，价格主管部门还必须根据不同商品和服务特点，实行分类管理，确定具体的作价原则和作价办法。

同时，价格主管部门还应根据经济社会发展情况以及社会各方面的反应适时制定和调整价格。

（二）政府管制定价的程序

价格主管部门制定价格，应当依法履行价格（成本）调查、听取社会意见、集体审议、作出制定价格的决定、公告等程序。消费者、经营者及有关方面可以向价格主管部门提出制定价格的建议。

1. 开展价格（成本）调查、听取社会意见。价格主管部门制定价格时，可以要求相关经营者、行业组织提供制定价格所需的资料；对定价商品和服务进行价格、成本调查，开展定价成本监审；对市场供求、社会承受能力进行调查，分析对相关行业、消费者的影响；制定专业技术性较强的商品和服务价格时，可聘请有关方面的专家进行论证；对依法应进行听证的，由政府价格主管部门主持，征求消费者、经营者和有关方面的意见，对依法不实行听证的，可以选择座谈会、书面或者互联网等形式，听取消费者、经营者和有关方面的意见。

2. 形成定价方案。定价方案的内容包括：现行价格和拟制定的价格、单位调价幅度；制定价格的依据和理由；经过成本监审的，附成本监审报告；对相关行业和消费者的影响；经过专家论证的，附专家论证意见纪要；消费者、经营者和有关方面的意见，经过听证的，附听证会纪要；价格的执行时间和范围。

3. 集体审议。定价方案形成后，实行集体审议制，集体审议可以采用价格审议委员会讨论、办公会议讨论等方式。国务院价格主管部门和其他部门制定重要的商品和服务价格，按照规定报国务院批准。由行业主管部门制定价格的，作出价格决定前应当书面征求同级价格主管部门的意见。

4. 形成价格决策与公告。定价方案经集体审议通过后，价格主管部门作出制定价格的决定。内容包括：制定价格的项目与制定的价格；制定价格的依据；价格的执行时间和范围以及价格主管部门的名称和作出决定的日期等。制定价格的决定作出后，实行公告制度，除涉及国家秘密外，应在指定的报刊、网站等媒体上向社会公布。由消费者、经营者及有关方面提出制定价格建议的，价格主管部门以适当的方式将建议办理情况进行反馈。

5. 跟踪调查和监测。制定价格的决定实施后，价格主管部门应当对价格决定执行情况进行跟踪调查和监测。跟踪调查和监测的内容包括：价格的执行情况，执行中存在的问题；企业经营状况、成本、劳动生产率和市场供求变化对价格的影响；相关商品或者服务市场供求状况和价格的变化情况；社会各方面对所制定价格的意见。

（三）政府管制定价决策的相关制度

为提高政府价格决策的科学性、民主性、规范性、公开性和透明度，主要有以下保证制度：

1. 内部监督制约机制。实行价格主管部门定价行为的内部监督制约机制，建立健全上级价格主管部门对下级价格主管部门定价行为的监督机制；完善业务主管部门的定价行为接受同级价格主管部门监督的机制。

2. 集体审议制度。对政府管制定价决策实行集体审议制度，集体审议的形式包括价格审议委员会讨论审议、办公会议讨论审议等方式。集体审议的方式、人员组成和工作规则，由省级以上价格主管部门规定。

3. 专家评审价格制度。政府在制定和调整技术性、专业性较强，成本核算比较复杂的商品和服务价格时，组织有关技术、经济、财会和法律等方面专家对其定价成本的合理性以及生产技术与工艺的先进性、市场状况及变化等相关问题进行论证，提出制定和调整价格和收费标准的建议和理由。专家评审意见是政府进行价格决策的重要依据。

4. 定价成本监审制度。定价成本监审是指价格主管部门在制定价格过程中，在调查、测算、审核经营者成本基础上核定定价成本的活动和行为。定价成本是政府制定价格的基本依据，它是指全国或一定范围内经营者生产经营同种商品或者提供同种服务的社会平均合理费用支出。2006 年国家发展改革委第 42 号令，发布《政府制定价格成本监审办法》，明确了我国成本价格监审制度的基本内容：(1) 定价成本监审和定价成本的含义以及定价成本在政府制定价格中的地位；(2) 定价成本监审工作的实施机构和工作原则；(3) 定价成本监审实行目录管理；(4) 定价成本监审实行制定价格前监审和定期监审相结合的方式；(5) 定价成本核算的依据，明确了对经营者记录与核算生产经营成本以及向价格主管部门提供成本资料的基本要求；(6) 定价成本监审的程序；(7) 价格主管部门、监审工作人员以及经营者的法律责任。具体内容参见《政府制定价格成本监审办法》。

5. 政府制定价格听证制度。政府制定价格听证是指在定价机关依法制定与调整政府指导价、政府定价的过程中，由政府价格主管部门采取听证会的形式，征求经营者、消费者和有关方面的意见，对制定价格的必要性、可行性进行论证的活动。定价机关包括有定价权的省级以上人民政府价格主管部门、有关部门和经省级人民政府授权的市、县人民政府。实行政府制定价格听证会制度，不仅有利于提高政府价格决策的科学性和透明度，而且也对价格决策行政权力形成了有效监督和制约。为此，2008 年国家发展改革委第 2 号令，发布《政府制定价格听证办法》，明确了政府制定价格听证制度的基本内容：(1) 价格听证在政府价格决策中的地位和作用。(2) 价格听证的范围，即实行政府指导价格、政府定价的、关系群众切身利益的公用事业价格、公益性服务价格和自然垄断经营的商品价格，并通过定价目录实施管理。(3) 价格听证的组织。明确了价格听证的组织机关，听证会听证人的设置以及听证人的职责，听证会参加人的人员构成、产生方式、听证会参加人的权利义务，并对旁听人和新闻记者参加听证会作出了规定等。(4) 价格听证的程序。明确了提起价格听证的依据，听证会举行前的工作内容以及时限要求，听证会举行与延期的规定，听证会的议程，听证会结束后的工作内容；同时对听证会的简易程序做出了规定。(5) 明确了定价机关、政府价格主管部门及其直接负责的主管人员和其他直接责任人员，政府价格主管部门的工作人员的法律责任。具体内容参见《政府制定价格听证办法》。

三、政府管制定价的方法

实行政府管制定价的不同商品和服务，由于生产经营者的内外部环境、社会属性、市场结构、技术条件和需求结构的不同，不可能采取统一的定价方法。根据我国政府定价的实践经验和国外的一些成功做法，介绍几种基本的定价方法。

(一) 以成本为基础的管制定价方法

1. 边际成本定价。按照经济学的基本原理，为实现帕累托最优效率，达到促进社会分配效率目标，要求价格的形成等于边际成本。因此，政府管制的价格也应由边际成本来决定，这样消费者的需求和厂商的供给就能够达到最优均衡，此时的产量对社会福利来说也是最优的。

边际成本定价从理论上讲是一种最优价格，但也存在缺点。首先是边际成本难以准确计算。边际成本是未来成本，但实际可获得的数据只有历史会计数据，所以计算边际成本不可避免地要进行预测和估计，从而影响了结果的准确性。其次是对于自然垄断产业来说，由于其具有显著的规模经济，在一定范围内平均成本曲线位于边际成本曲线的上方，如果按照边际成本决定价格水平的话，就会使企业发生亏损，难以促进企业可持续发展。所以，边际成本定价模式在实践中很少运用。

正是边际成本定价存在缺陷，现实中企业一般通过使用企业平均成本加一定毛利的方法来确定价格水平，而且并不随着市场需求强度的变化而经常改变这个毛利。这种定价方法可以保证企业在正常经营条件下，补偿成本并获得“正常利润”，而且价格计算的资料容易得到，价格相对稳定。但这种定价方法也存在困难：第一，间接成本的分摊具有主观性；第二，计算价格中的销售量以及产品生命周期的时间确定，又取决于价格等等。

2. 社会平均成本定价。社会平均成本定价的理论基础是马克思的生产价格理论，它是我国政府定价中采用的一般定价方法。价格由社会平均成本加平均利润构成。其中，社会平均成本也就是部门平均成本，即同一部门内不同企业生产同种商品或提供同种服务的个别成本的加权平均成本。平均利润一般由平均利润率来确定，平均利润率在实践中多采用平均成本利润率或平均资金利润率。

平均成本利润率是社会利润总额占社会生产成本总额的百分比，根据这个平均利润率计算的产品利润和价格，简便易行，便于操作，但是按照这种方法定价，意味着原材料、燃料消耗越大，利润越高，不利于专业化协作，也不利于资本有机构成高、资金占用大的行业和产品的发展。

平均资金利润率是社会利润总额占社会资金总额百分比，根据这个平均利润率计算产品利润和价格，能使企业占用的资金得到合理回报，促进社会化大生产的发展，有利于社会的专业化分工合作。但是按照这种方法定价，不利于劳动密集型产业和产品的发展，而且由于占用资金越大，利润越高，也容易导致盲目投资，造成社会浪费。

在我国政府定价的实践中，对于公用事业以及资源性产品价格的确定更加强调遵循价值规律和市场原则，价格水平的确定不仅要补偿企业正常的生产经营成本，还要使企业获得合理利润。对于公益性的服务产品，它是介于纯公共物品和私人产品之间的准公共产品，具有较强的正外部性。这些服务项目的提供，既不能完全通过价格由市场来提供，也不能完全依靠政府拨款来提供，而是通过政府拨一定的资金和向私人收取一定的费用，共同实现对公益性服务项目的提供。因此，对于公益性服务项目特别是政府的有关事业单位提供的公益性服务项目的定价来说，主要是弥补或部分弥补公益性服务项目的生产经营成本，以体现其公益性和非营利性，至于价格水平高低，在其生产经营成本一定的条件下，取决于政府财政的支持程度。

3. 投资回报率定价。投资回报率定价又称为“公正报酬率定价”。主要适用于对自然垄断行业的管制，其基本思路是由政府管制部门规定行业所允许获得的报酬率，允许垄断企业在通过价格收入补偿成本支出后，得到一定的利润报酬，但不得高于投资报酬率。一般情况是被管制企业首先向管制者提出提高价格或投资回报率的申请，管制者经过一段考察时间，根据影响价格因素的变化情况，对企业提出的价格或投资回报率水平进行必要的调整，最后确定企业的投资回报率，并依此作为企业在一定时期内定价的依据。

如果企业只生产或提供一种产品或服务，管制价格就等于企业的总收入除以总产量。其投资回报率价格管制模型为：

$$R(pq)=C+S(RB)$$

如果企业经营多种产品或服务项目，总收入除以总产量是所有产品或服务的综合价格，每种具体产品或服务的价格还要通过价格结构管制加以确定。其价格管制模型为：

$$R\left(\sum_{i=1}^{n} p_i q_i\right)=C+S(RB)$$

其中，R 为企业收入函数，它决定于产品价格（p）和数量（q）；C 为成本费用（如燃料成本、工资、税收和折旧等）；S 为政府规定的投资回报率；RB 为投资回报率基数，即企业资本总投资。

从上式的右边可见，一般企业成本费用容易估算，管制机构对企业进行管制的难点是确定投资回报率水平（S）和投资回报率基数（RB）。投资回报率水平问题是要找到一个合适的 S 值，使企业能获得正常的投资回报，一般通过管制双方的“讨价还价”来解决。被管制企业向管制者提供详细的财务资料，以证明按照现行的投资回报率水平制定的价格太低，并提出相应的投资回报率水平；而管制机构则往往认为企业所要求的投资回报率水平太高，价格不可能上升到企业所期望的水平，经过反复论证，管制机构最后确定它们认为合理的投资回报率水平值。假定管制机构所确定的价格高于现行水平，则在其他因素不变的情况下，企业就可以相应提高价格。

投资回报率基数问题是要合理确定资本投资的范围和计量方法，它直接关系到企业的利润。美国的管制机构倾向于按照“原始资本成本法”来确定投资回报率基数，这种方法只是把企业历年用于建厂房、购设备等方面的投资汇总起来即可，比较简单，但是没有考虑通货膨胀因素，所以由此确定的管制价格较低。为此有人提出按现行价格水平对过去的资产进行估价，而有人认为这种方法没有考虑技术进步带来的固定资产精神磨损问题，主张以形成一定生产能力所需要的投资额来计算投资回报率基数。

目前这种方法在各国对自然垄断行业价格管制的实践中得到比较广泛的应用。通过对投资回报率的直接控制来管制价格，有利于鼓励企业对自然能垄断行业的投资。其缺点是在投资回报率既定的情况下，一方面，可能会出现企业为获得更多利润扩大投资基数、增加成本，而降低生产效率；另一方面，在反复讨价还价中才能确定投资回报率，如何合理地计量投资回报率基数，也都是需要进一步完善的问题，也可能产生不规范的行为，从而导致管制定价失灵问题。

（二）限价管制定价方法

政府对某些商品和服务实行限价管制，在实践中主要有以下几种形式。

1. 价格上限管制。价格上限管制也称最高限价管制。政府采用规定销售价格最高限额的办法，来实现对某些商品和服务价格的管制。对实行价格上限管制的商品和服务，企业只能在价格上限以下确定具体价格水平，而不能突破价格上限。价格上限管制办法在现实的经济管理中得到了广泛的运用，包括租金控制、利率上限，也包括为了防止价格上涨而采取的强制性措施。

2. 价格下限管制。价格下限管制也称最低限价管制。与价格上限相反，为实现一定的政策目标，政府规定某些商品和服务的出售价格的最低限额或不能低于某一水平，企业只能按照价格下限或按价格下限以上的价格出售商品或服务，而不能以低于价格下限的价格水平出售。主要有农产品的最低保护收购价和最低工资率等。

3. 基准价加浮动幅度管制。政府通过制定基准价加浮动范围的方法，实现对某些商品和服务价格水平波动的有效调控。企业只能在政府规定基准价和浮动范围内，根据市场情况和企业自身情况制定和调整价格。基准价加浮动范围形成一个价格区间，具体价格水平变动是有边界的，可控制的，而在价格上限和下限管制下，具体价格水平则是开放的。

4. “$RPI-X$”最高限价管制模型

“$RPI-X$”最高限价管制模型是由英国经济学家李特查尔德（Littlechild）于1983年提出的，他将管制价格和零售价格指数与生产效率挂钩，而被认为是管制上的一种创新。该管制方法提出后，在英国电信、电力、管道燃气、自来水等垄断行业受到广泛的应用。1989年美国联邦通迅委员会开始将最高限价管制应用于电信业，随后，很多州在电信管制中也相继转向最高限价管制以代替投资回报率价格管制方法，目前许多国家在公用事业的管制上使用这种方法。

“$RPI-X$”最高限价管制模型的基本内容是：政府管制的垄断企业在任何一年的名义价格变动取决于价格的上涨幅度不超过RPI和X的相对值，如果$RPI-X$的值为正数，则企业可以提价，如果是负数，则应当降价，提价或降价的幅度是$RPI-X$的绝对值。其中，RPI表示零售价格指数（retail price index），即通货膨胀率，X表示一定时期内生产效率增长的百分比，由管制者来确定。

因此，如果垄断企业本期的管制价格是P_t，则下期管制价格P_{t+1}为：

$$P_{t+1}=P_t(1+RPI-X)$$

“$RPI-X$”最高限价管制方法通过管制当局与被管制企业签订价格合同来实现。合同规定价格的上限，即价格变动只能在这个上限下自由变动。由于垄断企业生产多种产品或服务，有的是竞争性的，有的则是垄断性的，这种管制方法只针对垄断供给的产品或服务价格。而且，由于垄断企业同时生产多种垄断产品或服务，最高限价管制方法，不仅适用于生产单个产品或服务的价格管制，同样适用于多种产品或服务的价格管制，此时通过计算加权平均价格制定综合最高限价来加以管制，因此这也是一个“一揽子价格”管制模型。

这种管制方法直接对垄断企业的价格进行管制，而不是直接控制企业利润，成本的任何降低将有利于利润的增加，它有利于鼓励企业创新和提高生产效率。把管制价格和零售价格指数与生产率有机地结合在了一起，正是该管制方法的创新，而且管制者通过设置价格调整周期（3～5年）和调整系数即 X，来调整管制价格上限，反映企业投入价格与劳动效率关系的变化。此外，这种方法只衡量零售价格指数，不需要计算资产基数和报酬率，也不需要在企业的竞争部分与垄断部分之间分配成本和预测未来的成本及需求状况，管制成本较低。

这种管制制度的缺陷也是明显的。首先，X 效率因素计算困难，这也是运用这一方法的主要难点。在美国，生产率一般依据产业内历史的生产率增长情况和相似产业生产率增长情况来确定。如果依靠管制者与被管制产业之间的谈判来决定 X，由于 X 的大小与企业的利润水平有关系，被管制企业将 X 作为目标，而不是最佳的效率改进，由于管制者追求自己的利益，可能做出非效率的决定。其次，某些因素引起零售价格指数的变化，但并未导致企业成本的变化，被管制企业的利润可能并不完全取决于企业的生产效率，而且各个垄断企业的价格常常会停留在最高限价水平，以获取更多的利润，这不利于消费者的利益。最后，最高限价管制要以合理的基价为前提，基价的确定又是成本加成方法，其是否合理需要研究。

（三）价格结构管制方法

价格结构的最基本的形式分为“线性定价”和“非线性定价”。线性定价又分为定额价格和同一从量价格。定额价格是指通过制定一个固定价格数额，不论消费量多少，都支付固定的价格额，这种定价方式虽然简单，但容易造成过度消费和浪费现象，在实践中已很少使用。同一从量价格是指通过制定同一单位价格，按照消费数量乘以同一单位价格支付货币额。由于定额价格和同一从量价格与消费量的关系都表现为线性即平行线和斜线的形式，故称为线性定价。

在自然垄断行业面对的用户中，大用户和小用户分摊其生产经营成本的责任是不同的，而且使用时间、使用设备等方面的差异也会影响生产经营成本，然而，同一从量价格并没有体现这种差异，这就要求根据用户的消费量、消费时间、使用设备和机器设备利用状况等的不同，制定能够较好反映需求与成本的价格结构。由于这种价格结构不是单纯的线性形式，而是具有复杂结构的非线性形式，故也称为非线性定价。如，“两部制定价”、“高峰负荷定价”、“阶梯定价”等。

1. 拉姆塞定价理论。拉姆塞（Ramsey）定价理论的基本思想是：假设按照边际成本定价，价格使企业产生负利润或亏损，企业不能接受，因而不能实现社会福利最大化。在这种情况下，企业只能接受一个偏离边际成本的价格水平，从而使企业盈亏至少相抵。假设企业生产多种产品，在企业不亏损的限制条件下求解社会福利的最大化，得到一组次优价格。拉姆塞证明，某一市场上次优价格偏离边际成本价格的比率与该市场产品需求弹性的绝对值成反比，即需求弹性越小的产品，价格偏离边际成本的程度越大；需求价格弹性越大的产品，价格越接近边际成本。这种次优价格被称为拉姆塞价格，其公式为：

$$P=\frac{MC}{1-\frac{R}{e}}$$

其中，P 为产品或服务的价格，MC 为边际成本，R 为拉姆塞指数，e 为产品或服务的价格弹性。$R=\frac{\lambda}{1+\lambda}$，指价格偏离边际成本价格的指数，其中，$\lambda$ 是盈余水准限制式的 Lagrangian 乘数。

拉姆塞定价理论既能保证企业的收支平衡，又能促进经济福利的最大化。由于企业所有的固定成本都被看成来源于同一种服务，然后通过对所有服务的收费来回收成本，因此在某一种服务的成本和价格之间不存在严格的对应关系。因此，拉姆塞价格的实质是一种价格歧视。现实中这一理论在电信等行业得到运用。

2. 两部制定价。对于具有自然垄断性质的公用事业来说，为了连续不断地向用户提供产品和服务，其生产经营成本包括固定费用和变动费用两部分，两者为用户服务的特点不同，为了解决边际成本定价中固定费用得不到补偿，导致企业亏损的问题，以“收支平衡”为出发点，根据固定费用、变动费用的特点和需求者及其需求量的不同，公平分摊全部费用，成为两部制定价的基础。

两部制定价由两部分组成，一是与使用量（消费量）无关的“基本费”即与使用量无关的按月或年支付的固定费用；二是与使用量（消费量）有关的“从量费”即根据使用量（消费量）多少收取的变动费。可见，实行这种方法，将边际成本定价时发生的赤字转由消费者负担，增加服务供给，做到了收支平衡条件下的经济福利最大化。

3. 高峰负荷定价。高峰负荷定价方法虽然适合于许多自然垄断行业的价格管制，但由于电力产业需求的波动最大，所以主要应用于电力产业的价格管制。

电能需求在一年内不同季节甚至在一天中不同的时间段都有明显的差异性，为了满足用户的用电需求，必须保证相应的电力生产和输送能力，不同的时间，对电能的需求不同，电能商品的生产成本也不同，使用不同时段的电能，相应承担不同的电价，这既体现了价格规律，也体现了用户公平负担的原则。

因此，根据用电高峰期和非高峰期的划分，高峰期制定高价，以抑制消费，非高峰期实行低价，以鼓励消费，促进用户合理安排用电时间，削峰填谷，提高系统负荷率和电力资源的利用效率。但这种方法也存在不足，如把一天中的需求进行划分，并向消费者收取不同的价格，这需要精密的度量技术，另外，划分过细，消费者将难以对消费和价格作出足够的反应。因此，实践中多是考虑按月或按季节区分高峰和非高峰需求。

4. 阶梯式定价。阶梯式定价是指将用户使用量划分为若干个区段，同一区段的价格相同，不同区段的价格不同。区段价格分递增和递减两种，递增式阶梯定价是指使用量越少价格相对较低，使用量越多价格相对较高，形成一个阶梯形的价格结构；递减式阶梯定价指随着使用量的增加价格逐级下降。阶梯定价方法在政府管制定价中主要应用于对自来水、电力、燃气等资源性产品销售价格的管制，而且随着资源和能源的日益短缺，阶梯递增式定价已代替阶梯递减式定价，成为政府管制资源性产品价格的重要方法。

一般来讲，收入水平高，对生活必需的用水、用电、用气越多，支付意愿越强，价格需求弹性越小；而收入水平低，用水、用电、用气越少，支付意愿越弱，价格需求弹性越大。因此，自来水、电力和燃气销售价中实行阶梯式递增定价，是拉姆塞定价理论的具体运用。

以我国实行居民阶梯电价为例，其遵循的原则：一是补偿成本与公平负担相结合。居民用电价格总体上要逐步反映用电成本，同时，兼顾不同收入居民的承受能力，体现多用电多付费。二是统一政策与因地制宜相结合。国家制定阶梯电价政策框架和指导意见，各地结合当地自然地理环境、经济发展程度、居民收入和用电水平等情况，确定具体实施方案。三是立足当前与着眼长远相结合。阶梯电价近期着力于建立机制，保证大多数居民电价基本稳定；长远目标要逐步反映电力资源价值，引导居民节约用电。我国居民阶梯电价将城乡居民每月用电量按照满足基本用电需求、正常合理用电需求和较高生活质量用电需求划分为三档，电价实行分档递增。其中：第一档电价原则上维持较低价格水平，保持基本稳定。第二档电价逐步调整到弥补电力企业正常合理成本并获得合理收益的水平。第三档电价在弥补电力企业正常合理成本和收益水平的基础上，再体现资源稀缺状况，补偿环境损害成本。可用图 8—1 表示。

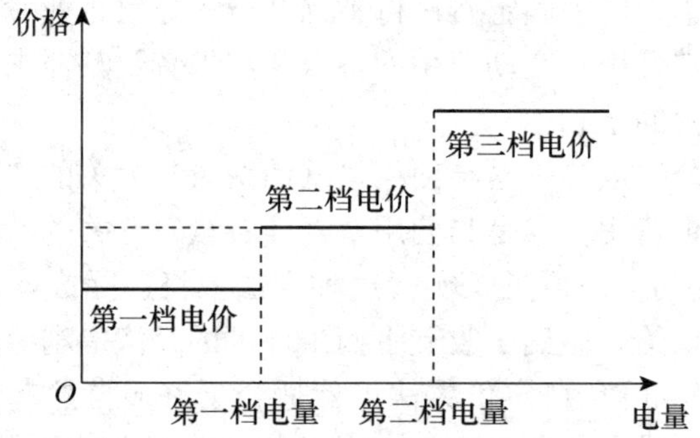

图 8—1　居民阶梯电价图

当然，各档次用电量标准和价格确定，特别是第一档次用电量标准和价格确定是关键，同时还要处理好大户用电标准、电表改造、低收入阶层补贴等有关细节问题。

4. 差别定价。差别定价是垄断企业定价的具体表现形式，又称为价格歧视，这种方法在公用事业价格管制中被广泛使用，具体内容参见第三章相关内容。

主要术语

价格管理　价格管理体制　政府定价　政府指导价　市场调节价　价格监督检查　价格社会监督

思考问题

1. 如何认识价格管理的必要性和任务？

2. 在社会主义市场经济下价格管理应遵循哪些原则？

3. 如何理解我国价格管理的三种价格形式？

4. 在社会主义市场经济下价格管理的手段有哪些？如何运用？

5. 价格监督检查、价格社会监督、价格内部监督检查有无必要？如何加强这方面工作？

6. 政府管制定价的范围应如何界定？

7. 提高政府定价科学性和透明度的制度有哪些？如何进一步完善？

8. 政府管制定价的方法有哪些？如何运用？

21 世纪 经济学系列教材

第九章

企业定价与管理

学习目的与要求

在社会主义市场经济条件下，绝大多数商品由企业根据市场供求情况制定价格。企业既是定价主体，也是执行价格法律法规和价格政策的主体，企业价格行为是否合理和规范，是保证市场价格合理形成和运动的重要条件之一。本章主要介绍了企业定价一般原理和内部价格管理制度。通过本章的教学和学习，要求学生熟练掌握企业定价程序、定价目标、策略和方法，企业在价格方面的权利和义务以及内部价格管理的规章制度等。

第一节　企业定价原则和程序

在社会主义市场经济中，对于实行市场调节价格的商品企业拥有自主定价权，企业定价自主权的运用，也必须遵守相应的原则和程序，才能保证企业定价行为的合理化和规范化。

一、企业定价的基本原则

（一）企业的价格观念

企业的价格观念是指企业对如何定价的总的看法，其核心是企业站在什么立场上去考虑对其生产经营商品的定价问题。

随着社会主义市场经济体制的建立和不断完善，绝大多数商品价格由市场决定，企业拥有了根据市场变化自主定价的权利，企业也形成了以市场为导向的定价观念。这一观念的形成，是我国市场经济不断发展和市场功能不断完善的必然结果，是企业进入市场，开展竞争，求生存谋发展的必然要求，也是我国企业作为市场主体不断成熟的表现。

在现实中，企业定价的市场观念有多种表现形式。比如，以生产经营者为核心的定价观念，其价格制定以收回生产经营成本并获取利润最大化为目标，这一观念被广大企业所采用，但是这一观念在商品需求大于供给的前提下效果才明显；以消费者为核心的定价观念，其价格制定以消费者易接受的价格水平为基本依据。在此前提下，通过降低生产经营成本获取利润，这种观念与前者相反，其产生的背景是买方市场出现，并在发达的市场经济国家的企业中得到运用，收到了良好的效果。除此之外，还有与市场价格保持平衡的观念、以竞争为目标的观念等等。不同的价格观念会导致企业在定价目标、定价策略以及定价方法的选择上有所不同，对企业生产经营的影响也不同。因此，根据企业自身的特点和面临的市场环境形成相应的价格观念，并根据企业竞争力和市场环境变化，调整价格观念是企业管理者需要认真对待的问题。

（二）企业定价的基本原则

在社会主义市场经济中，企业要用好用活自主定价权，既要遵循市场规则，又要遵守法律法规和价格政策，这就要求企业在行使定价权利时遵守以下原则：

1. 遵守市场规律原则。对于实行市场调节价格的商品来说，虽然企业拥有自主定价的权利，但市场价格形成有自身的客观规律，违背规律的企业定价，则会被市场淘汰，导致企业生产经营活动的失败。这就要求企业要认真研究商品价值、市场供求、市场竞争、宏观政策等因素与市场价格的关系，把握市场决定商品价格的规律性。因此，在市场交易活动中，企业的定价行为要符合价值规律、市场供求和竞争规律，遵循自愿交易、公平竞争、等价交换的原则，以生产经营成本和市场供求状况为基本依据，合理制定和调整价格。

2. 遵守法律法规原则。国家的价格法律、法规和规章是企业定价的行为准则，违法的价格行为将受到查处，并承担相应的法律责任。这就要求企业在制定和调整价格的过程中，贯彻国家的价格法律、法规和规章，坚决抵制价格垄断、价格欺诈等违法行为，主动维护公平竞争的价格环境，并通过努力改进生产经营管理，降低生产经营成本等合理合法的竞争方式和手段，为消费者提供价格合理的商品和服务，实现合法利润最大化的目标。

3. 遵守诚实信用原则。诚实信用就是开诚布公、货真价实、信守承诺、说到做到。在企业价格行为中，如实介绍商品和服务，不以次充好、掺杂使假，不以合法行为掩盖违法目的等行为是诚信原则的表现；遵守协议，严格履行已承诺的义务等，是信用原则的表现。诚实信用原则明确了企业价格行为的道德行为标准，它有利于企业树立良好的社会形象，提高消费者对企业的忠诚度，对企业的长远发展具有积极的作用。

二、企业定价的基本程序

企业定价行为是企业开展经营活动的重要手段之一，是企业经营管理行为的重要组成部分。企业商品的定价是否科学，是否能被市场接受，直接关系到企业的经营目标能否实现，对企业的发展产生直接的影响。在实践中，合理的企业商品定价不仅要充分反映市场供求、竞争、国家政策等各种影响因素，而且要与一定时期企业经营的目标保持一致，与其他营销手段相配合。因此，企业定价是一项复杂的系统工程，不能随心所欲，主观臆断。要使企业制定的商品价格能被市场认可、消费者接受，避免主观盲目性，一是企业要建立相应的价格决策机构，形成科学的价格决策机制；二是要健全相应的企业定价程序，保证价格形成的合理性、市场的可接受性。有效运行的企业定价程序的作用在于：一是为企业的定价提供了系统的方法，有利于提高企业定价的合理性和科学性，减少盲目性；二是有利于全面统筹考虑市场供求、竞争、价格法律法规与政策对本企业商品定价的影响，实现商品定价与企业经营目标、其他营销手段的衔接；三是有利于兼顾企业的长远利益和眼前利益，减少企业定价的短期行为。企业定价的基本程序主要包括以下步骤：

（一）企业定价有关信息搜集与整理

搜集与整理有关定价的信息是做好企业定价工作的前提条件。这些信息包括：国家价格法律法规和价格政策、财政政策、税收政策、进出口政策以及产业政策等；定价商品的市场供求状况、市场竞争状况、市场潜力、同类商品和相关商品的价格变动趋势等；市场竞争者商品特征、价格水平、经济实力、企业形象以及营销策略等；企业定价商品的国际市场供求状况、竞争状况、汇率变动趋势等。对搜集来的上述信息，按照定价的要求进行整理加工，认真分析，去伪存真，为制定商品价格提供参考依据。

（二）确定企业定价方案

企业根据搜集到的相关信息进行综合分析，在此基础上根据企业的经营状况和经营目标、产品的特点等自身情况，制定定价方案。

1. 定价方案的主要内容。（1）定价目标的选择。定价目标体现着一定时期的企业经营目标，规定了企业定价行为的总方向，直接影响和制约着定价策略和定价方法的选择和价格水平的确定，是定价方案的核心。（2）定价策略的选择。定价策略是在定价目标统领下，确定的定价方针和政策，是定价方案的重要内容。（3）定价方法的选择。定价方法是贯彻定价目标、定价策略，对商品价格进行具体计算的方法，通过相应的定价方法，得出测算的初步价格，在此基础上考虑本企业产品特征、市场供求情况等综合因素，确定进入市场的最终商品价格。（4）与其他营销要素的配合。为了保证定价方案的落实，还必须有其他营销要素的配合，这是定价方案不可缺少的内容。比如，要有与商品价格相一致的质量和服务保证，选择合理的销售渠道，并通过有效的促销手段将产品、价格及时传递给消费者。

2. 定价方案的选择。由于可供选择的定价目标、策略、方法以及配套措施的多样化，不同的组合可以形成多种定价方案。这就需要企业运用定性和定量的方法，从方案的获利性、竞争性、市场的适应性等多方面对多种定价方案进行比较、论证，挑选出最优或次优方案。

（三）定价方案的实施与调整

企业定价方案确定后，进入市场实施，一种情况是实施比较顺利，达到了预期目标，但随着时间的推移，市场供求和竞争格局会发生变化，这就需要对原有定价方案进行调整；另一种情况则是定价方案实施不理想，这就需要进一步对原有方案进行检查，查找原因，对方案进行修正后再投入市场。

第二节　企业定价目标

定价目标是制定和调整商品价格时要求达到的目的，是企业经营目标的具体体现，是企业进行商品价格决策首先要解决的问题，它关系到定价策略和定价方法的选择，因此正确地选择定价目标是非常重要的。

一、企业定价目标的选择

在社会主义市场经济中，企业是独立的生产者或经营者，具有独立的经济利益，企业经营的最终目标是实现利润最大化。在现实企业经营中，由于资源约束、企业的规模、所处的市场地位、管理水平以及政策制约的不同，企业的经营目标也是多层次和多样化的。不同行业的企业有不同的经营目标，同一行业的不同企业可能有不同的经营目标，同一企业在不同的时期、不同的市场条件下也可能有不同的经营目标。因此，追求利润最大化是企业的最终目标，为实现这一目标，在不同时期、不同市场情况下采取的具体目标有一定的区别。

企业的经营目标决定着企业的定价目标，也决定了定价目标的多样性。从企业经营的实践活动看，主要有四类定价目标可供企业选择。

（一）以直接获得利润为定价目标

这一定价目标直接反映企业的基本经营目标，具体可以分为三种情况：

1. 以扩大当前利润为目标。这种定价目标十分常见，旨在短期内通过高价的形式获得尽可能多的利润。采用这种定价目标具有一定的风险性，需要具备一定的条件：一是企业的商品属于全新产品或者是企业的商品与其他企业的商品相比具有一定优势，并且在短期内该商品的优势不易丧失，二是企业还没有竞争对手或是竞争对手刚刚进入市场且竞争力不强；三是企业对产品的需求市场有非常完备的了解；四是企业能准确地把握商品成本状况。企业只有具备了如上条件才能顺利实现企业的定价目标，获得短期内最大限度的利润，否则，将会适得其反。

2. 以一定预期利润率为目标。以一定预期利润率作为企业定价目标，实际是企业力图长期稳定地获得利润，以收回企业的投资或支持其他商品的发展。这主要是由于投资预期利润率反映着企业的投资效益，企业对于所投入的资金需要在一定时期内分批收回以偿还贷款或用于其他方面。预期利润率并不是企业随意制定的，它除去和价格水平息息相关外，还要把握以下几个方面：如果投资为银行贷款，预期利润率起码要高于贷款利率；如果投资为企业自有的资金，预期利润率起码要高于银行存款及其他有价证券的利率；如果投资为政府投资，预期利润率则要高于国有资产管理部门投资时所规定的资产增值指标。同时，不同的投资者可以根据商品销售、资金占用等状况，确定不同的资金利润水平，对于占用资金少，资金周转速度快的商品，可以以较高的资金利润率为目标；对于资金占用多，周转慢的商品，可以以平均资金利润率为定价目标，在目标资金利润率水平确定后，再以成本利润率或销售利润率形式计入价格。

3. 以获得合理利润为目标。企业以获得合理利润作为定价目标，其实质是为了减少风险或由于经济实力不足无法参与市场竞争，企业往往把目标定在与同行业利润水平相一致的水平上，以获得平均利润。这种定价目标被企业广泛采用。

（二）以扩大市场份额为定价目标

市场份额是指企业某种商品的销售量在市场上同类商品销售总量中所占的比重，不断扩大商品销售量是扩大市场份额的主要途径。根据价格与销售量的关系，扩大商品销售量，多采用低价来吸引消费者，这样做虽然商品的单位利润水平可能下降，但是由于销售量的增加能够弥补降价所造成的损失，所以总利润会相应增加。可见，选择这种定价目标可能短期内利润有所损失，但从长期看，企业不仅扩大了销售量，增加了市场份额，提高了产品的影响力，而且增加了总利润。这一目标虽然具有较大的优势，但是实施这一目标需要具备以下条件：(1) 商品的销售量能够随着价格的下降而有较大幅度的增加，即需求价格弹性要大于1；(2) 企业具备扩大商品供应量的潜在能力，而且随着生产量的增加，能使单位成本在一定时期内下降；(3) 企业的经济实力与同行业其他企业相比占有优势，能承担企业产品短期"薄利"带来的相应损失。

（三）以稳定价格为定价目标

稳定的价格通常是大多数企业获得一定目标收益的必要条件，市场价格越稳定，经营风险也就越小。稳定价格目标的实质就是通过本企业商品的价格水平左右整个市场价格，避免不必要的价格波动。按这种定价目标制定价格，可以使市场价格在一个较长的时期内相对稳定，减少企业之间因价格竞争而发生的损失。为了达到稳定价格的目的，通常情况下是由那些拥有较高的市场占有率、经营实力较强或具有竞争力和影响力的领导者企业先制定一个价格，其他企业的价格则与之保持一定的距离或比例关系。对大企业来说，这是一种稳妥的价格保护政策；对中小企业来说，由于大企业不愿意随便改变价格，其利润也可以得到保障。在钢铁、采矿业、石油化工等行业内，稳定价格目标得到最广泛的应用。

（四）以应对或避免竞争为定价目标

以应对或避免竞争为定价目标，主要是针对竞争对手确定的，目的是为了保存本企业的实力，使企业在市场上立于不败之地。当企业面对来自竞争者的威胁时，根据竞争者的情况和自身的条件采取相应的对策。这些对策主要有：采取稳定价格，开展非价格竞争的迂回对策；低价反击的对策；优势高价的冷战对策等等。具体采取哪种对策，要根据企业的规模大小、实力优劣、企业形象好坏等具体因素确定。

除了上述定价目标外，还有以维持企业生存、以维护企业形象和以保持良好的销售渠道等为目标的定价目标等等。

二、选择定价目标遵循的原则

上述企业定价目标是相互联系的，实现某一目标，在不同程度上也实现了其他目标。在实际运用时既要统筹考虑，又要有所侧重。在选择定价目标时要遵循以下原则：

（一）经济性原则

所谓经济性原则是指企业定价目标能给企业带来长期最大限度的利润或使企业长期亏损最小应遵循的准则。换句话说企业在选择定价目标时，要有利于能够给企业带来最大限度的利润，或者是使企业亏损最小。在一般情况下，企业在商品销售后扣除生产成本、税金外还能够获得利润，这是企业选择定价目标的最基本的准则。

此外，经济性原则是针对长期而言的。就每一次交易来说，由于定价策略的需要，利润有高有低，有赔有赚，只要算总账有利，就符合经济性原则。对于那些商品价格偏低甚至生产经营亏损的企业，只要在现有条件下使其利润有所增加或亏损达到最小限度，同样也是经济性原则的体现。

（二）可行性原则

所谓可行性原则是指企业所选择的定价目标，在现实条件下经过努力可以实现。在选择定价目标时，仅仅考虑经济性原则是不够的，还要考虑定价目标是否符合企业自身情况、产品的状况和外部市场条件，否则，企业所选择的定价目标也就失去了意义。比如，如果企业为扩大市场份额选择了低价目标，则要考虑以下问题：一是低价目标中是否有利润，如果不含利润，发生亏损，企业是否有经济实力维持这种状况，随着销售量的扩大，是否具有扩大市场供应量的能力，如果出现低价断销的情况，则定价目标也是不可行的；二是如果定价过低，有可能受到“反倾销”制裁，同样也是不可行的。不能保证获得必要利润，甚至发生亏损，那么定价目标就是不可行的。如果企业选择高价目标，一是要看消费者接受程度，如果出现高价逐客，丧失市场，尽管单位商品的利润很高，但企业总利润却很少，那也是不可行的；二是要看是否会引来竞争者的加入，如果由于竞争者的大量加入，使自己市场占有率大幅度减少，则也是不可行的；三是要看是否存在实行高价的市场条件和政策要求。对于一般商品来说，在市场供大于求的情况和竞争激烈的情况下不适合提高价格。

（三）社会性原则

所谓社会性原则是指企业所选择的定价目标要符合社会的利益，符合国家经济发展和经济管理的客观要求。社会性原则要求定价主体在选择定价目标时，要以国家规定的价格法律、法规、条例及有关政策为依据。否则，企业的定价目标就会与社会利益背道而驰，违背了社会性原则，也就违背了可行性原则、经济性原则。因此，社会性原则是前提性的原则，确定定价目标时，前两个原则最终要服从后一个原则。

第三节　企业定价策略

企业定价策略是在定价目标的指导下，依据企业的生产经营成本、产品质量与特点、市场供求竞争状况以及消费需求心理等因素确定的定价方针和政策，它是指导企业定价行为的行动准则，直接为实现定价目标服务。

定价策略包括的内容很广泛，从不同的角度划分有不同的分类。按照商品进入市场的前后划分，包括进入市场的初期定价策略和后期定价策略，前者包括高价、中价和低价策略，后者包括主动和被动调价策略；按照价格水平划分，有高价策略、低价策略、中价策略和稳定价格策略；按照获利水平高低划分，有平利销售定价策略、薄利多销定价策略、厚利限销定价策略；按照考虑的具体因素划分，有阶段价格策略、竞争价格策略、需求定价策略和心理定价策略等。

上述定价策略虽然有不同的分类，但是各种具体的定价策略是相互联系的，有些定价策略在内容上也是相同的。由于各种策略的实施需要相应的条件，因此这些策略对每个企业也不一定完全适用。在选择定价策略时要注意以下问题：一是要准确把握企业在市场中的地位、影响力、产品的性能和特点；二是要与定价目标保持一致，注意短期利益和长期利益的有机结合，防止与企业其他商品之间定价策略的冲突；三是准确把握运用定价策略中的短期和长期最低生产经营成本的界限；四是准确把握市场供求、竞争情况，特别是消费者在经济上和心理上对产品和价格的认可度，在此基础上进行准确的市场细分；五是全面把握竞争者的相关产品定价策略和基本资料。

目前，较为实用的定价策略主要有以下几种：

一、阶段定价策略

一种产品从进入市场到退出市场划分为导入期，成长期，成熟期和衰退期四个发展阶段。根据各阶段不同的产量、质量、成本和供求关系，结合各种商品的性质特点，确定不同的价格策略，则称为阶段定价策略。

（一）导入期的定价策略

导入期是商品在整个经济生命周期中最困难的阶段，制定导入期商品的价格，不仅要考虑商品导入期的特点，还要考虑与成长期、成熟期商品价格的衔接以及商品整个经济生命周期的价格策略。因此，正确制定商品导入期的价格是非常重要的。在导入期，企业选择定价策略的原则是：既要有利于企业收回成本，提高企业经济效益，又要有利于消费者接受新产品、迅速扩大其市场份额。按照这一基本原则，导入期的企业定价策略，有以下具体策略可以选择。

1. 高价策略。又称撇脂定价策略，是指企业对效能好、质量高的产品制定较高价格的一种定价策略。人们的需求量、消费结构是由其收入水平决定的。收入高的阶层往往对高质量、高效能的新产品感兴趣。企业正是利用高收入阶层愿意比他人支付更高的价格，购买对其有消费价值的产品这一情况，通过制定一个销售高价，以获得高额利润，待满足了高收入阶层的需求之后，再逐步降低产品价格。具备以下特点的新产品可以选择高价策略：(1) 明显存在某些独有的优越功能；(2) 档次高，外观豪华，能够满足高收入阶层的需要；(3) 在审美方面具有现代风格；(4) 在质量、功能、档次上是更新换代的现代化产品；(5) 在生产技术上是自行研制的，已申请专利，并严格控制对外转让；(6) 替代品价格很高或近期内没有任何类似的代用品；(7) 新产品的生产能力不能迅速扩大，市场生命周期长，需求相对缺乏弹性；(8) 生产需大量投资，各种设施建设周期长，或在资源、环境、人员的需求方面要求严格。

高价策略的优点：一是在产品导入期制定大大高于成本的价格，可以在短时期内收回开发、研制和高额促销等费用，而且能获得高额利润。并且在产品的成长期和成熟期由于竞争者的加入而降低产品价格时的损失相对较小。二是由于高价策略主要是针对高收入阶层，产品的高价格不会对销量产生抑制作用，再加上看齐效应的影响，也会吸引一部分中等收入消费者加入消费行列，扩大该商品的市场占有率。三是如果产品质量、服务与产品价格相符，就能树立起产品的品牌形象，为产品和企业的发展奠定良好的基础。但是采取高价策略也会产生一些消极的后果：一是由于利润丰厚，短期内会有大量的竞争者加入，缩短产品生命周期；二是由于大量竞争者的加入，产品供给急增，产品价格大幅度下降，会使消费者产生一种上当受骗的感觉，损害企业形象；三是排斥了中低收入阶层的消费。

2. 中价策略。又称满意定价策略，是指企业将产品价格定在高价与低价之间，兼顾企业本身和消费者的利益，使二者均能满意的价格策略。旨在长期稳定的销售增长中获得平均利润。

中价策略主要适用于价格弹性小的日用工业品和重要的生产资料。虽然中价策略能够避免高价带来的竞争风险，又能防止低价策略给企业经营带来的损失，但实行起来比较困难。因为在产品的导入期，一方面，随着生产技术的不断成熟，生产数量和规模的不断扩大，在生产规模达到经济规模之前，单位产品的生产成本会随时间的推移不断降低；另一方面，随着产品市场的扩大，产品在同一价格水平上的需求量也是不断变化的。两方面的变化使消费者愿意接受的价格范围很难掌握，因此，在导入期很难制定一个不高不低的适中价格。比较成熟的办法是：在新产品与老产品或替代品差别不大，平均生产水平也相当时，可以根据老商品或替代品的价格制定新产品的适中价格。

3. 低价策略。又称渗透定价策略，是指将导入期的产品价格定在相对较低的水平上，以便使产品迅速进入市场，为消费者接受，从而阻止竞争者进入市场，取得市场上的领先地位，最大限度地控制市场，保证新产品投资报酬的最大化。

选择低价策略的新产品所具备的特点，往往与采取高价策略商品的特点相反。另外，企业采取低价策略时还要考虑企业的经济实力。因为企业研制和开发及促销产品，已花费了大量的费用，如果在产品的导入期商品价格定得低，商品销售量一时又小，企业在这一阶段就可能亏损，这时企业应注意资金能否维持到成长期。如不能，企业就不宜实行低价策略。

（二）成长期的定价策略

成长期的定价策略，是导入期定价策略的延续。在这一时期企业选择定价策略应本着扩大产品市场占有率，实现较高目标收益的原则进行选择。这主要是由于产品进入成长期后，产品成本不断下降，产品品牌信誉以及企业在市场上的主导地位逐步确立，具有一个相对稳定的销售市场。

在具体实践当中，一般是以导入期产品价格作为正式价格，或是对导入期价格进行调整后作为成长期商品价格，需要调整的情况是：

1. 如果导入期商品的价格较高，在进入成长期后，高层次的消费者对该商品的需求已接近饱和，而中层的消费者还不愿意付出高价购买该商品，这时厂商如果不对价格作适当的下调，就会抑制该产品销售量的扩大。

2. 在成长期，由于消费者已普遍接受了该商品，从而使企业的生产达到经济规模，产品平均成本不断下降。如果该产品的需求弹性较大，企业可以考虑适当地降低价格，使销量增加，大幅度增加企业的利润。

3. 在成长期如已出现激烈的竞争，并且竞争者采取降价手段来进行竞争，此时如果企业的实力雄厚，为了保证自己的市场份额，阻止更多的竞争者出现，必须采取强硬的手段。需要注意的是，降价竞争往往会使竞争者两败俱伤，因此，企业在成长期进行降价时必须谨慎。在迫不得已的情况下，也要首先采取非价格竞争手段，即使降价也要注意调价幅度、次数，以免使消费者出现观望或不信任感。

4. 由于技术、人才、设备等条件的限制，竞争者在短期内难以出现，同时，该产品在成长期仍严重供不应求，需求量的增长快于生产能力的扩大。这种情况下，企业可以适当提高导入期产品价格，作为商品成长期的价格。这样做，一方面企业可以利用新增利润扩大企业生产规模，更好地满足消费者的需要；另一方面，也可以使产品的供给和需求在新的价格水平上达成新的均衡，防止商品脱销。

（三）成熟期的定价策略

商品成熟期是商品最畅销、成本最低和利润最大的时期。但因为大量竞争者进入市场，企业获取高额利润受到威胁。面对竞争的日益激烈和几乎饱和的市场，在一般情况下企业应本着稳定市场占有率，在薄利多销中增加企业利润总额的原则来选择定价策略，这一策略又称为竞争价格策略。

竞争价格策略的主要内容是指企业适当降低商品价格，维持市场现状。在采取这一策略时，必须掌握好降价的依据、幅度和次数。因为降价必然会引起竞争对手随之降价，导致各企业所占市场份额仍大致保持相同的比例，不能达到预期目的。因此，通过降价实现预期目的需要具备以下条件：(1) 商品的需求要富有弹性；(2) 商品的边际收入要大于生产经营的边际成本。这两个条件具备后，还要考虑降价幅度。如果降价幅度过大，固然可排除竞争者，但会造成企业本身微利和亏损。如果降价幅度过小，就达不到驱逐竞争者的目的。因此，降价幅度是一个非常敏感的问题。一般情况下，一个合理的降价幅度，必须要考虑商品的需求弹性。需求弹性大的商品，降价幅度可以大些；需求弹性小的商品，降价幅度不能过大。同时，也要掌握好降价的次数。一般来说，降价次数不能过多，以免造成消费者的等待和观望心理。当然，商品的降价并不是应付竞争的唯一方式。随着科学技术的发展，市场竞争愈趋向于质量、服务、信誉等非价格竞争。

（四）衰退期的定价策略

随着科学技术的进步，原有的新产品逐步被具有更优越性能的新产品所代替。商品的销量由饱和期的逐步减少转为迅速减少，产品进入了衰退期。衰退期的价格策略，只是一种辅助策略，目的是配合老商品的撤退，尽可能地增加利润或减少损失，充分发挥老商品的余热为提高企业经济效益服务。在产品的衰退期，企业定价策略主要有两个：

1. 维持定价策略。维持定价策略是指企业对需求弹性小的商品，继续保持成熟期价格或只作小幅降价的定价策略。需求弹性小的商品在整个生命周期中，价格水平比较稳定，利润高低变化不大，降价余地小。如果大幅度降价，不仅不能扩大市场销量，相反会恶化产品的市场形象，而对价格弹性大的产品，如果在衰退期不降价，随着新产品以及物美价廉的代用品进入市场，必将减弱产品的竞争力，加速产品淘汰进程。

2. 驱逐价格策略。即企业有意识地把价格降到等于或低于平均成本，以低价驱逐市场上的竞争者，从而占领竞争者退出的市场，阻止产销量下降，延长产品的生命周期。驱逐价格一般不包括利润在内，只以成本定价，其价格变动的最低界限是变动成本。

二、心理定价策略

心理定价策略是根据消费者在买卖活动中的习惯心理而形成的定价策略，这种定价策略已在商业销售活动中得到广泛的应用。企业只有掌握了消费者购买心理特征及其变化的规律性，定价策略才能具有科学性、合理性，成功才有了保证。心理定价策略由一组策略组成，主要介绍以下几种心理定价策略。

（一）零头和整数定价策略

在购买商品时，因消费者的不同，对消费品价格高低的心理感觉也不同。有的偏重于整数，有的偏重于零头。有的因商品的不同，既偏重于整数，又偏重于零头。因此，对于不同的消费者和不同的商品，可采取零头和整数价格来吸引消费者。

1. 零头定价策略。零头定价策略是指商品的价格处于整数与零头的分界线时，定价不取整数而取零头的定价策略。一般情况下，大多数消费者在购买日用消费品时，比较乐意接受零头价格，而不喜欢接受整数价格。特别是对于购买次数多的日用品，求廉心理促使消费者更加偏爱零头价格。例如：一元一支的圆珠笔，如定价为 0.98 元，虽然只减少了二分钱，但消费者会认为这只是属于几角钱的开支，比较便宜，这样就会容易引起消费者的购买欲望，使产品销量增加。

对于零头部分的安排，有的采用奇数结尾，有的采用偶数结尾，这与民族习惯有关。例如：在美国，5 美元以上的商品，末尾是 95 的商品价格其销售情况最佳；5 美元以下的商品，末尾是 9 的最受欢迎。在日本和台港澳地区，则流行偶数定价，因为偶数可给人产生一种稳定，安适的感觉，其中尾数是 8 最好，这是由于在日本 8 被认为是吉祥如意，而在台湾及港澳地区 8 与发财致富联系在一起。

零头定价策略的优点是：第一，给人一种精确计算，已是最低限度价格的心理感觉；第二，给人一种便宜感。但这种定价策略有一定的局限性，它主要适用于价值小、数量大、销售量和购买次数多的日用消费品，而质优价高的高档消费品则适用整数定价。

2. 整数定价策略。整数定价策略是指对销售高档耐用品，把价格定在整数上的一种策略。对一些名牌优质商品、高档品和礼品，采用整数价格往往能满足消费者自尊心和炫耀心理。有些消费者希望自己买到的商品比别人的好些，特别是在购买高档商品时，消费者不计较商品价格的高低。当然，这种定价策略是为了满足消费者的虚荣心，对大多数消费者不一定起作用。对名优产品采取整数定价策略有助于市场竞争，扩大销量，提高企业经济效益。在高档新产品的导入期阶段，采用整数定价策略亦可取得良好的效果。

选择零头或整数定价策略时，必须以消费者心理需求和商品类型为依据。对偏重于廉价心理需求的消费者，一般应采取零头价格策略；对偏重于质高物美心理需求的消费者，一般应采取整数定价策略。对日用消费品一般应采取零头定价策略；对高档耐用消费品和名特优商品一般应采取整数定价策略。

（二）声望性定价策略

在长期的市场经营中，有些商品及企业在消费者心目中有了威望，商品尽管售价较高也仍然畅销，因为通常消费者总是把商品价格的高低看作是商品质量优劣的标志，存在“价高质量优”的心理。声望性定价策略一般情况下服务于高价目标，目的不仅是增加销量，而且要获得单位商品和服务的最高利润，并以出售高价优质商品的形象进一步提高企业声望，吸引消费者，带动其他商品的销售。但在选择声望价格策略时需注意以下几点：

1. 企业生产经营的商品必须保证高质量、维持和巩固消费者对商品和企业的信任，以免丧失它的声望；

2. 价格也并不是越高越好，应将价格确定在买主愿意接受的适当水平上；

3. 重视消费者对商品的反应和需求，不断地改善商品质量、功能，同时也应注意商品的售后服务，加强消费者对企业生产经营商品的安全感、信赖感。

（三）组合定价策略

组合定价策略是指一个企业在生产经营两种或两种以上的互相关联、相互补充的商品时，为获取利润的最大化而采取的一种定价策略。

商品之间的关联关系是使用价值的关系，即使用价值的补充和配套关系。所谓补充关系，是指两种或两种以上的商品，其中一种使用价值的实现是以另一种或几种使用价值为补充条件的，如：汽油是汽车的补充品。形成补充关系的商品，其单独形式不会产生任何效用。只有将多种使用价值集结在一起，才能满足人们的需要。所谓配套关系，是指相互联系的若干商品，它们既可以相互配套使用，又可以单独使用，如套装、组合家具，成套设备等。

企业在定价时，从长远利益着眼，对于有补充关系的商品应区别对待：价值大、购买次数少，消费者对价格变动较为敏感的商品，价格定得要低些，以吸引消费者。而与其他商品补充使用、价值小，购买次数多，消费者对价格变动反应迟钝的商品，价格可以适当地高些。如：一家企业生产新型的四色多用圆珠笔，又生产配套专用的四色圆珠笔芯。圆珠笔按正常定价应为 3 元，若有意定为 2.90 元，就会促进消费者的购买欲，再将圆珠笔芯从正常 0.5 元一支提高到 0.8 元，这样，在圆珠笔上少赚的钱不仅可以从笔芯上赚回来，而且还会使企业得利更多。

对于配套商品，既可以实行成套的购买优惠价格，也可以实行赠送配套小商品的策略，以促进消费者成套购买，节约营销成本，扩大销量，加速资金周转，增加盈利。例如：销售西装，对于单独购买一件上衣的顾客，按原价出售。若购买有领带、裤子、背心的套装西服则给予价格优惠，或免费赠送一件配套的衬衣，这样既会达到扩大销售、节约销售费用的目的，又能实现增大利润的目的。

（四）习惯定价策略

习惯定价策略又称定型定价策略，它是指企业按照消费者需求经验、消费习惯和主观评定的价格来定价的策略。任何区域的人口由于地理环境、经济、社会文化、宗教意识等因素的影响，形成了传统的消费习惯。随着历史的发展，传统的消费习惯一代一代地延续下来。与此相适应，有些商品在长期流通中，逐渐形成消费者所习惯的价格，经营者一般不易改变其价格。

习惯定价策略主要适用于质量稳定，需求弹性大，代用品较多的日用消费品，如：糕点、糖果、火柴、肥皂等商品。在供求关系平衡的条件下，这类商品的价格受习惯约束的压力较大，经营者一旦改变其价格，消费者心理需求倾向就会向其他代用品转移，减少购买量，从而影响企业的经济效益。习惯价格是买卖双方都乐于接受的价格，随意提价或降价，只会使经营者蒙受损失，造成市场混乱、人心不稳，危及安定的生活秩序。即使在通货膨胀时期，也不要轻易改变习惯价格，力求保持价格的长期稳定，以免遭到公众反对和政府的干预。在这种情况下，企业应采取下列措施：

1. 改善经营管理，努力降低生产成本和流通费用，实行“薄利多销”，尽量保持习惯价格；

2. 生产同类新产品，以新替旧，以盈补亏，维持习惯价格稳定；

3. 以特殊型号代替普通型号，以新包装代替旧包装，以新牌号代替旧牌号，通过大量的宣传推广活动，逐步形成新的习惯价格；

4. 降低商品分量，保持习惯价格，并明确告知消费者，从消费心理来说，这比直接提价的效果要好些。

5. 采取收缩战略，让该商品在市场上逐渐退出，以减少企业的经营损失。

（五）从众心理定价策略

从众心理是指消费者个人在群体中自觉或不自觉地受到群体心理的影响，而在言行和心理上表现出与群体中多数人保持一致的心理现象。从众心理定价策略就是企业依据从众购买心理特点及顾客对价格的反应，所采取的价格策略。它主要包括两种形式：招徕定价策略和时尚定价策略。

1. 招徕定价策略。招徕定价策略亦称特品价格策略。它是针对消费者冲动性购买的从众心理而采取的一种低价策略。对于习惯性消费的日用品，消费者普遍存在着求廉心理，一旦某种商品价格低于市价，消费者就会蜂拥而至。冲动性从众心理使很多人根本不考虑该商品对自己是否有用而盲目购买，许多滞销品正是通过招徕定价来打开销路。

2. 时尚定价策略。时尚定价策略与招徕定价策略相反。它是针对消费者追求性购买从众心理而采取的一种高价策略。对于追求时尚商品的消费者，一般情况下都有展现自己与众不同的心理要求，他们追求“新”、“美”。信奉“新奇”就是美，价高就是“好”的原则。通过对时髦商品的购买，满足消费者的个性需求，显示消费者的社会地位。例如“苹果手机热”，即使该品牌手机价格比同类商品价格昂贵，但消费者购买仍然踊跃，这正是追求性购买从众心理的典型表现。

三、折扣定价策略

在竞争中企业力求保持价格稳定，以树立自己的形象。如果必须降价，企业往往也不应首先直接降价，而应采取一种隐蔽方式降价，即企业根据交易对象、成交数量、交货时间、付款条件等，在价目表不变的条件下给买者以优惠折扣。采取这种方式降价的策略称为折扣定价策略。

折扣定价策略包括许多具体策略，在实际中运用较为广泛的主要有数量折扣定价策略和功能折扣定价策略。

（一）数量折扣定价策略

数量折扣定价策略，又称批量折扣定价策略，是指企业以一定销售量为最低起点，买方的购买量越大，商品单价越低，反之则越高的策略。在现实中表现为批量折扣价格。即卖方对大批量购买的买方，按市场价格打一定折扣，将一部分利润转让给买方。

数量折扣的经济依据是卖方大批量销售时，可以节约费用增加利润，其来源是：(1) 签订订单的费用降低，订货费随之减少；(2) 商品经营资金周转速度加快，保管费用也随之减少；(3) 经营风险大大降低。

与此同时，买方成本和风险增加。卖方为了鼓励买方大量采购，则愿意把自己成本节约额的一部分以价格折扣形式让渡给买方，其让渡额一般大于买方成本增加额。可见，数量折扣定价策略是以双方互利为原则，对买卖双方成本升降相抵后带来的净利润进行分配的一种方法。

批量折扣分为一次性批量折扣和累计批量折扣。一次性批量折扣，是给予顾客一次采购超过规定数量或金额的价格折扣。目的在于鼓励买方加大一次购买的数量和金额，便于卖方大批量生产和销售，降低成本，加速资金周转。累计批量折扣，是给予顾客在一定时期内累计采购数量和金额超过规定数额的价格折扣。目的在于建立长期的固定贸易关系，便于卖方进行产品销售预测，减少生产经营计划的风险性。

实行批量折扣价格策略，卖方要解决好以下问题：

1．确定批量折扣的最低数量起点及价格。在这里最低批量起点，可以看作是企业正常销售量，或看作是买方的最佳订购批量。根据最低批量点确定的价格，可称为批量价格的上限，是制定批量价格的基础。

2．划分批量折扣的档次。划分批量档次就是在最低起点的基础上，对于大于最低起点的销售量，划分出不同的档次。批量档次的划分要求卖方根据历史资料，统计买方在不同档次上的购买次数，根据市场状况和买卖双方在市场上的竞争状况来确定。

3．确定各档次的折扣额。折扣额是各批量档次价格与最低批量起点价格的差额。各档次的价格应根据卖方成本降低额，买方成本增加额，及双方对净利润的分配原则来确定。各批量档次折扣率和价格的计算，见第五章相关内容。

4．在实行批量折扣价格策略时，要一视同仁。

（二）功能折扣定价策略

功能折扣也称交易折扣，即生产企业按各类中间商在市场营销中的不同功能所给予的不同价格折扣。商业企业按其在市场营销中的功能，区分为批发商和零售商。由于其功能不同，二者在费用支出、承担风险上有很大区别，一个生产企业给予批发商的折扣要大于给予零售商的折扣。因为在市场价格一定的条件下，在生产企业给予批发商的折扣额中，不仅包括生产企业给予批发商的费用和利润，而且还包含着批发商留给零售商的费用和利润，以及销地批发商的费用和利润。功能折扣的经济依据，是批发和零售的区别，两者提供的服务性质不同。其折扣的大小根据两者提供的功能服务和正常流通环节的多少而定。

第四节　企业定价方法

企业定价方法是在定价目标指导下，根据定价策略，核算商品价格的具体方法。一般认为，在市场经济条件下，制定商品价格应考虑成本、需求和竞争三个基本因素。在实际工作中，由于定价的侧重点不同，形成了成本、需求和竞争导向等三种主要类型的定价方法。

一、成本导向定价法

成本导向定价法是以商品成本为依据的一种定价方法。根据定价所依据的成本不同，成本导向定价法可分为完全成本定价法、损益平衡定价法和变动成本定价法等。

（一）完全成本定价法

完全成本定价法是成本导向定价法中的一种传统的定价方法。它是先把商品的制造成本与期间费用相加，形成商品的完全成本，然后在这个基础上加一定比例的利润，形成商品的销售价格，其基本公式为：

商品价格＝完全成本＋利润

含增值税价格＝完全成本＋利润＋增值税税金

完全成本定价法简单易行，并且成本资料容易掌握。完全成本定价法的优点是：可省去根据需求变化频繁调整价格的麻烦；可以避免同行间过多的价格竞争；买卖双方都觉得公平合理。不足之处是：完全成本定价法容易忽视市场竞争和供求因素对价格的影响，因而主要是适用于卖方市场条件下的定价。

（二）损益平衡定价法及目标利润定价法

损益平衡定价法又称盈亏平衡定价法，或保本定价法。它是根据销售商品的总收入与商品总成本的平衡来确定商品价格的一种方法。

损益平衡时商品销售量为：

$$Q=\frac{FC}{P_0-AVC}$$

式中：Q 为盈亏平衡时的销售量；FC 为固定成本；P_0为保本销售价格。AVC 表示单位商品变动成本，由上式可推导出保本价公式：

$$P_0=\frac{FC+Q\times AVC}{Q}$$

利用保本价格计算公式，可以进一步推算出获得一定目标利润时的商品价格计算公式：

$$P=\frac{TP+FC+Q\times AVC}{Q}$$

式中：P 表示获得一定利润时的商品价格，TP 表示预期利润量。

例如：某企业在一定时期内生产一批商品，总固定成本为 15 000 元，单位商品变动成本为 15 元，如果在该时期内销量为 1 000 件，则保本销售价格是：

$$P_0=\frac{15\,000+15\times 1\,000}{1\,000}=30(\text{元})$$

如果在该时期内希望获得 2 000 元的目标利润，则商品售价为：

$$P=\frac{2\,000+15\,000+15\times 1\,000}{1\,000}=32(\text{元})$$

损益平衡定价法重视总成本的补偿，可以使企业做到心中有数。但是由于按照此种定价方法制定的商品价格无利可图，所以不宜长期应用。只能是在商品按成本加一定利润难以销售或为达到驱逐竞争者的目的时临时采用。当目标利润大于总固定成本时，目标利润定价法不仅补偿了成本，而且还能从价格中获取预期利润，因而是一种较好的定价方法。

（三）变动成本定价法

变动成本定价法又称目标贡献（边际贡献）定价法，是在商品变动成本基础上，加上一定的目标贡献，来制定商品价格的一种方法。

所谓目标贡献是商品价格与变动成本之间的差额，即：

目标贡献＝商品销售单价－变动成本

因此，商品销售价格为：

商品价格＝单位商品变动成本＋目标贡献

变动成本定价法能及时反映市场需求，具有定价灵活，竞争性强的特点。在产品销售困难，市场竞争激烈的情况下不失为一种定价选择。企业虽然无利可图，但至少能收回流动资本，使企业维持生产以等待时机寻求出路。这种定价法的缺点是：如果目标贡献等于零或大于零小于固定成本，企业将得不到利润，固定成本无法补足，从长期看不利于企业的发展。

变动成本定价的方法如下例：某服装厂生产儿童服装，每件服装单位变动成本为17.5元，预计每工时目标贡献量为1.85元，单位商品占用工时量为5小时，求目标价格。

目标价格＝单位变动成本＋每工时贡献量×单位商品占用量
＝17.5＋1.85×5＝26.75(元)

二、需求导向定价法

需求导向定价法是以消费者对商品的需求和可能支付的价格水平为依据来制定商品价格的一种方法，它主要包括需求差别定价法和理解价值定价法。

（一）需求差别定价法

需求差别定价法又称为价格区别对待法。它是根据产品的需求强度和需求弹性的差别来制定产品价格。需求差别定价法的具体形式在经济生活中有多种表现，按商品、消费者、位置和时间的差异可划分为以下四种类型。

1. 以消费者收入为基础的差别定价。消费者的收入水平不同，其收入弹性也有所不同。在一般情况下，低收入消费者对市场上商品价格的变动比较敏感，而对于高收入阶层，他们购买商品偏重于质量、品牌等，对价格变动的敏感程度较低。基于此，企业应对不同收入的顾客区别对待，以适应收入弹性强弱不同的消费者。

2. 以商品式样、用途为基础的差别定价。这是一种依商品的不同式样和不同用途制定价格的方法。如同一质量、规格的商品由于式样不同而制定不同的价格。式样新颖的产品一般比式样陈旧商品的价格要高。

3. 以地理位置为基础的差别定价。在经济发展过程中，由于企业所处的地理位置不同造成需求强度上的差异，如商业布局中就有“金角银边草肚皮”之说。由于在不同的地理位置上商业成本不同，因而同一商品在同一城市的不同位置的商店中可以卖出不同的价格。在中心区的大型商厦中价格可以高些，而在居民区价格应低些，同样，同一商品在城市和农村可以制定不同价格。

4. 以时间为基础制定差别定价。人们在不同的条件、不同的时间里，对商品和劳务的需求程度有明显的区别。因而，同一商品可以根据不同季节制定不同价格。如旅馆在旅游旺季可以向上浮动定价，而在淡季则采取折扣价来吸引游客。当然季节性的商品更是如此。

（二）理解价值定价法

所谓理解价值定价法是指企业以消费者对商品价值的理解和认识程度为依据来制定商品价格的方法。这种定价方法的基本思路是：企业认为定价的关键在于买方对商品价值的理解水平，而不是卖方的成本。因此，企业在制定商品价格时，首先要估测该商品在消费者心目中的价格水平，然后此为依据来制定商品的价格。

消费者对每一种商品的性能、质量、用途等，都有一定的评价，当商品价格与消费者对商品价值的理解大体一致时，商品就会被消费者接受，反之，则不然。因此，企业在生产某种产品以前，应首先估计商品在消费者心目中的价值水平，然后再考虑其他一些因素，进而决定生产或放弃该产品。

采用理解价值定价法的关键问题是尽可能准确地估计消费者对自己产品的理解价值水平。常用的评估方法有以下三种：

1. 直接评议法。

所谓直接评议法，是指邀请有关用户、中间商及专家等，要他们按照自己对不同企业的同种产品价值的不同理解和认识，直接评定该企业产品的理解价值。

2. 相对评分法。

所谓相对评分法，是指评议人员根据自己对几个企业的同一产品价值的不同理解和认识，把100分分配给几个企业，然后按分数的高低和现行平均市场价格推算评定产品的理解价值。

3. 特征评议法。

所谓特征评议法，是指先组成一个智囊团，然后要求评议人员根据市场情况和使用感受，并按确定的评价目标，把本企业的产品与不同厂家的同类产品进行比较，然后作出综合评价。

三、竞争导向定价法

竞争导向定价法是以同类企业产品价格作为制定本企业产品价格依据的一种定价法，具体方法主要有以下两种。

（一）通行价格定价法

又叫随行就市定价法，它是以同行业的市场平均价格为基础，来制定本企业产品的市场可销价格。有了市场可销价格企业就可以向后推算出产品的批发价格、出厂价格和生产成本。实践表明，不管市场类型是完全竞争市场，还是少数寡头垄断的市场，同类产品都趋于实行随行就市即通行价格。这种定价法的好处是可以避免竞争，使企业获得稳定的市场份额。

（二）招标投标定价法

采用招标投标方式，由招标方对两个以上并互相竞争的投标方的出价择优成交的定价方法，叫招标投标定价法。采用招标、投标交易方式使得招、投标双方互相牵制，特别是使投标方互相竞争，这对于保护双方利益，降低商品成本和工程造价，提高企业和社会经济效益等都有很大的作用。招标投标定价法有严格的规范，一般要经过招标、投标、开标、评标、通知中标、签订合同和执行合同等程序。其中与定价有关的主要是招标方制定标底、投标方制定投标价。

1. 标底的制定。标底是指发包单位在招标中，对拟建的工程项目由自己或委托有关单位，计算出建成该项目工程所需的工程造价，该造价经招标办公室审订后而成为发包造价，即为标底。标底的计算大多按现行的概预算编制的方法进行，即根据设计施工图、现行概预算定额、地区单位估价表及取费标准等编制出概算或施工图预算作为标底。

2. 标价确定。报价又称标价，它是施工单位（即承包单位）向招标单位发（报）出的对工程造价的报送数据。投标单位应使自己的标价尽可能地投在招标单位的“标底”范围之内，或接近标底，以便战胜竞争对手。标价的计算与施工图预算一致，它也是由直接费、间接费、法定利润、税金、费用和预备费等组成。

对直接费、间接费和利润同施工预算一样按规定计算，税金按税务机关规定计算。其他费用主要包括材料设备的差价、保险费和符合国家规定的其他有关的费用。预备费用主要是指工程难以预料的费用。

为了达到中标目的，施工企业应结合工程特点，采用适当的施工方法和技术措施，尽可能降低成本，算出报价的降低成本费率：

$$降低成本费率=\frac{技术措施预算金额-可能实现的降低成本值}{预算总造价}\times 100\%$$

这样根据以上计算出来的费用总造价，减去降低成本就得到投标的报价。即：

$$最后投标价=预算总造价\times(1-降低费率)$$

投标价格的制定有许多策略，定价过高会失去中标机会，定价过低会造成亏损。因而必须在认真计算的基础上进行报价。

（三）拍卖定价法

拍卖定价法一般是商品所有者或其代理人采取公开叫卖方式，引导买方报价，利用买方竞争求购的心理，从中选择最高价格成交。

1. 拍卖活动的基本程序。一般由准备、查看商品、正式拍卖成交、交货四个阶段组成。(1) 准备阶段。包括拍卖组织将商品进行整理，刊登广告、印发拍卖目录等工作。拍卖目录包括拍卖的商品种类、拍卖程序和条件等。(2) 查看商品阶段。参加拍卖的人，可在公布的地点和时间查看拍卖的货品。(3) 正式拍卖成交阶段。参加拍卖活动的人按规定的程序和条件参加拍卖，并成交商品。(4) 交货。在规定的期限内交货付款。

2. 叫价的基本方法即拍卖价格的形成。拍卖以喊价和竞价的方式进行，通常称为“叫价”，叫价的方法有三种：

(1) 增价拍卖法，即买主叫价的方法。拍卖人宣布最低价格后，由买主竞相加价，直至出价最高时由拍卖人接受而达成交易。

(2) 减价拍卖法，即卖方叫价的办法。由拍卖人先开出最高价，然后由拍卖人逐步减低开价，直到有人表示接受而达成交易。

(3) 密封递价拍卖法，即招标式拍卖法。这种拍卖法是事先由拍卖人公布某批商品的估价，然后在规定的时间内，买主将密封标单寄交拍卖人，向拍卖人递价，由拍卖人选择出价最高的买主达成交易。

第五节　企业内部价格管理

企业内部价格管理是企业自身对其价格行为的自我约束，包括企业的价格权利和义务，价格管理的相关制度等内容。企业内部价格管理既是企业加强经营管理，实现企业经营目标的需要，也是企业贯彻价格法律法规和价格政策的必然要求。

一、企业在价格方面的权利与义务

企业在价格方面享有的价格权利和应承担的义务，构成了企业价格行为的基本标准，两者是统一的，只强调权利不强调义务，企业的价格行为则失去了约束；只强调义务不强调权利，企业经营权就不完整，企业就会失去活力。

（一）企业在价格方面的权利

企业在价格方面的权利，是指企业在经济活动中依法享有的权利和利益。企业在价格方面享有的权利必须得到法律的认可，并受到法律的保护，任何违反企业价格权利的侵权行为都要受到法律制裁。企业在其定价权利范围内有权自主制定和调整商品价格，它是企业经营自主权的重要组成部分。

企业享有的价格权利包括以下几个方面：

1. 自主制定属于市场调节的商品价格；
2. 在政府指导价规定的幅度内制定价格；
3. 制定属于政府指导价、政府定价产品范围内的新产品的试销价格，特定产品除外；
4. 对政府管理的商品和服务价格，有向价格主管部门提出调整的建议权；
5. 检举、控告侵犯其依法自主定价权利的行为。

现实中，对于不同的商品来说，企业定价权限的大小是有区别的。表现在：第一，对于政府定价的商品，企业无定价权，只有执行的义务，但是具有提出调整的建议权；第二，对于实行政府指导价的商品来说，只有部分定价权，而且这个权利以国家规定的界限为前提；第三，只有实行市场调节价的商品，企业才拥有较为充分的自主定价权利。

（二）企业在价格方面的义务

企业在价格方面的义务，是指企业在其价格行为中按照法律规定应尽的责任。它是与定价权利相联系的企业行为规范，通过法律加以确认，不执行者将受到法律的制裁。企业在价格方面的义务包括以下方面：

1. 从维护公平交易的市场秩序角度看，企业应承担的义务是：（1）贯彻等价交换原则。在公平、公正、诚实、守信的基础上开展交易活动。（2）维护公平竞争，反对垄断和欺诈。禁止相互串通，操纵市场价格，为了排挤竞争对手或者独占市场，以低于成本的价格倾销等损害国家利益和其他经营者、消费者的合法权益，扰乱正常价格秩序的行为。（3）禁止捏造、散布涨价信息，哄抬价格，推动商品价格过高上涨的行为。（4）禁止违反法律、法规的规定牟取暴利的行为。

2. 从维护生产经营者和消费者利益的角度看，企业应承担的义务是：（1）贯彻按质论价原则，禁止以次充好，缺斤短两，抬高等级或者压低等级等手段收购、销售商品或者提供服务，变相提高或者压低价格的行为。（2）禁止利用虚假的或者使人误解的价格手段，诱骗消费者或者其他经营者与其进行交易的行为。（3）禁止提供相同商品或者服务，对具有同等交易条件的其他经营者实行价格歧视的行为。（4）禁止利用巧立名目等损害消费者利益的不正当价格行为。

3. 从国家价格管理的角度看，企业应承担的义务是：（1）遵守国家的价格法律、法规、规章和政策。（2）执行政府定价、政府指导价及规定的作价原则和作价办法。（3）执行法定的价格干预措施、紧急措施。(4) 贯彻商品和服务销售的明码标价制度。(5) 接受价格主管部门的监督检查，并按规定如实提供所需的资料。(6) 建立健全内部价格管理制度。

4. 企业在制定商品价格中要贯彻科学发展观，树立低碳发展和资源环境保护的理念，有保护合理使用资源的义务，正确处理企业经营与资源环境保护的关系。

二、企业内部价格管理

加强企业内部价格管理是企业遵守价格法律法规和价格政策、提高价格管理水平的保证。企业内部价格管理应做好三方面工作。

(一) 健全企业内部价格管理机构

为适应国家对价格管理的要求，提高企业定价决策的水平，企业特别是大中型企业应根据实际需要设置相应的价格管理机构、配置相应的专职或兼职价格管理人员。企业价格管理机构应分为两个层次。一是价格决策机构。负责决策价格法律、法规及政策在企业的落实方案、决策企业的定价目标和定价方案、制定企业内部价格管理的规章制度等有关企业价格行为的重大问题。二是价格执行机构。设置相应部门负责具体的价格管理。主要任务是：具体贯彻价格决策机构的价格决策，监督检查价格规章制度的落实情况，纠正不规范价格行为；搜集有关企业定价的信息，提出企业定价的备选方案和改进企业价格管理的方法和意见，为价格决策机构进行定价决策提供参考依据。

企业内部价格管理是一项综合性较强的管理工作，要求企业内部各部门密切配合，如生产部门、财会部门、销售部门、人事部门等，分别从产品质量、数量、包装、渠道、生产经营成本、市场供求与竞争、管理知识培训等方面加强调查研究，为定价和加强价格管理提供相应的信息支持。

(二) 健全内部价格管理制度

为了规范企业价格行为，提高企业价格管理水平，企业应健全和完善必要的价格管理制度。这些制度主要包括以下方面：

1. 定调价程序管理制度。根据前文所述的定价程序，企业应建立定价信息搜集与整理制度、定价方案的内容与选择制度、定价方案的调整制度。

2. 价格目标管理责任制度。即根据定价方案或价格政策的要求，分解具体任务落实到企业价格管理部门和相关部门，责权利结合，各负其责，确保定价方案和价格政策落实到位。如财会部门要做好成本核算，保证资金到位，节约开支；销售部门积极开展促销活动，搞好售货服务，扩大销售，并及时搜集市场信息；采购部门严把进货质量关，选择质优价廉的进货渠道；生产部门努力提高产品质量，增加花色品种，探索降低生产经营成本的方法和技术等等。

3. 价格登记制度。对企业生产经营的商品价格进行系统的登记，既有利于企业对价格动态的研究，为定调价提供依据，也便于对商品质量的追溯。工业企业的商品价格登记的内容包括：商品品名、型号、等级、产量、成本、计价单位、出厂价、定价依据、执行日期等。商业企业价格登记的内容包括：商品编号、名称、规格、牌号、产地、厂名、计价单位、购销价格、差率、定价或调价理由、执行日期等。

4. 价格联系制度。经济信息是企业价格决策的依据，这要求企业与业务主管部门、信息部门、企业上下游客户等建立较为固定的价格联系制度，以获取大量的价格和市场信息，更好地为企业行使定价权提供参考依据。

5. 调定价通知制度。用通知单的形式，将企业调定价格的商品及时通知具体执行单位。执行单位要及时登记，盘点调价商品存量，更换价签，并按规定时间执行。调定价通知单的内容包括：商品品名、规格、等级、花色、产地、计价单位、调价前后价格、执行日期等。

6. 定价效果报告制度。该制度是对企业定价方案的实施效果进行的总结，主要说明定价方案实施时间、实施内容、实施范围和对象、实施的效果。说明该方案达到预期目标的原因和对策；说明该方案未达到预期目标的原因，并根据企业内部和外部因素，提出完善和改进该方案的具体对策。

7. 明码标价制度。按照相关价格法律、法规和规章要求，任何企业收购和销售商品以及提供服务，都必须实行明码标价。其要求做到价签价目齐全，标价明确，一货一签，摆放醒目，价格变动要及时更换，并且不得高于标价出售商品和收取费用。

8. 调价申报和备案制度。按照相关价格法律、法规和规章要求，在特殊情况下，对部分重要商品及服务实施临时价格干预措施，对达到一定规模的生产、经营企业实行提价申报；对达到一定规模的批发、零售企业实行调价备案。因此，企业要相应建立调价申报和备案制度。提价申报的内容包括：企业名称及近三年生产经营情况，包括经营的主要产品、产量、销售量、销售收入、利润、纳税情况；提价的幅度，包括现行价格、拟调价格、提价幅度和提价总额；提价的理由，包括原材料、人工成本、财务费用等实际成本费用变化情况。提价备案的内容包括：企业名称、提价幅度、提价理由等事项。

9. 监督检查制度。定期和不定期对企业内部执行国家价格法律、法规、规章以及企业内部价格制度的自我监督检查。其内容主要包括：价格法律、法规、规章和价格政策的落实情况；企业定价方案的执行情况；企业内部价格制度的落实情况。以便及时发现问题，及时纠正，并对未实现目标的和执行不力的单位和个人进行处罚，对实现目标并取得良好效果的单位和个人进行奖励。

（三）企业价格管理者的素质

企业价格管理水平的高低，定价方案是否科学合理，重要的一环是企业价格决策者和执行者的素质高低。作为企业价格管理者必须具备以下素质：

1. 强烈的事业心。价格管理工作具有政策性强、专业化程度高、涉及商品广的特点。价格管理者只有具备高度的事业心，才能刻苦钻研，认真细致地做好价格管理工作。

2. 丰富的知识和经验。价格问题涉及方方面面，要求管理者既要有理论知识，又要有实践经验，要有商品知识、营销知识、生产工艺知识以及消费者心理知识，同时还要全面了解国家有关的法律、法规、政策等。这就要求价格管理者不断开拓知识面，勇于深入实践，积累经验，同时通过组建企业内部价格管理机构集思广益，充分运用集体的力量做好价格管理工作。

3. 扎实的基本功。企业定价与管理是一门科学，又是一门艺术，它要求价格管理者要善于调查研究，掌握第一手资料，并运用经济学、管理学等理论分析，作出科学的判断；掌握测算价格方案的技术，学会对价格和产、供、销情况进行定量分析。只有掌握这些基本功，才能准确、熟练地运用价格知识和相关理论，解决不同的价格问题。

4. 牢固的法律政策观念。企业价格管理者，要筑牢价格法律、法规和规章意识，严格执行价格政策，维护国家、企业和消费者的利益，这是保证企业价格行为合法性、合理性的基础。

主要术语

定价目标　定价策略　撇脂定价策略　渗透定价策略　心理定价策略　差别定价策略　数量折扣策略　需求导向定价法　竞争导向定价法　成本导向定价法

思考问题

1. 如何理解企业价格观念？
2. 企业定价应遵循什么原则？
3. 企业定价应包括哪些程序？
4. 企业主要有哪些定价目标？如何运用？
3. 企业定价策略有哪些？不同策略有什么特点？
4. 企业定价的方法有哪些？不同的方法有什么区别？
5. 企业在价格方面具有哪些权利和义务？
6. 企业应建立哪些内部价格管理制度？

主要参考文献

1. 马克思. 资本论. 2 版. 第一卷. 北京：人民出版社，2004。
2. 马克思. 资本论. 2 版. 第三卷. 北京：人民出版社，2004。
3. 温桂芳. 新市场价格学. 北京：经济科学出版社，1999。
4. 高鸿业. 西方经济学（微观部分）. 北京：中国人民大学出版社，2011。
5. 高鸿业. 西方经济学（宏观部分）. 北京：中国人民大学出版社，2011。
6. 姚今观，李建平. 市场价格学. 北京：中国物价出版社，1999。
7. 张卓元. 论中国价格改革与物价问题. 北京：经济管理出版社，1995。
8. 汪洋. 收费管理概论. 北京：中国物价出版社，2002。
9. 王德章. 价格学. 北京：中国人民大学出版社，2011。
10. 李建平，朱坤萍等. 企业价格策划. 保定：河北大学出版社，1997。
11. 张光远. 经济转轨中的价格机制. 北京：中国物价出版社，2002。
12. 贾秀岩. 价格学原理. 天津：南开大学出版社，1991。
13. 马凯. 新时期价格的若干问题. 北京：中国物价出版社，1996。
14. D.S. 沃森，M.A. 霍尔曼. 价格理论及其应用. 北京：中国财政经济出版社，1983。
15. B.Peter Pashigian. Ptice Theory and Applications. 北京：机械工业出版社，1998。
16. 顾海兵，陈璋. 中国工农业经济预警. 北京：中国计划出版社，1992。
17. 张泽厚. 中国经济波动与监测预普. 北京：中国统计出版社，1992。
18. 许光建. 价格理论及其应用. 北京：中国人民大学出版社，1999。
19. 小贾尔斯·伯吉斯. 管制与反垄断经济学. 上海：上海财经出版社，2003。
20. 王俊豪. 管制经济学原理. 北京：高等教育出版社，2007。
21. 许云霄. 公共选择理论. 北京：北京大学出版社，2006。

22. 万成林，邓向荣. 市场理论及其应用. 天津：天津大学出版社，1995。
23. 黄达. 货币银行学. 北京：中国人民大学出版社，2000。
24. 卢现祥. 西方新制度经济学. 北京：中国发展出版社，2003。
25. 余鑫炎，朱国华. 价格学. 北京：中国财政经济出版社，1996。
26. 许光建. 现代市场价格学. 北京：中国物价出版社，1999。
27. 王文举. 马克思主义价格理论创新研究. 北京：中央文献出版社，2005。
28. 价格鉴证师执业资格考试指定教材编委会. 价格政策法规. 北京：中国物价出版社，2004。
29. 马凯. 中华人民共和国价格法释义. 北京：经济科学出版社，1998。
30. 北京大学中国经济研究中心宏观组. 1998—2000 中国通货紧缩研究. 北京：北京大出版社，2000。
31. 顾海兵. 未雨绸缪——宏观经济问题预警研究. 北京：经济日报出版社，1993。
32. 朱杰，聂振邦，马晓河. 21 世纪中国粮食问题. 北京：中国计划出版社，1999。
33. 毕大川，刘树成. 经济周期与预警系统. 北京：科学出版社，1990。
34. 陶骏昌，李宗凌等. 农业预警系统——宏观农业管理的新思路. 北京：中国统计出版社，1994。
35. 许光建. 论价格总水平调控. 北京：中国物价出版社，2003。
36. 萨伊. 政治经济学概论. 北京：商务印书馆. 1982。

图书在版编目（CIP）数据

价格学原理/李建平，安乔治主编. —北京：中国人民大学出版社，2015.9
21世纪经济学系列教材
ISBN 978-7-300-20865-7

Ⅰ.①价… Ⅱ.①李…②安… Ⅲ.①物价学-高等学校-教材 Ⅳ.①F014.3

中国版本图书馆CIP数据核字（2015）第036463号

21世纪经济学系列教材
价格学原理
李建平　安乔治　主　编
刘华光　忻　红　副主编
Jiagexue Yuanli

出版发行	中国人民大学出版社		
社　　址	北京中关村大街31号	**邮政编码**	100080
电　　话	010－62511242（总编室）		010－62511770（质管部）
	010－82501766（邮购部）		010－62514148（门市部）
	010－62515195（发行公司）		010－62515275（盗版举报）
网　　址	http://www.crup.com.cn		
经　　销	新华书店		
印　　刷	北京昌联印刷有限公司		
规　　格	185 mm×260 mm　16开本	**版　　次**	2015年9月第1版
印　　张	13.25 插页1	**印　　次**	2020年2月第3次印刷
字　　数	319 000	**定　　价**	29.80元

教学支持说明

中国人民大学出版社经济分社与人大经济论坛（www. pinggu. org）于 2007 年结成战略合作伙伴后，一直以来都以种种方式服务、回馈广大读者。

为了更好地服务于教学一线的任课教师与广大学子，现中国人民大学出版社经济分社与人大经济论坛做出决定，凡使用中国人民大学出版社经济分社教材的读者，填写以下信息调查表后，发送电子邮件、邮寄或者传真给我们，经过认证后，我们将会向教师读者赠送人大经济论坛论坛币 200 个，向学生读者赠送人大经济论坛论坛币 50 个。

教师信息表	学生信息表
姓名：	姓名：
大学：	所读大学：
院系：	所读院系：
教授课程：	所读专业：
联系电话：	入学年份：
E-mail：	QQ 等联系方式：
论坛 id：	E-mail：
使用教材：	论坛 id：
论坛识别码（请抄下面的识别码）：	使用教材：
	论坛识别码（请抄下面的识别码）：

我们的联系方式：

E-mail：gaoxiaofei11111@sina. com

邮寄地址：北京市中关村大街甲 59 号文化大厦 1506 室经济分社，100872

传真号：010-62514775

附：人大经济论坛（www. pinggu. org）简介

人大经济论坛依托中国人民大学经济学院，于 2003 年成立，致力于推动经济学科的进步，传播优秀教育资源。目前已经发展成为国内最大的经济、管理、金融、统计类在线教育和咨询网站，也是国内最活跃和最具影响力的经济类网站：

- 拥有国内经济类教育网站最多的关注人数，注册用户以百万计，日均数十万经济相关人士访问本站。
- 是国内最丰富的经管类教育资源共享数据库和发布平台。
- 提供学术交流与讨论的平台、经管类在线辞典、数据定制和数据处理分析服务、免费的经济金融数据库、完善的经管统计类培训和教学相关软件。

论坛识别码：pinggu _ com _ 1545967 _ 4210768